制度变迁与经济发展

拉美国家经济发展模式与改革的制度分析

李罡 ■ 著

时事出版社

图书在版编目（CIP）数据

制度变迁与经济发展：拉美国家经济发展模式与改革的制度分析/李罡著．—北京：时事出版社，2015. 5
ISBN 978-7-80232-844-0

Ⅰ. ①制…　Ⅱ. ①李…　Ⅲ. ①经济发展模式—研究—拉丁美洲 ②经济体制改革—研究—拉丁美洲　Ⅳ. ①F173. 04

中国版本图书馆 CIP 数据核字（2015）第 088661 号

出 版 发 行：时事出版社
地　　　址：北京市海淀区万寿寺甲 2 号
邮　　　编：100081
发 行 热 线：（010）88547590　88547591
读者服务部：（010）88547595
传　　　真：（010）88547592
电 子 邮 箱：shishichubanshe@sina. com
网　　　址：www. shishishe. com
印　　　刷：北京市昌平百善印刷厂

开本：787 × 1092　1/16　印张：16　字数：205 千字
2015 年 5 月第 1 版　2015 年 5 月第 1 次印刷
定价：68.00 元

序

无论是研究拉美国家的经济改革还是其他国家的经济改革，都应该回答三个问题：“为什么改”、“如何改”以及“改得怎么样”。

“为什么改”实际上就是指改革的动因。导致拉美国家在20世纪90年代实施经济改革的动因是多方面的。众所周知，1982年墨西哥爆发债务危机后，其他拉美国家也未能幸免于难。一方面，拉美国家需要对巨额外债承担还本付息的义务；另一方面，拉美国家陷入债务危机后资信下降，国际商业银行迅速停止向拉美国家提供新的信贷。

与此同时，受债务危机的影响，拉美国家的投资环境也不断恶化，使外国直接投资流入量大幅度减少。

拉美国家的国内储蓄能力弱，对外部资金的需求量大。外国信贷和外国直接投资的减少使拉美国家的经济面临极为严峻的挑战。对此，拉美国家做出的反应是压缩进口和削减公共开支，同时向国际货币基金组织等国际金融机构求助。但这些金融机构在为拉美国家提供纾困的同时提出了苛刻的条件，即拉美国家必须实施经济改革。这意味着，拉美国家的经济改革既是其为应对危机而做出的本能的反应，也是外部压力使之然。

拉美国家的经济改革同样也是“顶层设计”的结果。20

世纪80年代的“还政于民”在许多拉美国家产生了所谓“新一代领导人”。这些领导人的政治理念、受教育的背景、执政风格、管理经济的能力以及其他方面的价值取向，都是令人刮目相看的。其中尤为引人注目的就是多位国家领导人及政府官员在国外受过教育，崇尚市场经济。因此，在分析国内经济危机的根源时，他们很容易将其归咎于政府干预，很愿意通过加大经济自由化的力度来克服危机。

当然，拉美国家经济改革的“顶层设计”也受到了新自由主义理论的影响。此外，奉行中央计划经济的苏联和东欧国家的“失败”与追求市场经济模式的东亚的“成功”，无疑也对拉美国家产生了一定的示范效应。

拉美国家是如何进行经济改革的？我将其归纳为“四化”，即贸易自由化、国有企业私有化、金融自由化以及经济体制市场化。这个“四化”用我们的话来说就是“对内搞活”、“对外开放”。

既然经济改革与“顶层设计”息息相关，那么这一设计也是大有学问的。例如，在不同的拉美国家，推进“四化”的方式方法和力度是各不相同的。有些拉美国家在较短时间内就完成了贸易自由化进程，而有些国家则较为缓慢；有些拉美国家是同时实施“四化”，而有些国家则对不同的改革措施实施了有先有后、有快有慢的方式。国外学者的研究成果表明，推进改革的时序（time and sequence），是影响改革成效的主要因素之一。换言之，即便是同样的改革措施，如果采用不同的时序，其成效是不同的。这就是人们常说的“改革的艺术”，亦即“顶层设计”的艺术。

应该指出的是，国内外学术界在讨论拉美国家的经济改革时，常提及“华盛顿共识”。较为流行的观点是，“华盛顿共识”主导拉美国家的经济改革。其实，就“华盛顿共识”这一词组的由来而言，正确的表述应该是先有拉美国家的经济改革，后有“华盛顿共识”这一词组，因为“华盛顿共识”是威廉姆逊在总结拉美国家在20世纪80年代为应对经济危机和债务危机而实施经济调整时“发明”的一个词组。

邓小平同志在评价中国经济改革的成效时提出了“三个有利于”的标准。拉美国家的领导人未提出如何衡量其经济改革的成效的标准。如果我们在评价拉美经济改革成效时借用“三个有利于”，那么我们同样可以断言，这一改革是成功的。例如，改革使拉美发展模式在较短时间内摆脱了“失去的十年”，走上了复苏之路；又如，改革使拉美经济的内向性快速消失，开放度大大扩大；再如，改革使拉美宏观经济的稳定性不断强化，恶性通货膨胀和财政失衡等久治不愈的问题得到了解决。

还应该注意到，联合国拉美和加勒比经济委员会的统计数据表明，与20世纪80年代相比，拉美国家的贫困人口在大幅度下降。这是来之不易的，不能不说是拉美经济的经济成效。

毋庸置疑，没有一种改革是十全十美的，拉美国家的经济改革亦然。例如，过急的金融自由化（包括资本项目的开放）使多个拉美国家遭遇了金融危机、银行危机或货币危机；又如，国有企业私有化和经济体制市场化等措施弱化了国家在经济生活中的作用，使国家资本的垄断被私人资本的垄断取而代之，也造成了严重的腐败和两极分化；再如，贸易自由化导致外国商品蜂拥而入，拉美国家的大量竞争力弱小的企业陷入了困境。

“条条道路通罗马。”研究拉美经济改革的方式方法也是多种多样的。李罡博士试图从制度经济学层面上回答拉美经济的三个问题，即“为什么改”、“如何改”和“改得怎么样”。这一研究方法颇有新意，可喜可贺。

在过去的十多年，中国与拉美国家的关系快速发展，但也面临不少问题，其中之一就是相互了解不充分、不深入、不全面。在加强相互了解的过程中，学术界的作用和地位是极为重要的。本书的出版，既能推动中国的拉美研究事业，也能使中国读者更好地了解拉美经济的来龙去脉，甚至还能为中国经济改革提供“他山之石”。

江时学

（中国社会科学院欧洲所副所长、研究员、博士生导师，中国拉丁美洲学会副会长）

2015 年 5 月于北京

目　录

导　论

一、问题的提出及研究意义

二战后的一段时间里，谈及经济发展问题时，经济学家一度认为贫困与富裕国家之间最根本的差异在于人均物质资本量的不同。[①] 在20世纪40年代末期至60年代，发展经济学主要强调资本积累的重要性、强调计划化的重要性、强调工业化的重要性，即所谓的“三唯”——唯资本论（Capital Fundamentalism）、唯工业化论（Industrialization Fundamentalism）、唯计划论（Planning Fundamentalism）。这一时期在发展经济学中占主流地位的是结构主义。结构主义特别强调资本积累的重要性，强调为了取得增长，一个国家需要提高投资水平。而在贫困国家里人们的收入水平非常低，不可能再压缩其消费，因此单纯依靠他们自己的力量无法达到这个要求。以投资形式提供国际援助，有助于这些国家摆脱由于自身储蓄能力不足和高速的人口增长造成的贫困。[②] 这方面的代表性理论是英国著名的发展经济学家罗森斯坦·罗丹（P. N. Rosenstein-Rodan）的大推进理论。该理论的核心是在发展中国家或地区对国民经济的

---

① ［美］克里斯托夫·克拉克主编，余劲松、李玲、张龙华译：《制度与经济发展——欠发达和后社会主义国家的增长与治理》，法律出版社2006年版，第15页。

② 同上。

各个部门同时进行大规模投资，以促进这些部门的平均增长，从而推动整个国民经济的高速增长和全面发展。罗丹认为，发展中国家或地区的工业化，绝不能仅仅依靠国内资本，还要依赖大量的国际投资和资本引进。

结构主义理论推行的政策并没有带来发展中国家的普遍繁荣，反而使得广大发展中国家陷入了农业停滞、工业萧条、寻租盛行、二元结构次级分化和经济发展乏力的困境。20 世纪 60 年代中期以后，发展经济学开始更多地采用了新古典学派理论的观点和方法，较全面地注意到影响发展的各种因素。资本的概念被拓宽到包括人力资本在内的范畴。人们普遍认为，人力资本的缺乏是阻碍经济发展的主要因素。[①] 但是，有些国家的教育发展相当快，而增长却没有出现。例如，阿根廷 1965 年劳动力受教育水平甚至比多数东亚国家 20 年后的教育水平还高。[②] 阿根廷出现的是“增长的灾难”，东亚却出现了“增长奇迹”。

因此，我们不能简单地把发展视为物质和人力资本的产物，它们本身严重依赖于一个国家的制度环境及其提供的激励（制度经济学家将其称为社会资本）。或者说，问题的出现并不单单是由缺少资本所引起的，而是由于人们缺乏生产性投资的积极性。鲍尔和耶梅反对在发展过程中对资本积累作用过分关注而忽视社会和政治制度。他们指出，与其说发展依赖资本积累，不如说经济发展创造了资本，缺乏资本的主要原因是制度安排的缺乏。[③] 基伏（Keef）和奈克（Knack）用不同的制度质量衡量指标来解释一些欠发达国家是如何成功地抓住机遇并

---

① ［美］克里斯托夫·克拉克主编，余劲松、李玲、张龙华译：《制度与经济发展——欠发达和后社会主义国家的增长与治理》，法律出版社 2006 年版，第 16 页。

② 同上书，第 96 页。

③ ［美］詹姆斯·A. 道、史迪夫·H. 汉科、［英］阿兰·A. 瓦尔斯特编著，黄祖辉、蒋文华译：《发展经济学的革命》，上海三联书店、上海人民出版社 2000 年版，第 9 页。

实现赶超的，而有些国家却增长缓慢。基伏和奈克得出的结论是，不同国家增长速度的差异与初始人均资本水平无关，如果制度质量相同，贫穷的国家比富有的国家能实现更快的增长。一些发展中国家之所以增长缓慢，是由于他们大多没能建立安全的产权保护、契约执行机制和有效率的公共官僚体制。[①]“制度是重要的”（Institutions matter）这一论断被越来越多的人所接受和认同。

20 世纪 70 年代前后，旨在解释经济增长的研究受到长期经济史研究的巨大推动，最终把制度因素纳入解释经济增长中来。美国著名经济学家道格拉斯·C. 诺思（Douglass C. North）是这方面的代表人物。他在研究中重新发现了制度因素的重要作用，他的新经济史论和制度变迁理论使其在经济学界声誉雀起，成为新制度经济学的代表人物之一，并因此获得了 1993 年度诺贝尔经济学奖。按诺思的定义，“制度是一个社会的游戏规则，更正式地说，制度是人设计的，决定人际互动结构的约束”。制度包括正式约束和非正式约束。正式约束是人们有意识地创造的一系列规则，包括政治规则、经济规则和契约。政治规则规定政体的权利等级结构、基本决策结构和决策程序的特征。经济规则界定产权，契约是有关特定交易的协议。非正式约束主要包括价值观念、伦理规范、风俗习惯、意识形态等因素。其中，意识形态处于核心地位。非正式约束影响更广泛，也更根深蒂固。经济发展过程从某种意义上说就是一个制度变迁过程。

自 20 世纪 70 年代中期起（以智利经济改革为起点），一场以新自由主义经济学为指导的经济改革席卷了除古巴以外的整个拉丁美洲。拉美经济改革促成了拉美国家由国家主导型经济

① ［美］克里斯托夫·克拉克主编，余劲松、李玲、张龙华译：《制度与经济发展——欠发达和后社会主义国家的增长与治理》，法律出版社 2006 年版，第 89 页。

体制向自由市场经济的转变，是一次影响广泛而深远的制度变迁过程。与80年代末90年代初拉美各国高涨的改革热情相比，现在各国学者和政治家们正在争论市场化改革是否起到了促进拉美经济发展的作用，是应该继续深化改革还是改变改革的方向。赞成改革者以智利改革的成功作为例证，反对改革者以2001年阿根廷危机作为改革导致危机的例证。因此拉美经济改革的效应还远没有结束，拉美经济改革的研究还有待深化。研究拉美经济改革的问题，主要要弄清如下几个问题：为什么改？改什么？改革结果与改革的期望是否一致？为什么类似的改革在不同国家效果却不同？本书就是试图从新制度经济学的角度，运用制度经济学的制度变迁理论对这些问题做出分析和解答。这不仅是从一个新的视角深入研究拉美经济改革，也是对新制度经济学理论的运用和拓展，具有一定的理论意义。经济改革始于20世纪70年代末，与拉美经济改革几乎是同时进行。中国的经济改革作为一个制度变迁过程，极大地促进了中国经济的发展，使经济保持了持续的高速增长，人民生活水平有了极大提高，综合国力不断增强，改革30年成就辉煌。但是，也应该看到，中国的经济改革也造成了收入分配差距拉大，某些领域存在过度市场化问题，而有些领域还存在制度变迁的路径依赖，改革又有待深化。从这个意义上讲，对拉美经济改革的深入研究，对中国的经济改革又具有一定程度的现实意义。

二、相关文献综述

国内外研究拉美经济改革的文献，从研究视角的不同可以分为七大类，即：从理论角度研究拉美经济改革，对拉美经济改革内容进行细化研究，从宏观经济和政治、社会、制度角度研究拉美经济改革，以及以多重视角来研究拉美经济改革（见下表）。

拉美经济改革研究文献分类

研究视角	主要特点	主要代表人物和著作
从理论角度	从理论角度解释拉美经济改革的动因；论证拉美经济改革的理论基础	米塞斯（Mises）（1985） 江时学（2003） 中国社会科学院新自由主义课题组（2004）
对改革内容细化研究	就拉美经济改革内容的某一方面进行详尽的阐述或对拉美某国的经济改革进行国别研究	李俊江（2002） 阿姆阿迪－内托（Anuatti-Neto）（2003） 庄（Chong）（2004） 巴雷托－奥索里奥（Barrera-Osorio）（2007）
从宏观经济角度研究	主要分析经济改革对拉美经济增长、通货膨胀、国际收支、就业等宏观经济指标影响及其发生的变化	费尔南德斯－阿里阿斯（Fernández-Arias）（1997） 劳拉（Lora）（1997，2001） 苏振兴（2000，2002，2004）
从政治角度研究	分析拉美经济改革的政治因素和政治后果	曼泽帝（Manzetti），布莱克（Blake）（1996） 韦兰德（Weyland）（1998） 劳拉（Lora）（2004）
从社会角度研究	分析拉美经济改革对拉美国家贫富差距、贫困等社会问题的影响	古普塔（Gupta）（1995） 劳拉（Lora），兰东尼奥（Londoño）（1998） 劳拉（Lora），帕尼扎（Panizza），奎斯派－阿格诺利（Quispe-Agnoli）（2004） 苏振兴（2005）
从制度角度研究	从法律和公共治理等制度角度分析拉美经济改革，从制度角度解释拉美各国改革成效的差异	法奈利（Fanelli）（2007） 埃尔兰德斯（Hernández），帕罗（Parro）（2008）
多角度研究	从宏观经济、社会、政治等多个角度出发，全面综合分析拉美经济改革	美洲开发银行（1999） 斯托林斯（Stallings）（2002）

（一）拉美经济改革的经济学基础——从理论角度研究拉美经济改革

新自由主义经济学的代表人物之一米塞斯（Mises）在《古典传统下的自由主义》（*Liberalism-In The Classical Tradition*）一书中对经济自由思想进行了全面阐述。

江时学在《新自由主义、“华盛顿共识”与拉美国家的改革》一文中，论述了新自由主义对拉美国家的影响，阐述拉美经济改革的具体内容，从拉美国家经济改革的具体内容可以看出，拉美经济改革的理论基础是新自由主义经济学。国内多数学者都认为拉美经济改革的理论基础是新自由主义或至少是具有自由主义倾向的。

中国社会科学院新自由主义课题组《新自由主义研究》一文，详细论述了新自由主义含义、产生、发展及影响，文章把新自由主义的发展分为三个阶段。

新自由主义经济学出现于1929—1933年爆发席卷整个资本主义世界的经济危机之时。20世纪30年代的大危机彻底暴露了自由市场经济的弊端，打破了资本主义经济在市场机制的调节下能自动实现均衡的神话。经济自由主义所坚信的市场机制自动实现均衡、不会出现生产过剩的危机、无需政府干预的理论观点在大危机的现实面前显得苍白无力。新自由主义经济学受到人们的冷落和漠视，可谓是“生不逢时”。

在受到多年冷落后，新自由主义经济学在20世纪70年代得到复兴和大力关注。这一时期新自由主义的主要代表人物哈耶克和弗里德曼分别于1974年和1976年获得诺贝尔经济学奖。80年代，随着美国总统里根和英国首相撒切尔夫人按新自由主义所进行的改革（里根的减税和撒切尔夫人的私有化）取得一定的效果，新自由主义经济学的影响更加扩大，一度占据了美英等国主流经济学的地位。公共选择学派的布坎南和理性预期学派的小卢卡斯分别于1986年和1995年获得诺贝尔经济学奖。

20世纪80年代后期新自由主义经济学的理论体系和政策主张开始向计划经济国家和发展中国家传播并产生了广泛影响。90年代，东欧剧变、苏联解体后，这些国家就是按照新自由主义对本国经济体制进行改革、完成转轨的。70年代，新自由主义经济学已进入拉美地区，并在一些国家进行了实践（如在智利）。但直到90年代，特别是"华盛顿共识"出笼后，新自由主义经济理论才在拉美广泛传播，在其潜移默化的影响下多数拉美国家进行了具有新自由主义倾向的经济改革。正是从这个意义上来说，新自由主义经济学是拉美经济改革的理论基础。

（二）对拉美国家经济改革的内容和国别进行细化研究

这部分文献主要就拉美经济改革某一方面，如贸易投资自由化、财政改革、私有化改革、劳工改革等，或就某一国的改革情况从国别角度进行详尽研究。

曼努埃尔·桑切斯（Manuel Sanchez）和罗珊娜·利罗娜（Rossana Corona）在其主编的《拉丁美洲的私有化》（*Privatizationin Latin America*）一书中详细阐述了智利、墨西哥、哥伦比亚和阿根廷的私有化过程和步骤，并以这些国家私有化为案例来分析私有化的成本和收益。通过详尽分析后，作者得出结论：私有化改革的成功推进需要与其他改革措施相互配合，如价格自由化、外资开放和简化行政审批手续，即私有化改革需要一个良好市场经济环境。阿尔贝托·庄（Alberto Chong）在《拉丁美洲的私有化——神话与现实》（*Privatization in Latin America—Myths and Reality*）一书中详尽研究了拉美私有化改革的动因、社会经济效应及未来趋势。乔治·卡雷拉（Jorge Carrera）、马西莫·弗洛里奥（Massimo Florio）和丹尼尔·蔡克奇（Daniele Checchi）在《私有化的不满及其原因：以拉美私有化为例》（*Privatization Discontent and Its Determinant: Evidence from Latin America*）一文中分析了拉美私有化改革造成的社会后果及原因。中国国内对拉美私有化改革尤其是国有企业改革的研究较多，如李俊江在《拉美国家国有企业改革及对中国的启示》一文中认为拉美国家的国有企业实施私有化改革后，曾取得了经济效益提高、财政负担减轻的积极效果，但也造成了大量失业、两极分化和金融动荡等负面影响，为经济的长期发展埋下隐患。其改革的经验和教训对中国当前的国有企业改革有一定的借鉴意义。还有很多文献对拉美某一国家的私有化情况进行了详尽的研究。

此外，还有很多文献对拉美经济改革进行了国别研究。卡洛斯·阿库尼亚（Carlos H. Acuña）、塞巴斯蒂亚·卡里阿尼（Sebastiá Galiani）和马里亚诺·托马西（Mariano Tommasi）在《理解阿根廷改革》（*Understanding Reform: the Case of Argentina*）一文中，全面论述了阿根廷经济改革。作者认为阿根廷市场化改革的显著特征是将私有化和放松市场管制的政策与稳定政策（如货币局制度）结合到一起。阿尔蒙多·卡斯特拉·皮埃尔多（Armando Castelar Pinheiro）、雷格斯·伯奈利（Reigis Bonelli）和本·罗斯·施耐德（Ben Ross Schneider）在《实用主义和巴西的市场化改革》（*Pragmatism and Market Reforms in Brazil*）一文中对巴西的经济改革进行了论述。文章从三个方面论述了巴西市场化改革的内容：贸易自由化、私有化、规制改革。罗慕洛·丘巴塞罗（Rómulo Chumacero）、罗德里格·富恩特斯（Rdrigo Fuentes）、罗尔夫·吕德斯（Rolf Luders）

和华金·比亚尔（Joaquín Vial）在《理解智利改革》（*Uderstangding Chilean Reforms*）一文中对智利经济改革进行系统论述。智利的经济改革的特点可以用三个字概括："早"、"深"、"特"。"早"是指智利经济改革比其他拉美国家进入全面经济改革的时间早十多年。1973 年皮诺切特发动军事政变，推翻了阿连德左翼政府。从 1974 年开始，智利在秉承新自由主义思想的"芝加哥弟子"的指导下，进行了轰轰烈烈的市场化改革。"深"是指智利的经济改革在深度和广度上都走在其他拉美国家的前面。"特"是指智利的经济改革是在政治上实行威权主义统治背景下开始的。智利经济改革的背景和主要动因就是进口替代发展时代（1940—1973 年）的弊端日益暴露。胡塞·艾尔贝托·加里波第（José Alberto Garibaldi）在《一脉相承吗？民主化外表、制度化监管与墨西哥、秘鲁的经济改革结果》（*A Common Thread? Democratic Facades, Institutional Governance, and Economic Reform Outcomes in Mexico and Peru*）一文中从政治与经济关系的角度论述了墨西哥和秘鲁的经济改革问题。墨西哥的经济改革开始于 1982 年，其改革模式属于渐进式改革。作者认为墨西哥经济改革成果不显著的主要原因是革命制度党力量的削弱以及腐败问题日益严重，造成国内政治环境的不稳定。秘鲁的经济改革起步较晚，开始于 20 世纪 90 年代初，改革的背景是国内宏观经济的高度失衡，恶性通货膨胀爆发。政治上，政府面临着"光辉道路"的挑战。秘鲁改革的模式属于激进式的改革，但秘鲁经济改革的成果并不显著。作者认为秘鲁改革不成功的主要原因是腐败问题和政治非民主化。

（三）从宏观经济角度对拉美经济改革进行研究

美洲开发银行首席经济学家爱德华多·劳拉（Eduardo Lora）在《拉美结构改革十年：改了什么与如何测量》（*A Decade of Structural Reforms in Latin America：What Has Been Reformed and How to Measure It*）一文中用具体数据测量了十年来拉美各项经济改革的程度和对宏观经济造成的影响。爱德华多·劳拉（Eduardo Lora）和胡安·路易斯·兰东尼奥（Juan Luis Londoño）具体测量了经济改革对拉美国家经济改革的贡献率。

爱德华多·费尔南德斯－阿里阿斯（Eduardo Fernández-Arias）在《拉美改革与增长：都是痛苦没有收获吗?》（*Reform and Growth in Latin America：All Pain，No Gain?*）这篇美洲开发银行的工作论文中分析了经济改革对拉美国家经济增长的影响。文章认为，从短期来看拉美经济改革并未使拉美各国走上快速增长的道路，但是从长期来看，经济改革有利于拉美国家的经济增长。诺曼·洛艾萨（Norman Loayza）和路易莎·帕拉西奥斯（Luisa Palacios）在世界银行的工作论文《拉美经济改革与进步》（*Economic Reform and Progress in Latin America and the Caribbean*）中设计和运用一系列的指标，从公共治理、金融市场、国际贸易、劳动力市场等五个方面对拉美经济改革对宏观经济的影响进行评价。

苏振兴主要分析了经济改革后拉美国家的宏观经济增长状况和周期性变化。苏振兴在《90 年代的拉美经济：增长与动荡》一文中认为拉美国家的经济改革前后经历了四个阶段：20 世纪 70 年代中期至 1982 年为试验阶段；1982 年拉美债务危机爆发至 1985 年为广泛动员与起步阶段；80 年代后半期被称为结构调整阶段；整个 90 年代为深化阶段。90 年代拉美经济在长期衰退后恢复增长，但增长速度并不高，远远没有恢复到债务危机爆发前的水平；经济增长势头先后两次被打断，整个拉美地区经济在90年代末再度陷入衰退。

（四）从政治角度研究拉美经济改革

库尔斯·韦兰德（Kurt Weyland）在《拉美新自由主义改革的政治学：阿根廷、巴西、秘鲁与委内瑞拉》（*The Politics of Neoliberal Reform in Latin American Democracies*：*Argentina*，*Brazil*，*Peru and Venezuela*）一文中从政治和民主的角度阐释拉美各国经济改革在初始条件、改革模式、改革结果上的差异。曼泽帝（Manzetti）和布莱克（Blake）在《拉美市场化改革与腐败：老问题的新表现》（*Market Reforms and Corruption in Latin America*：*New Means for Old Ways*）一文中分析了经济改革与拉美国家腐败的关系。文章认为追求市场化和经济自由的拉美经济改革并未能使拉美国家的腐败问题得到减轻，反而为腐败创造了条件。作者认为，拉美经济改革要取得良好的效果，必须有一个健全完善的制度环境，这样改革才能顺利进行并取得预期的结果。爱德华多·劳拉（Eduardo Lora）和毛里西奥·奥利维拉（Mauricio Olivra）在《是什么使改革成为可能：拉美经济改革的政治经济因素》（*What Makes Reforms Likely*：*Political Economy Determinants of Reforms in Latin America*）一文中分析了拉美经济改革的政治决定因素。

而中国国内从政治角度研究拉美经济改革的文献较少。

（五）从社会角度研究拉美经济改革

劳拉（Lora）和兰东尼奥（Londoño）在《难以权衡的选择：拉美的市场化改革与平等增长》（*Beyond Tradeoffs*：*Market Reforms and Equitable Growth in Latin America*）一书的第三章“结构改革与公平”中分析了拉美经济改革对收入分配和社会公平的影响。作者认为拉美经济改革未能改善拉美国家的收入分配状况和减少贫困人口的数量，其中一个重要原因是教育水平的差异很大。

劳拉（Lora）、帕尼扎（Panizza）、奎斯派－阿格诺利（Quispe-Agnoli）在《改革疲劳症：症状、原因与对策》（*Reform Fatigue: Symptoms, Reasons, and Implications*）一文中提出了拉美经济改革疲劳症的观点，所谓拉美改革疲劳症是指，经济改革带来的诸多社会问题使改革失去了公众的支持，公众对经济改革越来越失去信心。作者对一些调查数据进行分析整理，以此来判断拉美公众对经济改革的看法。例如，1998 年赞同市场经济的拉美民众占被调查总人数的 77%，2003 年则下降到 18%。1998 年支持私有化的拉美民众占被调查总人数的 52%，2003 年这一比例下降到 25%。文章用一些调查数据来说明拉美经济改革正在遭受疲劳症。

伯尔曼（Behrman）、伯兹奥尔（Birdsall）和斯塞克雷（Székely）在《拉美经济改革与工资差异》（*Economic Reform and Wage Differentials in Latin America*）一文中分析了拉美经济改革与工资收入差距拉大的关系。作者分析和处理了 1980—1998 年间 18 个拉美国家工资收入的数据，认为拉美各国国内金融市场改革、资本项目自由化和税收改革对工资收入差距拉大的影响最大。而贸易自由化对工资收入没有影响，私有化有利于工资差距的缩小。

古普塔（Gupta）在其论文《经济改革及其对穷人的影响》（*Economic Reform and Its Impact on Poor*）中从理论上分析了经济改革对贫困问题的影响。阿尔贝托·塞扎（Alberto Zezza）在文章《解析拉美政策改革与农村贫困之间的关系》（*Understanding the Links between Policy Reforms and Rural Poverty in Latin America*）中分析了拉美经济改革对农村贫困问题的影响。

（六）从制度角度研究拉美经济改革

随着人们对制度因素在经济发展中作用的重视及研究的深

入，从制度角度来分析拉美经济改革的文献越来越多。

埃尔兰德斯（Hernández）和帕罗（Parro）在题为《经济改革、金融发展和增长：智利改革的经验》（*Economic Reforms, Financial Development and Growth: Lessons from the Chilean Experience*）的论文中对拉美国家经济改革的成效进行了对比，认为经济改革的制度化是智利经济改革成功的主要原因，智利经济自由度指数和公共治理指数双高，说明智利不仅拥有良好的市场经济环境，还拥有良好的制度和法制环境，这是智利经济改革成功的主要原因。而其他拉美国家经济自由度指数虽然提高了，但公共治理指数较低，说明这些国家缺乏市场经济运行的法律和制度环境，这是这些国家改革效果不佳的主要原因。

胡塞·玛利亚·法奈利（José María Fanelli）在《理解拉美市场化改革：类似的改革，不同的结果》（*Uderstanding Market Reforms in Latin America: Similar Reforms, Diverse Constituencies, Varied Results*）一文中论述了制度变迁的初始条件对改革路径和改革结果的影响。改革的初始条件和政治环境决定了改革的路径。改革的路径和模式的差异又导致了改革结果的差异。这就可以解释为什么类似的改革措施却产生了不同的改革效果。20 世纪 80 年代进行改革的拉美国家面临着宏观经济不稳定、进口替代模式弊端暴露、经济增长缓慢甚至停滞、社会不平等加剧等问题，其实这些问题早在 70 年代就已经暴露。只是债务危机使这些问题全面爆发出来，债务危机成为拉美国家进行经济改革的导火索。20 世纪 70 年代智利经济改革时虽然面临类似的问题，但智利是主动采取措施来应对这些问题，而不像 80 年代债务危机爆发后被动采取改革的拉美国家那样。作者认为这种危机引致型的被动改革，政策措施的质量和科学性难以保证，因而这种改革难以成功。同时，作者认为改革前的经济增长状况与改革的模式选择之间有密切关系。经济增长率越高，经济改革产生的制度变迁的路径依赖效应就越强，改革的速度就慢。反之，经济改革的速度就快。巴西和墨西哥在进口替代工业化发展模式下的经济增长率保持较高水平，巴西甚至创造了持续高增长的经济奇迹。而其他国家如阿根廷、乌拉圭、智利等国经济增长率较慢，更倾向于采取激进式的改革。

国内从制度角度研究拉美经济改革的文献尚不多见。

（七）多角度研究拉美经济改革

多角度研究拉美经济改革即从经济、政治、社会等多个角度全面分析拉美经济改革。其中有代表性的文献是美洲开发银行的《拉美改革的得与失——美洲开发银行论拉丁美洲经济改革》与芭芭拉·斯托林斯（Barbara Stallings）和威尔逊·佩雷斯（Wilson Peres）合著的《经济增长、就业与公正——拉美国家经济改革开放的影响及其经验教训》。

美洲开发银行在《拉美改革的得与失——美洲开发银行论拉丁美洲的经济改革》一书的第一章中归纳和比较了各项改革在不同国家推进速度的差异，认为稳定化和私有化改革的速度比较快，而金融改革、劳工改革和社会保障制度改革则是渐进的。贸易自由化和税制改革介于两者之间。该书最后一章“结构性改革的10年：都是痛苦、无收获?”对拉美经济改革的效果进行了评述。作者提出了三个问题：1. 本地区不理想的经济和社会状况是否说明新政策对拉美要实现增长、稳定和平等来说根本是个错误的处方？2. 经济改革尚未取得全部成果，因为经济改革还不彻底，或是因为时间不够长，还未来得及见成效？3. 要达到可接受程度的增长、稳定和平等，经济改革是否必须以社会变革、国家改革和体制改善来协同？对这些问题作者一一做了回答，作者认为拉美经济改革的积极意义不容置疑，因为改革大大改变了本地区的经济状况。1986年，每4个拉美国家中就有3个承受着高于30%通胀率的折磨。而1996年年底，高通胀的国家降到了9个，20个国家里才有1个承受高通胀压力。也就是说经过改革拉美国家的稳定性得到了加强，经济增长有所恢复，生产率有所提高。但是增长并不充分，就业形势未有大的改善，贫困水平没有降低，社会不平等问题加剧，改革的总体情况并不理想。但是也不能说这些问题完全是由改革造成的，没有改革情况可能会更糟，改革存在的问题说明改革有待进一步深化和完善。

芭芭拉·斯托林斯（Barbara Stallings）和威尔逊·佩雷斯在（Wilson Peres）《经济增长、就业与公正——拉美国家经济改革开放的影响及其经验教训》一书中，对拉美经济改革和政策调整对各国的对外贸易、投资、经济增长、就业、生产技术和部门生产率的影响进行了详尽全面和多角度的分析。

三、本书结构与研究方法

本书共分六章。第一章以历史为主线论述了西班牙和葡萄牙宗主国的制度特征、殖民地时期的制度移植和构建，及拉美国家独立后对殖民地制度继承的制度变迁过程。第二章论述了拉美进口替代发展模式存在诸多的制度缺陷。第三章详细论述了拉美国家经济改革的理论基础、内外动因、改革中的制度变革，并以智利改革为案例，对拉美经济改革进行了制度分析。第四章从经济改革对经济增长、宏观经济环境、经济自由、经济结构变化、社会指标的影响五个方面对拉美经济改革的效果进行全面评估。拉美国家的经济改革的理论基础相同，改革背景和内容相似，但各国经济改革的绩效却有很大差异，为什么类似的改革却带来了不同的结果？第五章从改革的初始条件和路径依赖效应、各国政府的政府治理质量、意识形态变化及改革的制度依附程度等方面对此做出解释。第六章对拉美经济改革未来的方向进行了论述。

在研究过程中，本书主要使用了历史分析法、实证分析法、理论分析法、比较分析法、因果分析法等研究方法。

1. 历史分析法

制度变迁是一个历史过程，本书必不可少的研究方法是历史分析法。本书从分析西班牙和葡萄牙宗主国的制度特征开始，依次分析了殖民地时期拉美的制度特征、独立后拉美国家的制度继承、进口替代发展模式的制度缺陷及经济改革的制度变革。

2. 实证分析与理论分析相结合

本书的理论框架和基础是制度及制度变迁理论，各章节的分析都是以此为基础的。同时，在论述过程中本书对一些指标进行了量化分析，如对经济自由度、社会发展水平、政府治理质量进行了定量化衡量，使用了定量的实证分析方法。

3. 比较分析法

在对拉美国家经济改革绩效进行评估时主要使用比较分析法，对拉美各国经济改革成效进行对比，从中发现各国改革绩效的差异。此外，本书在对拉美国家改革的制度环境进行分析时，也使用了比较分析法。通过比较分析各国改革时的制度差异，解释经济改革效果的差异。

4. 因果分析法

为什么类似的改革却带来了不同的效果？文章在分析这一问题时使用了因果分析法，运用制度经济学的基本原理对拉美国家经济改革差异的原因进行了制度方面的剖析。

5. 理论联系实践

理论研究的最终目的是要将其运用于实践，为实践活动服务，所以本书力求将拉美研究与中国经济发展和改革的实践相联系，本书希冀通过总结拉美国家经济改革的经验教训与未来改革方向，获得一些对中国改革的启示。

概括来讲，本书的研究思路和使用的方法可用下面的图示予以表示：

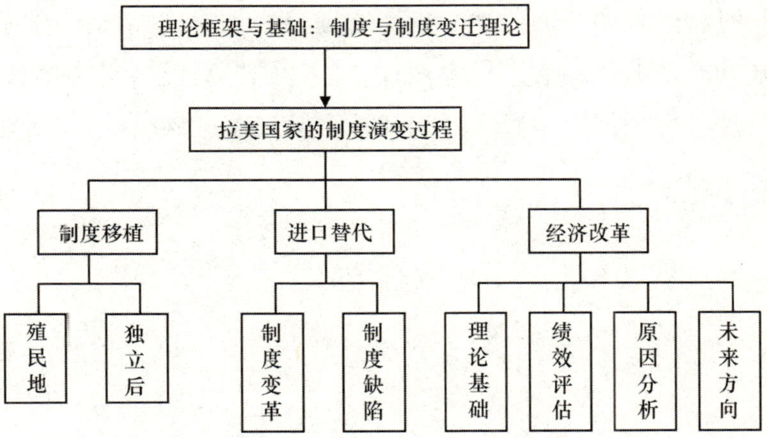

四、创新之处与未来研究方向

本书的创新主要表现在视角上、理论上和方法上三个方面。

（一）视角上的创新

运用制度经济学理论分析拉美经济改革绩效差异及其制度缺陷，在分析角度上是一个创新。

（二）理论上的创新

运用制度经济学的基本理论对拉美经济发展模式和改革进

行全面分析。经济改革提高了拉美国家的经济自由度，降低了交易费用。但从短期来看，经济自由度的提高没有带来较高的经济增长率，表面看与制度经济学的主张是相悖的；但从长期看，经济自由度的提高，增强了经济增长的潜力。这些分析力争在理论上做出创新。

（三）方法上的创新

在分析中运用多种方法对经济改革问题做出多视角、全方位的分析。运用历史分析法，以历史为主线对拉美国家的制度变迁过程进行了全面描述。运用实证分析，对拉美国家的制度变迁和经济改革绩效进行全面评估。特别是对经济自由度、税收中性、金融深化、经济结构和社会发展等进行度量。

第一章

拉美国家的制度遗产与制度继承

本章以历史为主线论述了西班牙和葡萄牙宗主国的制度特征、殖民地时期的制度移植、拉美国家独立后对殖民地制度继承的制度变迁过程。第一节追溯拉美国家的制度源头，详细论述了西班牙和葡萄牙殖民地宗主国的制度特征；第二节阐述宗主国在殖民地的制度移植和构建；第三节论述了拉美国家独立后对殖民地制度的继承。

第一节　宗主国“母体”的制度特征

1492 年，哥伦布“发现”美洲新大陆后，西班牙和葡萄牙对拉丁美洲进行了长达 300 多年的殖民统治，宗主国的制度、风俗、传统必然会像基因一样遗传给殖民地，对独立后殖民地国家的制度形成和演进产生深远的影响。事实的确如此，在当代拉美国家的政治经济制度中仍然可以看到宗主国制度的影子。正如诺思在《制度、制度变迁与经济绩效》一书的前言中所说：“历史是重要的。其重要性不仅在于我们可以从历史中获取知识，还在于种种社会制度的连续性把现在、未来和过去连结在了一起。现在和未来的选择是由过去所型塑的，并且只有在制度演化的历史话语中，才能理解过去。”[①] 因此，有必要对伊比利亚国家对美洲进行殖民统治前后的制度特征进行分析。[②]

一、西班牙专制性极强的封建君主专制制度

15 世纪中后期，西欧大多数国家都建立了封建君主专制统治制度，各国君主都独揽大权，独断专行，停止召集议会。但是，这一时期西班牙的君主专制政体拥有不同于其他西欧国家的一些特点。

（一）西班牙专制王权统一基础薄弱

随着收复失地运动[③]的持续进行，基督教诸王国和公国的势力得到了不断增强。至 15 世纪，占据伊比利亚半岛北部和中部地区的卡斯蒂利亚王国（Castile）和占据半岛东北部地区的阿拉贡王国（Aragon）成了半岛上两个最强大的国家。

1469 年，卡斯蒂利亚公主伊莎贝拉与阿拉贡王子斐迪南成婚。伊莎贝拉于 1474 年即位，而斐迪南也在 1479 年登基成为阿拉贡国王，卡斯蒂利亚与阿拉贡合并，实行王国共治，标志

---

① ［美］道格拉斯 · C. 诺思著，杭行译：《制度、制度变迁与经济绩效》，格致出版社、上海三联书店、上海人民出版社 2009 年版，第 1 页。

② 由于西班牙在美洲的殖民最早，范围最广，影响也最为深远，所以本节主要分析宗主国西班牙在美洲殖民前后的制度特征，对巴西宗主国葡萄牙的制度特征只作简要分析。

③ 收复失地运动是指 718—1492 年间，位于西欧伊比利亚半岛北部的基督教各国逐渐战胜南部穆斯林摩尔人政权的运动。史学家以 718 年，倭马亚阿拉伯征服西哥特王国，以及阿斯图里亚斯王国建国为收复失地运动的开端。1492 年 1 月 6 日，格拉纳达的阿尔罕布拉宫沦陷，穆斯林在伊比利亚半岛的最后一个王朝奈斯尔王朝灭亡。这标志着历时近七世纪的收复失地运动的结束。这一历史事件的西班牙语和葡萄牙语名称为“Reconquista”，意为“重新征服”。

着西班牙王国诞生。但是，通过这种模式统一的西班牙，其统一的基础是十分薄弱的。正如诺思所说："虽然斐迪南和伊莎贝拉的婚姻将卡斯蒂利亚和阿拉贡联合了起来，但它们依然保持着各自的规则、议会（Cortes）和政策。"[①] 具体来讲，西班牙王国的这两部分作为两个独立的实体，"有着不同的法律、征税制度、硬币铸造和贸易规则"。[②] 伊比利亚半岛北部巴斯克地区的纳瓦拉王国（The Kingdom of Navarre）[③] 南部于 1522 年通过联盟的形式并入卡斯蒂利亚王国，成为西班牙的第三个政治区域。但这种联盟是以卡斯蒂利亚承认该地区的特权为条件的，即该地区不接受卡斯蒂利亚的征税和征兵，保持一条海关边界。此外，卡斯蒂利亚王国作为西班牙王国的主导，还独霸了美洲殖民地的开发权，将阿拉贡王国及其附属地（那不勒斯、西西里、马卡略岛）和巴斯克地区各省排除在外。

由此可见，16 世纪初西班牙的统一基础是十分薄弱的，"表面上是一个统一的集权国家，但实际上并未克服地方的分权势力，还没有像英、法那样形成为一个真正名副其实的政治统一体"。[④] 无怪乎人们把当时的西班牙王国称为"几个西班牙"（Las Españas）。这种松散的统一形式不利于各王国的融合与国内统一市场的形成。

（二）西班牙国王独揽大权，议会力量薄弱

作为西班牙王国的两个重要组成部分，卡斯蒂利亚王国的

---

① ［美］道格拉斯·C. 诺思著，杭行译：《制度、制度变迁与经济绩效》，格致出版社、上海三联书店、上海人民出版社 2009 年版，第 155 页。

② 刘文龙、朱鸿博：《西半球的裂变——近代拉美与美国发展模式比较研究》，上海辞书出版社 2005 年版，第 7 页。

③ 纳瓦拉王国位于伊比利亚半岛北部的巴斯克地区，1522 年纳瓦拉王国的南部被并入卡斯蒂利亚王国；1620 年纳瓦拉北部被并入法国。

④ 高利荣：《浅析西班牙君主专制国家衰落的原因》，《川东学刊（社会科学版）》1995 年第 1 期，第 52 页。

议会形成于1188年，阿拉贡王国议会形成于1250年。西班牙议会在促进伊比利亚半岛统一，征服摩尔人方面发挥了积极作用。但是在西班牙王国统一封建专制制度建立后，议会却日渐失去作用，成为君主专制制度的政治装饰品。西班牙议会的主要功能在于财政、立法和咨询等方面，议会在立法方面的权力实际上仅限于起草一系列给国王的请愿书，如果国王接受则成为法律，如果不接受议会也无权干涉。正如诺思所说："在（卡斯蒂利亚与阿拉贡）联合后的15年里，伊莎贝拉不仅成功地控制了好战不驯的男爵们，还控制了卡斯蒂利亚的教会政策。虽然卡斯蒂利亚议会的地位在近年来的学术研究中被有所提升，但在卡斯蒂利亚却存在着集权的君主政体和官僚。正是伊莎贝拉，决定了西班牙和拉丁美洲的制度演化。"① 虽然英美等西欧国家的议会比西班牙形成的要晚，但却代表了新兴资产阶级的利益，有效地约束了王权，为资本主义经济发展提供了良好的制度环境。比如，"英国的议会不仅开启了代议制政府的先河，削弱了财政窘迫的斯图亚特王朝所盛行的寻租行为，而且，议会的胜利还预示着产权能有更多的保障，司法系统更有效率且更公正无偏"②。

西班牙议会力量的薄弱，使得"王室就是国家，所有权力由王室掌管。王室制定、执行法律并作出法律裁决。……任何人不得怀疑国王的统治权，也不得拒绝对王室的忠诚"③。结果，西班牙从美洲和属地获得的大量财富被用于支付无度的宫廷花费和战争费用、豢养数量庞大的官僚阶层，而不是将这些

---

① ［美］道格拉斯·C. 诺思著，杭行译：《制度、制度变迁与经济绩效》，格致出版社、上海三联书店、上海人民出版社2009年版，第157页。

② 同上。

③ ［美］E. 布拉德福德·伯恩斯著，王宁坤译：《简明拉丁美洲史》，湖南教育出版社1989年版，第65页。

财富用于生产性投资上。对此，兰德斯有精彩描述："西班牙就帝国从美洲殖民地获得的大量财富，没有用于生产性投资。西班牙选择了消费一途——用于奢华与战争。战争耗费最大：它毁灭而非建设；没有理由也无限制；不可避免的不平衡与资源的匮乏导致残酷的非理性，增加开支势在必然。西班牙使用资金更随便，因为这是意外之财，不是劳动所得。花掉横财总是一件容易的事。"①对生产性活动的忽视，导致的是西班牙国内工商业的衰败和经济的萧条，当美洲殖民地贵金属流入减少时，西班牙就面临着严峻的财政危机。为此，国王在缺乏议会约束的情况下，肆意对本国工商业苛以重税，甚至没收个人财富。对个人产权的肆意践踏，使人们失去投资于生产性活动的积极性，导致民间资本难以形成，抑制了西班牙资本主义萌芽的发展。

西班牙王权几乎没有任何制约，国王想干什么就干什么，可以凭个人意志为所欲为，个人的意志也成了民族的意志，结果则是民族的悲剧和国家的衰落。道格拉斯·C. 诺思对西班牙的总结是经典的："一个地方只要政治支配一切，那个地方的经济就会凋零和衰落。西班牙提供了一个极好的例证。"②

（三）政治与宗教相互交织，充斥着天主教精神

在西班牙，"教会和国家几乎合一。虽然世俗官员和教会人士彼此争吵不息，但两个体制相互支持，共同维护帝国秩序和稳定长达数世纪之久"③。

从伊莎贝拉和斐迪南两位国王联姻、西班牙国家正式问世

---

① ［美］戴维斯·S. 兰德斯著，门洪华等译：《国富国穷》，新华出版社 2007 年版，第 180 页。

② ［美］道格拉斯·C. 诺思、罗伯斯·托马斯著，厉以平、蔡磊译：《西方世界的兴起》，华夏出版社 1999 年版，第 180 页。

③ 同上书，第 65 页。

时起，国王们就被载上了“天主教国王”的桂冠。而西班牙的贵族也是在与异教徒进行了长达几个世纪的斗争中成长起来的，他们中不知有多少人的亲人死在异教徒的刀下。因此，在西班牙，无论是国王、贵族，还是一般居民的“宗教狂热达到了极点”。[①] 为了建立世界范围内的天主教帝国，西班牙卷入了无休止而又毫无意义的战争，结果耗费了大量的人力物力，造成国内经济的衰落。同时，为了维持国内天主教的纯洁性，西班牙于1480年建立了第一家宗教裁判所，对异教徒进行残酷迫害。之后裁判所数量迅速扩大，遍布全国，成为君主专制制度有力武器。此外，西班牙还实行了残酷的种族迫害政策，大肆驱逐、迫害和屠杀犹太人和摩里斯科人等异教徒。

为了禁锢人们的思想，保持西班牙天主教的纯洁性，西班牙还对书籍进口和出版以及出国留学做出严格的限制，以防人们受到异教徒思想的影响。例如，1558年的法令规定，未经批准进口外国图书和印刷未经审定的出版物者，处以死刑。在1559年的《禁书目录》中一些科学著作，仅仅因为其作者是新教徒而遭到查禁。1559年西班牙王国政府规定，除了罗马、博洛尼亚和那不勒斯这几个学术的安全中心外，禁止到其他国外大学念书。[②]

残酷的种族宗教迫害政策使西班牙丧失了大约100万的劳动力（约占当时西班牙总人口的1/7），严重破坏了西班牙农业和工商业的发展。因为这些被驱逐和屠杀的摩尔斯科人和犹太人“构成西班牙人口中最有价值的部分；从他们那里获得的税入，是属于国家最可靠的财源……对他们所属地主贵族来

---

① 张卫良：《试论15—16世纪西班牙君主专制制度的特点》，《杭州师范学院学报》，1993年第5期，第48页。

② ［美］戴维斯·S. 兰德斯著，门洪华等译：《国富国穷》，新华出版社2007年版，第188页。

说，他们几乎是必不可少的，因为他们是有技巧的农民……商业贸易大部在他们手里”。[①] 由此可见，“残害摩尔斯科人和犹太人等于残害了西班牙最有生命力的生产力，等于是残害了西班牙在经济上最有生机的居民阶层——资产阶级分子”。[②] 文化钳制政策使伊比利亚半岛“错过了科学革命的列车”。[③]

二、西班牙无产权保障的经济制度

在欧洲大多数国家，从罗马时代起养羊具有游牧的传统，而西班牙的游牧范围要比其他国家大得多。在中世纪，卡斯蒂利亚王国就出现了由从事养羊业贵族组成的强大同业组织——“麦斯塔”（Mesta），即享有特权的羊主团。15 世纪，随着收复失地运动的进行，与摩尔人的战争需要大量的资金支持，卡斯蒂利亚王国为了获得稳定而充足的财政收入，赋予羊主团许多特权。因为当时羊毛在国际市场的销路极好，养羊业很兴旺，“畜群过境税”成为王室最稳定、最重要的税收来源。1556 年腓力二世[④]即位后，西班牙更是战事不断，其目的主要是想在欧洲宗教改革中充当宗教领袖，结果这些不必要的战争浪费了大量的人力和物力，搞得民穷财尽。据统计，到 16 世纪六七十年代，西班牙王国的军费支出占预算总支出的比例为

---

① ［美］汤姆逊：《中世纪经济社会史（下册）》，商务印书馆 1984 年版，第 153 页。转引自查灿长：《腓力二世与西班牙帝国的衰败》，《烟台师范学院报（哲社版）》1989 年第 4 期，第 53 页。

② 查灿长：《腓力二世与西班牙帝国的衰败》，《烟台师范学院报（哲社版）》1989 年第 4 期，第 53 页。

③ ［美］戴维斯·S. 兰德斯著，门洪华等译：《国富国穷》，新华出版社 2007 年版，第 188 页。

④ 腓力二世（Felipe II，1527 年 5 月 21 日—1598 年 9 月 13 日）系哈布斯堡王朝的西班牙国王（1556—1598 年在位）和葡萄牙国王（称腓力一世，1580—1598 年）。他的执政时期是西班牙历史上最强盛的时代，西班牙国力达到颠峰，也是西班牙开始衰落的起点。

22%—28%，而债务支出比例更是占到了 51%—61%（见表 1—1）。而所借债务主要还是用于支付战争费用。“到 17 世纪中叶，大批金条的流入终止了，西班牙王室债台高筑，经历了 1557 年、1575 年、1597 年数次破产。国家进入长期衰落。”①为了解决国家的财政危机，获得稳定而可观的财政收入，腓力二世继续给予“麦斯塔”种种特权，例如，当大羊群沿着大路由北方移向南方或由南方返回北方时，他们可以在路边草地随意放牧自己的羊群，农民不准把自己的草地和田园围上栅栏和篱笆，违者课以重罚。

表 1—1　16 世纪 60—70 年代西班牙国家财政预算支出简表

财政支出项目	占财政预算总支出比例
行政费用	4%—16%
宫廷开支	4%—13%
建设费用	1%—2%
军费	22%—28%
还债	51%—62%

资料来源：覃翠柏：《西班牙何以成为“黄金漏斗”——兼谈 16—17 世纪西班牙的衰落》，《玉林师范高等专科学校学报》，2000 年第 2 期，第 32 页。

西班牙王国这种为了解决财政危机而肆意践踏和破坏私人产权制度，其结果是灾难性的。

首先，这种破坏私人产权的做法导致了西班牙农业生产衰败。如诺思所说：“（西班牙）国王早已授予羊主团以其惯用的方式在西班牙放牧他们羊群的专有权。小心准备和种植谷物的地主可能已料到迁移的羊群随时会吃掉或践踏他的庄稼。在

① ［美］戴维斯 · S. 兰德斯著，门洪华等译：《国富国穷》，新华出版社 2007 年版，第 182 页。

这种情况下形式上的所有者并不享有对土地的所有权。”① 由于缺乏产权保护，农民的劳动成果得不到保障，农民自然失去了从事农业种植的积极性和动力，结果导致了西班农业的衰败。西班牙因生产不出满足城市消费的粮食，而不得不从国外进口粮食。同时，乡村人口锐减，各地一再发生饥荒。

其次，这种对个人产权的践踏严重阻碍了西班牙资本主义经济的发展，是西班牙帝国衰落和被英国和北欧国家赶超的一个重要因素。对本国工商业的高税收和单纯鼓励羊毛初级产品出口政策以及对民间产权的践踏，限制了生产性活动，导致西班牙民间资本的缺乏和工商业的衰败。由于殖民地金银大量流入欧洲②，引起了以货币贬值和物价上涨为特征的“价格革命”，导致西欧物价平均上涨2—2.5倍，而西班牙的平均物价却上涨了4倍。结果西班牙的工业品在国内和国际市场上都失去竞争力，对本国工业发展造成致命打击。西班牙不仅无法供应殖民地所需的工业产品，连本国所需工业品也需大量进口。而且西班牙贵族还愚蠢地把外国人给他们生产工业品当作一种荣耀。西班牙贵族这种高傲而愚蠢的短视行为，从1675年一位西班牙诗人的描述中，可见一斑：

> 让伦敦满意地生产纤维吧；让荷兰满意地生产条纹布吧；让佛罗伦萨满意地生产衣服吧；让西印度群岛生产海狸皮和驼马吧；让米兰满意地生产织锦吧；让意大利和弗

---

① ［美］道格拉斯·C. 诺思、罗伯斯·托马斯著，厉以平、蔡磊译：《西方世界的兴起》，华夏出版社1999年版，第8页。

② 根据西班牙官方资料记载，从1503—1660年美洲殖民地流入西班牙的优质黄金和白银各约200吨和18600吨，其中1560年这一年从美洲流入西班牙的黄金就有2900公斤，白银则有246吨。从15—18世纪末的三个世纪中，西班牙共从殖民地掠走黄金和白银各约2500吨和10万吨。

兰德斯生产他们的亚麻布吧，我们的资本会满足他们的。唯一可以证明的是，所有的国家都在为马德里训练工人，而马德里是所有议会的女王，整个世界服侍她，而她无需为任何人服务。①

这种不重视民族工业的短视行为造成了西班牙黄金和白银的大量外流。“运送白银的大帆船从美洲到达后仅仅几个星期，在塞维利亚剩下的银子就很少了。帆船运来的银子大部分用于购买西班牙半岛及其殖民地所需的谷物、铁器、纺织品、海船用品、纸张，并偿付银行与运输船只的劳务。当时表示惋惜的最典型的一句话是，‘西班牙人千里远航历尽艰险从西印度群岛带回的一切，以及流血流汗得来的全部劳动果实，都被外国人轻而易举、舒舒服服地拿到他们家乡去了’。”② 由此可见，美洲的黄金和白银并没有留在西班牙变成资本，而是流入了英国、法国和荷兰工场主和商人的钱袋中，在那里转化为资本，促进了这些国家资本主义的发展。而西班牙变成了一个“黄金漏斗”，失去了资本主义发展的极好时机，已经萌芽的资本主义生产关系萌芽也被扼杀，西班牙最终成了西北欧国家经济上的附庸。

对于无保障产权对西班牙造成的影响，诺思有精辟的论述，他说：“在西班牙1557—1647年间不断发生破产事件，人们为了躲避灾难采取的各种绝望办法，使得情况更加恶化。战争、教会以及管理复杂的官僚系统，是西班牙主要的组织性机会，于是，在军队、教会以及司法界任职就能有不错的报酬。驱逐摩尔人和犹太人、限制地租和对小麦价格实行管制、没收

---

① Lewis，Muslim Discovery，第197页。转引自［美］戴维斯·S. 兰德斯著，门洪华等译：《国富国穷》，新华出版社2007年版，第181页。

② ［美］斯塔夫里亚诺斯著，迟越、王红生等译：《全球分裂——第三世界的历史进程（上册）》，商务印书馆1993年版，第71页。

汇给塞维利亚（Seville）商人的白银（补偿他们的是一种相对无价值的、称为 juros 的债券），所有这些无不是限制生产性活动的表现。”[①] 结果，“在17世纪，西班牙从一个西方世界自罗马帝国以来最强大的国家，沦落为一个实力二流的国家”[②]。

三、西班牙中世纪色彩浓厚的社会阶级结构和社会氛围

近代前期，西班牙的社会结构仍然保持着中世纪的模式，贵族和教士队伍过度膨胀，城市中产阶级人数增长缓慢，农民、手工业者等人数众多，且生活艰难。有学者对加利西亚（Galicia）[③] 地区当时的社会阶级结构进行了考察，可以看作是整个西班牙王国当时阶级结构的一个缩影。16世纪末，加利西亚（Galicia）约有60万人口，不同等级的贵族约有5万人，相当于全地区人口的18.3%。教士占总人口的2%，约1.2万人。城市资产者、海上劳动者（渔民、水兵、造船工）、军人和官吏总共约11万人，即占总人口的18.3%。其余约70%的人口（约40万人）为广大农民群众。但到17世纪时城市资产者和海上劳动者人数严重减少。从全国范围来看，整个西班牙王国1525年有63个家族拥有贵族特权，到1581年却增加到了100个。16世纪末，整个西班牙王国的僧侣人数为16.93万人，而到17世纪初增至20万人。[④]

西班牙贵族阶层作为王权的依靠力量，不仅在国内拥有各

---

① ［美］道格拉斯·C. 诺思著，杭行译：《制度、制度变迁与经济绩效》，格致出版社、上海三联书店、上海人民出版社2009年版，第158页。

② 同上书，第159页。

③ 位于伊比利亚半岛西北部。

④ Historia de España y América Social y Económica, vol. III, dirigida por J. Vivens Vives, Escrita por Guillermo Céspedes del Castillo, Juan Regla, Editorial Vicens Vices, Barcelona, 1982, p. 162. 转引自刘文龙、朱鸿博：《西半球的裂变——近代拉美与美国发展模式比较研究》，上海辞书出版社2005年版，第11页。

项特权（如免税权），受到王权的庇护，而且他们还主导了对美洲新大陆的开发，从殖民地获得了巨额财富。这些拥有大量资本的贵族，并不把它们从殖民地获得的巨额财富用于商业和生产性投资，而是用于购买奢侈品和装饰自己的府邸，以显示贵族的荣耀。西班牙贵族对体力劳动极其厌恶和鄙视。兰德斯对于西班牙人这种鄙视体力劳动，追求享乐的原因作了很好的论述："西班牙人沉溺于社会地位、休闲和娱乐的嗜好中……他们并非世界上独一无二的。在欧洲各地，绅士生活被称誉，而手工劳动者遭受白眼；西班牙更是如此，部分因为一个处于欧洲边缘而又好斗的国度不会教导人民容忍和勤劳；部分因为工农业的工艺和劳动长期以来是与遭受歧视的少数民族如犹太人和穆斯林相联系。"①

16 世纪的西班牙社会，特别是卡斯蒂利亚社会的道德塑造是以"上帝选民"、战胜者的傲慢和严厉为导向的。西班牙社会中这种从收复失地运动起就出现对体力劳动职业的厌恶和鄙视和对贵族生活方式追求的社会氛围，是与重视工商业发展和个人勤劳工作的资本主义精神截然相反的，严重阻碍了西班牙资本主义的发展。②

概括起来说，"1600 年以后，当已迈向近代化的欧洲国家已经对贵族特权、君主专制制度、战斗性的教会、公共权力的私人用益权、以金银多寡作为衡量财富的准则提出挑战时，这些中世纪原则反而在西班牙及其美洲殖民地得到加强"③。而这些制度特征是近代前期西班牙帝国经济落后，依附于英法荷等

① ［美］戴维斯·S. 兰德斯，门洪华等译：《国富国穷》，新华出版社 2007 年版，第 181 页。

② 刘文龙、朱鸿博：《西半球的裂变——近代拉美与美国发展模式比较研究》，上海辞书出版社 2005 年版，第 12 页。

③ 同上书，第 13 页。

西北欧国家的重要原因。我们可以用图 1—1 来表示是“坏的制度”导致了西班牙帝国的衰落。

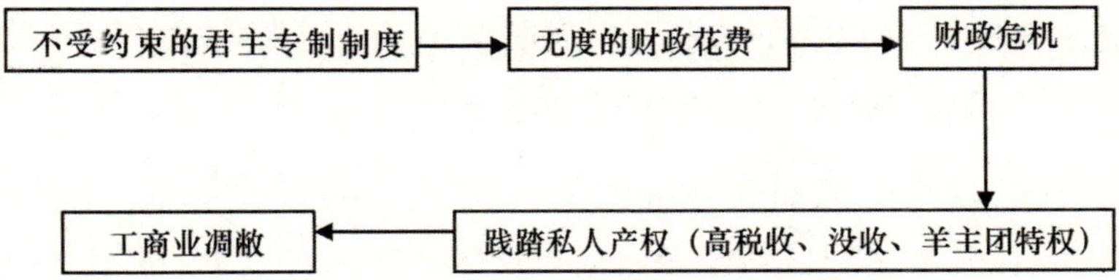

图 1—1　西班牙帝国衰落的制度根源

葡萄牙的历史与西班牙相似，都在经历收复失地运动后，成为独立的封建君主专制国家。葡萄牙借助于较为发达的航海技术和优越的地理位置，于 15 世纪后期进行了大规模的海外扩张[①]，并迅速崛起为殖民地遍布亚非拉的殖民帝国。由于其制度特征与西班牙基本相似，极权的封建君主专制、政治的不稳定、中世纪色彩浓厚的社会氛围，加上比西班牙还要薄弱的工商业基础，最终导致了 18 世纪初葡萄牙帝国的衰落。巴西宗主国葡萄牙的制度特征主要表现在以下几个方面。

首先，落后的经济制度。

收复失地运动结束后，葡萄牙从穆斯林手中夺回的土地被贵族占据和统治。南部诸省的贵族拥有面积广大的种植园，

---

① 从 15 世纪初葡萄牙的航海家与探险家就开始对北大西洋进行探险，并陆续发现了亚速尔群岛、佛得角、比奥科岛、圣多美岛、普林西比岛和安诺本岛等无人居住的岛屿。葡萄牙人于 1482 年到达非洲的黄金海岸（今加纳）并建立了要塞，葡萄牙人称它为圣若泽达米纳。1487 年，由巴尔托洛梅乌·迪亚士率领的探险队沿非洲西海岸南下，1488 年发现了好望角，为达·伽马绕行非洲打下基础。1497 年 7 月，达·伽马指挥四只船，约 170 人从里斯本出发，11 月 22 日，绕过好望角，到达非洲东海岸的莫桑比克等一些地区，后于 1498 年 5 月 20 日抵达印度西海岸，开辟了欧洲至亚洲的航线，促进了欧亚商业关系的发展。1500 年 4 月 22 日，佩德罗·卡布拉尔的船队到了巴西，宣布巴西归属葡萄牙。1542 年，葡萄牙商人获准在中国宁波定居。1557 年，葡萄牙建立澳门殖民地。

“他们从非洲进口奴隶，用来耕种他们的大庄园。黑奴在1441年首批抵达葡萄牙，但是最后每年要输入1万人之多——如此大量地输入黑奴严重降低了农民的生活水平和购买力，葡萄牙缺乏一个国内市场和一种工业来吸收它在亚洲和新大陆猝然获得的广阔的殖民地上自然增长的财富”。[①]

其次，集权的君主专制制度与经济上的对外依附。

独立的葡萄牙王国是由阿方索一世在1143年建立的。1385年葡萄牙与英国结盟。1580年葡萄牙被西班牙吞并，成为西班牙的藩属，被纳入到西班牙的封建专制统治下，这种统治一直持续到1640年。西班牙人的横征暴敛，使葡萄牙人民陷入极度贫困的境地，葡萄牙的舰队、海防遭到严重破坏，它在东方的一些主要殖民地也渐渐落入英国、荷兰人手中，从此葡萄牙迅速衰落。“17世纪，葡萄牙在东印度群岛[②]的属地落入了经济力量和海军力量都比较优越的荷兰人之手。于是，葡萄牙人只剩下了在本国、西非和巴西之间建立起的三角贸易系统。葡萄牙将小五金、纺织品和其他制成品运往非洲换取奴隶，用船将奴隶运往巴西种植园种植甘蔗，葡萄牙人再在欧洲出售蔗糖，从中获利。这种贸易倒是刺激了葡萄牙本国制造业的发展，但并未持久到足以使葡萄牙的工业站稳脚跟然后完全独立发展起来。”[③] 1654年，刚刚脱离西班牙统治的葡萄牙被迫与英国签订条约，开放三角贸易，加速了葡萄牙对英国经济的依附。而1703年《梅休因条约》的签订，使得葡萄牙完全

---

① ［美］斯塔夫里亚诺斯著，迟越、王红生等译：《全球分裂——第三世界的历史进程（上册）》，商务印书馆1993年版，第71—72页。

② 东印度群岛（亦称香料群岛）是公元15世纪前后欧洲国家对东南亚盛产香辣料的岛屿的泛名。

③ ［美］斯塔夫里亚诺斯著，迟越、王红生等译：《全球分裂——第三世界的历史进程（上册）》，商务印书馆1993年版，第71—72页。

成为英国经济的附庸。该条约按照比较优势的自由贸易原则，规定葡萄牙削减英国毛纺织品的进口税，英国削减葡萄酒类的进口关税。因此，可以说“这个条约断送了一息尚存的葡萄牙工业，并且确保在巴西发现的金矿所开采的黄金1/2—3/4都要花在英国。巴西的黄金支撑了英国对拿破仑的战争，而葡萄牙则成了英国工业品的第四大主顾”。①

最后，中世纪色彩浓厚的社会氛围。

葡萄牙君主制所依靠的主要力量也是贵族阶级，这些贵族鄙视体力劳动和手工业，他们从海外掠夺的财富用于进口奢侈品和工业制成品以及支付奢靡的生活费用，而不是用于生产性投资。结果，导致葡萄牙的黄金白银大量外流，为英国、荷兰等国的原始积累创造了条件，促进那里资本主义的发展。这种中世纪模式的社会结构和社会氛围是葡萄牙制度特征的一个重要方面，也是葡萄牙衰落的一个重要因素。

第二节　宗主国对美洲殖民地的制度移植与构建

从16世纪开始，西班牙正式开始了对拉美国家长达300年的殖民统治，西班牙的殖民统治体制和制度对独立之初乃至当代拉美国家的制度形成和演变、社会经济发展等方面的影响是深远的。因此，有必要对16世纪西属美洲殖民地的统治体制、经济制度和社会文化氛围进行考察。

---

① ［美］斯塔夫里亚诺斯著，迟越、王红生等译：《全球分裂——第三世界的历史进程（上册）》，商务印书馆1993年版，第71—72页。

一、独裁专制的行政制度

16 世纪，伴随着美洲殖民地疆域的不断拓展，最初设立的殖民地先遣官（Adelantado）制度开始威胁到国王在殖民地的利益。同时，由于“西班牙人在拉美不占有数量上的优势，所以不像英属殖民地和美国那样大规模地屠杀印第安人或者把他们圈进保留地，而是取土著领袖之位而代之，把自己当作印第安人的最高统治者。他们的统治方式就像‘封建领主’对‘农民’的统治一样，只不过这里的‘农民’是印第安人”。[①]为此，西班牙王室需要建立一套官僚机构去完成他们的事业，执行他们的意志。于是，一套较为完整的、自上而下的、金字塔式的官僚行政系统被建立起来。“对此统治模式我们最可能形成的想象图景就是那种坡度险峻的金字塔，金字塔顶端是一小群西班牙人和葡萄牙人，底部则是为数巨大的土著印第安人和输送进来的非洲奴隶。”[②]

印度等地事务委员会（Consejo de las Indias）和招商局（Casa de Contratación）是两个直属于西班牙国王的管理美洲殖民地的最高机构，两个机构均设于西班牙国内，属于西属美洲殖民地行政管理系统的第一层次。总督府和都督府、检审庭（Audiencia）和天主教会构成西属美洲殖民地行政管理体系的第二层次。郡守府（印第安人聚居区）、市镇政府（白人聚居区）、边疆省府（边疆地区）是西班牙殖民统治体系的第三层次。他们是总督府或都督府辖区的下属单位，这

① ［美］霍华德·威亚尔达：《拉丁美洲对发展模式和发展理论的探索》。见［美］霍华德·威亚尔达主编，董正华等译：《非西方发展理论——地区模式与全球趋势》，北京大学出版社 2006 年版，第 65 页。

② 同上。

三者的长官由总督或督军任命，有的由国王直接任命。印第安城镇和村落，属于殖民管理体系的最底端，由卡西克（Caciques）管理。卡西克是由郡守指派的，他们多是原先印第安部落的酋长。（见图 1—2）

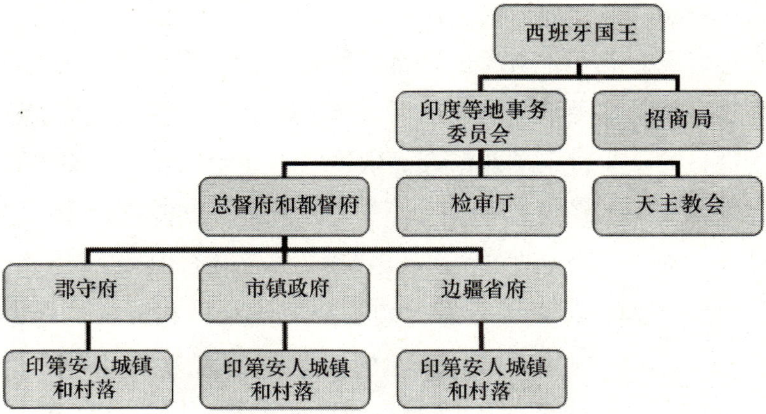

图 1—2　西属殖民地的专制统治制度结构图

二、剥削压榨式的经济制度

（一）封建土地制度和劳动制度的移植和建立[①]

西班牙殖民者到达新大陆后，西班牙殖民者根据美洲土地辽阔和印第安劳动力丰富的现实条件，建立起了具有封建色彩的土地占有制度，包括：委托监护制（ecomienda）、大地产制（latifundismo）、种植园土地制。此外，殖民地的劳动力制度也具有浓厚的封建依附特点，包括：劳役分派制（repartimiento）、债役农制（peonaje bajo deuda）和黑人奴隶制。

① 有关美洲殖民地的土地制度和劳动力制度，可参见韩琦：《拉丁美洲经济制度史论》，中国社会科学出版社 1996 年版。

（二）以单一产品结构为特征的殖民地开发模式

西班牙殖民者来到新大陆的主要目的是寻找并发现黄金和白银，因此它对美洲的开发是掠夺性的。美洲丰富的自然资源和劳动力，又为殖民者的这种掠夺式开发提供了客观条件。西班牙殖民者在美洲站稳脚跟后，就开始专注于金银矿的开发，从殖民地获得了巨额的贵金属。而采矿业对美洲殖民地来说只不过是一种“飞地经济”，与当地其他经济部门联系不大，无法带动其他部门的发展，使得殖民地经济逐渐形成单一产品出口模式。随着矿产资源数量的减少，采矿业渐渐衰败，西班牙殖民者开始新的攫取财富的方式——经营大种植园。在大种植园生产并出口单一的热带作物，强化了殖民地单一产品出口的经济结构。

此外，西班牙殖民者对一切与宗主国利益相冲突、与宗主国出口产品形成竞争的的农作物生产和工业品生产给予严格限制。这就进一步加剧了殖民地经济结构的单一化。单一经济结构为拉美国家对发达国家的依附埋下了祸根。

（三）掠夺式的征税制度

伊比利亚殖民者除了把开采矿产和经营大种植园作为攫取财富的手段外，还把征收重税作为另一重要财源。西班牙殖民者把起源于欧洲中世纪晚期的人头税移植到了美洲殖民地，将其强加到印第安人头上。此外，美洲殖民地其他主要税种还有：销售税、伍一税①、什一税②等。“社会经济比较落后的伊比利亚国家把殖民地作为其最主要的财源，因此给美洲强加了繁杂而沉重的捐税压力，而且削弱了殖民地发展经济的能力，

---

① 伍一税（Quito）：16、17 世纪西班牙殖民者在美洲殖民地实行的一种税制。该税以矿产品为征收对象，税率为其产值的 1/5，故称其为“伍一税”。

② 在中世纪欧洲，拥有特权的天主教会向民众和王室征收其收入的 1/10，故称什一税（Tithe）。殖民地教会将这种税收制度移植到拉美殖民地。

最终使之长期处于欠发达状态。”①

三、以重商主义为特征的贸易垄断制度

在重商主义理论的指导下，西班牙殖民者为了防止殖民财富为其他国家攫取，对殖民地贸易进行了严格的管理和控制。他们规定，殖民地只能与西班牙进行贸易，不准与其他任何国家进行贸易往来，甚至不允许殖民地之间进行贸易往来。西班牙王室通过直属于国王的招商局来垄断殖民地贸易。招商局不仅对从事美洲殖民地贸易的商人进行严格审查，颁发许可证，还对西班牙和殖民地的贸易港口进行了严格限制。“一切开往殖民地的船只只许由塞维利亚起运（1717 年改为加的斯）；到达殖民地后，只许在韦腊克鲁斯、波托贝略或卡塔纳赫停泊。”②

西班牙殖民者对美洲殖民地的贸易垄断制度，一方面加剧了殖民地单一经济结构，不利于经济的多样化和自主性；另一方面加强了拉美各殖民地之间地方主义倾向，阻碍了统一市场的形成。葡萄牙同样在巴西实行了贸易垄断制度，通过本国、西非和巴西之间的三角贸易获利。但葡萄牙的贸易垄断地位不久就被强大的英国所攫取。

四、中世纪色彩浓厚的社会文化传统

伊比利亚殖民者除了把封建专制的政治制度和剥削压榨式的经济制度带到新大陆外，还把等级森严社会结构、好逸恶劳的贵族恶习以及保守的天主教精神带到了新大陆。“16 世纪时，拉美作为西班牙和葡萄牙的殖民地，是中世纪、封建主义

---

① 刘文龙、朱鸿博：《西半球的裂变——近代拉美与美国发展模式比较研究》，上海辞书出版社 2005 年版，第 28 页。

② 李春辉：《拉丁美洲史稿（上册）》，商务印书馆 1983 年版，第 98 页。

以及天主教反改革运动的产物，而不是启蒙的现代世界、新教改革、伽利略和牛顿科学革命、资本主义和工业革命、17 世纪英国及其北美殖民地争取有限代议制政府运动等一系列变革的成果。”① 这些中世纪色彩浓厚的社会结构和社会文化传统深深地影响着殖民地的社会氛围、制度演进和经济发展。

对此，兰德斯有着很好的论述，他说：“在这种模拟伊比利亚社会的环境中，完全没有北美式的技术、好奇心、首创精神以及公民利益。西班牙本身在这方面就落后，原因在于其精神上的同质性与顺从性，其财富和虚荣心。西班牙把自己的弱点又输出海外。又怎么会别样呢？那些西班牙人并非为了打破模式而到新大陆。他们一心想通过这种模式发财，甚至为了获取职位，实行贿赂；他们几年就学会这种手段。通往财富之路不是劳动，而是贪污和暴政。”②

第三节　拉美国家独立后对殖民地制度遗产的继承

到 1824 年，拉丁美洲基本上摆脱了西班牙殖民者的统治，纷纷建立了独立国家，赢得了民族独立。拉美独立运动虽然属于世界资产阶级革命的一部分，但从革命的领导阶级、革命的主体、革命目标和革命结果来看，其资产阶级性质都是很弱的。拉美国家的独立运动并未从根本上改变殖民地时期专制统

---

① ［美］霍华德·威亚尔达：《拉丁美洲对发展模式和发展理论的探索》。见［美］霍华德·威亚尔达主编，董正华等译：《非西方发展理论——地区模式与全球趋势》，北京大学出版社 2006 年版，第 64 页。

② ［美］戴维斯·S. 兰德斯著，门洪华等译：《国富国穷》，新华出版社 2007 年版，第 340—341 页。

治、单一的经济结构和等级森严的社会阶级结构，而是继续保留和继承了这些殖民地时期的制度遗产。

一、殖民地政治专制制度的继承

受欧洲启蒙运动思想的影响，“拉丁美洲各国独立后，形式上都建立了共和政体（只有巴西、墨西哥和海地一度实行君主政体），颁布了宪法[①]，成立了议会，大多数国家的统治集团还组织了保守党与自由党或类似的两党制度，走上了资产阶级‘民主’的道路”。[②] 但是，上层建筑是由经济基础决定的，是不能根据个人的主观好恶来随便选择的。拉美各国独立后，以大地产制为特点的封建土地关系并未改变，地主阶级仍然占统治地位，新兴资产阶级的力量还不足以推翻封建统治。因此，美国与法国的民主共和制度在拉美国家是缺乏阶级基础的。西方式的自由民主制度在拉美表现出明显的水土不服，发生了畸变。取而代之的是一种独特的独裁制度——考迪罗制（Caudillosmo）。独立战争推翻了西班牙殖民者的统治，造成的政治真空以及动荡不安的局势为“考迪罗”（Caudillo）独裁者暴力攫取政权创造了条件。[③] “考迪罗”在经济上依靠大地产主，在政治上靠军人专政来维持其政治统治。对外投靠和依附外国势力，对内残酷镇压人民的反抗。“由于所有权力、权威来自考迪罗，他起到‘国王’的作用。实际上，他对其‘臣

---

① 自拉美各国取得独立后至20世纪60年代中期的近一个半世纪中，20个拉美国家共制定并颁布了203部宪法，其中大部分是在19世纪颁布的。其中海地颁布了23部，委内瑞拉22部，玻利维亚20部。（引自徐世澄著：《拉丁美洲政治》，中国社会科学出版社2006年版，第11页。）

② 李春辉：《拉丁美洲史稿（上册）》，商务印书馆1983年版，第214页。

③ “考迪罗”的出现是当时拉美国家多种因素的合力造成的，关于考迪罗制产生原因的详细论述可参见路国俊：《略论考迪罗和考迪罗主义》，《世界历史》，1996年第1期。

民’的控制比西班牙君主历来敢于施行的控制还要多。”①

可见，在“考迪罗”独裁者的统治下，美国式的共和民主只是流于形式，宪法行同废纸，议会行同虚设。“克里奥尔上层分子发现，他们对从西班牙殖民地所承袭下来的体制很能应付自如，以致他们不想在实践中远离这一体制。”② 拉美各国实际上继承了殖民地专制统治的政治遗产。在这种情况下，私有产权不可能得到很好的保护，市场经济的发育必然受到极大的阻碍，这种状况直到 19 世纪末才有所改观。③

巴西的独立没有经过任何的武装斗争，只是在佩德罗于 1822 年宣布与葡萄牙脱离关系而独立。因此，巴西“旧的统治阶级、旧制度和旧秩序基本原封不动地保留下来，直到 1888 年奴隶制才被废除，到 1891 年才开始实行共和制”。④

二、殖民地封建土地制度和劳工制度的继承

拉美国家独立后，政府首脑大多是拥有大片土地的大地主，他们攫取政权后自然从自身利益出发，继续维护大地产制。因此，大庄园制这一封建土地制度不仅没有被废除，反而得到加强。一方面，大地产主的数量有所增加。这主要是因为，一些独立国家新政权的统治者为了笼络人心，把土地分给在独立战争中有功的军官、州长和其他官员。例如，在墨西哥

---

① ［美］E. 布拉德福德·伯恩斯著，王宁坤译：《简明拉丁美洲史》，湖南教育出版社 1989 年版，第 156 页。

② 同上书，第 132 页。

③ 贾根良主编：《拉丁美洲市场经济体制》，兰州大学出版社 1994 年版，第 6 页。

④ 韩琦：《试探拉美经济落后于北美的根源》，《世界历史》，1997 年第 3 期，第 57 页。

大地产从1810年的4944处增加到1854年的6092处。[①] 另一方面，原有大地产主的土地面积进一步扩大。一些新独立国家的政府将教会土地[②]、印第安村社土地和公共土地出售[③]，大地产主趁机购买了这些土地，进一步扩大了原有大庄园的土地面积。例如，到1830年，阿根廷大约有2100万英亩的公共土地由500人所占。[④] 19世纪末，迪亚斯统治下的墨西哥耕地面积的97%集中在约835个家族手中，而其余的3%则分散在印第安人村社和小地产主手中。[⑤]

大庄园的存在和扩张阻碍了拉美国家农业生产的发展，引发粮食危机。这是因为：首先，大庄园制下，大片土地闲置而且土地耕作方式落后，土地利用效率低下。[⑥]“土地拥有者继续占有地产，目的不是耕种，而是为了提高威望，进行投资和投

---

① ［苏］阿尔彼罗维奇、拉普罗夫主编：《墨西哥近代史纲要，1810—1945年（上册）》，北京三联书店1974年版，第180页。转引自刘文龙、朱鸿博：《西半球的裂变——近代拉美与美国发展模式比较研究》，上海辞书出版社2005年版，第167页。

② 为了削弱教会的权力和对政治的干预，拉美独立国家的自由派对宗教进行改革，其中一项重要内容就是没收教会的土地和财产。1856年墨西哥颁布《莱尔多法》，该法要求所有社团出售土地，其主要目的是没收教会的土地和财产。但该法令所说的社团也包括了印第安人的村社，因此印第安人的土地也遭到了大肆掠夺。大庄园正是利用这个机会，进一步扩大庄园的面积。

③ 19世纪中期，阿根廷通过公共土地的出租、出售甚至授予等方式使土地所有权高度集中。

④ ［美］E. 布拉德福德·伯恩斯著，王宁坤译：《简明拉丁美洲史》，湖南教育出版社1989年版，第149页。

⑤ Vitor Mamzanilla Schaffer, Reforma Agrria Mexicana. Editorial Porrúa, S. A. México, 1977, p. 139，转引自刘文龙、朱鸿博：《西半球的裂变——近代拉美与美国发展模式比较研究》，上海辞书出版社2005年版，第216页。

⑥ 土地利用效率低下的问题在拉丁美洲一直存在。根据伯恩斯的论述，20世纪中叶，拉丁美洲只耕种了10%的农业土地。20世纪50年代末，巴西、委内瑞拉和哥伦比亚80%的农业用地未加利用。20世纪60年代，厄瓜多尔可耕地中只有14%得到耕种。参见［美］E. 布拉德福德·伯恩斯著，王宁坤译：《简明拉丁美洲史》，湖南教育出版社1989年版，第280页。

机买卖。”[①] 结果导致粮食短缺，粮食价格上涨，而农民失去农村稳定的就业机会，所以生活在饥饿与困苦之中。1850 年，巴西里约热内卢还出口粮食，但十年后则需进口粮食。基本粮食如豆类、玉米、面粉的价格有了相应的增长。[②] 其次，大地产主为获取高额利润往往利用大庄园的土地生产在国际市场上销路好的农产品。越来越多的土地用于生产出口作物，粮食产量大幅下降，同时加剧了拉美国家经济结构的单一化和对国际市场的依赖。

独立后，拉美国家的劳动力制度只是发生了轻微变化，有些地区的奴隶制废除了（如中美洲），而有些国家的奴隶制仍然存续了一段时间（如巴西、古巴和秘鲁），而殖民地时期的债务役农制则原封未动地保留了下来。这种前资本主义的劳动关系严重阻碍了自由劳动力市场的形成和拉美资本主义的发展。[③]

三、殖民地单一经济结构的继续

殖民地时期，伊比利亚殖民者的贸易垄断和对殖民地制造业的压制使得独立后的拉丁美洲国家继承的是生产初级产品的单一经济结构，工业几乎没有什么发展。大庄园制的土地占有模式使得“土地拥有者尽可能大规模地生产甘蔗、染料、可可、咖啡或其他作物，向国外市场出口，并期望从中获得大笔利润。政客们批准了外国开发自然资源，他们希望所创造的剩余财富会使他们富裕起来。从农村和矿区中所发掘的财富给土地拥有者和政客们带来了威望，而财富和威望结合一起又给他

① ［美］E. 布拉德福德·伯恩斯著，王宁坤译：《简明拉丁美洲史》，湖南教育出版社 1989 年版，第 280 页。

② 同上书，第 150 页。

③ 刘文龙、朱鸿博：《西半球的裂变——近代拉美与美国发展模式比较研究》，上海辞书出版社 2005 年版，第 225 页。

们带来了权力。……他们因此不原意向能使他们受益的制度挑战"[①]。同时，独立后拉美国家的上层人物和领导人脱离本国实际，盲目信从亚当·斯密的自由贸易理论，选择了初级产品出口导向的发展模式。拉美国家因此放弃了"对商业的管理，进行自由贸易的实验，主张实行'竞争取胜'的做法"，而"情愿建立出售农矿产品、购买制成品"的贸易关系。正如美国历史学家伯恩斯所说："亚当·斯密使许多拉丁美洲学者入迷，这些学者赞同自由贸易，将它作为一项解决其本国经济问题的办法。……拉丁美洲人在反对他们曾经痛恨过的重商主义思想的同时，采纳了经济自由主义政策，他们将这一政策与启蒙运动的胜利联系起来，但这一政策与拉丁美洲的需要毫无关系。一贯不高的关税使得新政府无法提供极需要的收入，而且助长了欧洲制成品大量充斥新大陆，不利于当地的工业化。"[②]

基于以上原因，拉美国家独立后采取了初级产品出口型的发展模式，而处于资本主义上升时期的英国和美国借机将拉丁美洲纳入到世界资本主义体系的网络中，使拉美国家沦为英美等工业发达国家的原料供应地和工业产品的销售市场。拉美国家成为依附于这些发达资本主义国家的初级产品出口国，深受新殖民主义的危害。独立后的拉美国家分化为三种类型的初级产品出口国：温带农产品出口国（阿根廷、乌拉圭）、热带农产品出口国（巴西、哥伦比亚、厄瓜多尔、中美洲及加勒比海地区、墨西哥部分地区和委内瑞拉部分地区）、矿产品出口国（墨西哥、智利、秘鲁、玻利维亚和委内瑞拉）。从表1—2可以看

① ［美］E. 布拉德福德·伯恩斯著，王宁坤译：《简明拉丁美洲史》，湖南教育出版社1989年版，第123页。

② 同上书，第147页。

出，1913年，在21个拉美国家中出口额排在前两位的商品均为初级产品。而且多数拉美国家（13个）第一产品占出口比重超过了50%。13个国家两种主要产品占出口比重超过70%，古巴、萨尔瓦多和危地马拉这一比重甚至超过了90%。由此可见，独立以后拉美国家经济对初级产品出口的依赖程度是很深的。

表1—2　1913年左右拉美国家出口商品集中率

国别	第一产品	百分比（%）	第二产品	百分比（%）	总计
阿根廷	玉米	22.5	小麦	20.7	43.2
玻利维亚	锡	72.3	银	4.3	76.6
巴西	咖啡	62.3	橡胶	15.9	78.2
智利	硝酸盐	71.3	铜	7.0	78.3
哥伦比亚	咖啡	37.2	金	20.4	57.6
哥斯达黎加	香蕉	50.9	咖啡	35.2	86.1
古巴	蔗糖	72.0	烟草	19.5	91.5
多米尼加	可可	39.2	蔗糖	34.8	74.0
厄瓜多尔	可可	64.1	咖啡	5.4	69.5
萨尔瓦多	咖啡	79.6	贵金属	15.9	95.5
危地马拉	咖啡	84.8	香蕉	5.7	90.5
海地	咖啡	64.0	可可	6.8	70.8
洪都拉斯	香蕉	50.1	贵金属	25.9	76.0
墨西哥	银	30.3	铜	10.3	40.6
尼加拉瓜	咖啡	64.9	贵金属	13.8	78.7
巴拿马	香蕉	65.0	椰子	7.0	72.0
巴拉圭	巴拉圭茶	32.1	烟草	15.8	47.9
秘鲁	铜	22.0	蔗糖	15.4	37.4
波多黎各	蔗糖	47.0	咖啡	19.0	66.0
乌拉圭	羊毛	42.0	肉类	24.0	66.0
委内瑞拉	咖啡	52.0	可可	21.4	73.4

资料来源：以上数据多数来自米切尔（1983）。转引自［英］维克托·布尔默-托马斯著，张凡、吴洪英、韩琦译：《独立以来拉丁美洲的经济发展》，中国经济出版社2000年版，第70页。

殖民地单一经济结构的继续和新独立拉美国家领导者发展战略选择的失误和对贸易限制的必要性认识不足，加深了拉美国家的依附性和经济的脆弱性。第一，初级产品价格和需求不稳定，出口依赖于发达国家需求状况，发达国家一旦需求下降，拉美国家的经济便会因出口波动而受打击。第二，拉美国家贸易条件恶化，在不平等交换中深受剥削。初级产品价格缺乏弹性，工业制成品的附加值大，因此工农产品的价格剪刀差不断扩大，拉美国家的贸易条件不断恶化。第三，初级产品出口导向的发展战略加剧了拉美国家二元经济结构。资金和技术都流向与出口相联系的部门和地区，如种植园、矿业和港口沿海地区，而这些部门和地区与当地的经济联系很小，好像一块“飞地”，对当地经济的带动辐射作用很小，加剧了拉美国家的部门和地区发展的不平衡。

四、社会阶级结构和文化传统的继承

由于独立后的拉美国家并未触及大地产制这一基本的所有制形式，相应的阶级结构也未发生较大的变化。土生白人取代了伊比利亚殖民者成为国家的最高统治者，他们是大地产主的利益代言人，很多大地产主就是政府首脑。由于资本主义因素在殖民地时期遭到压制，所以独立后拉美各国的资产阶级力量薄弱，无法与大地主阶级抗衡，他们处于社会的中层。独立战争胜利后，一些独立的拉美国家仍然奉天主教为国教，天主教会秉承伊比利亚天主教的教义，同时继续拥有大片的土地和特权。新独立的一些拉美国家自由派与教会进行了激烈的斗争，并没收了教会财产，坚持国家行使教职授予权，对教会的世俗权利提出挑战。19 世纪中后期，自由派与教会的斗争取得了胜利，教会的财产和特权被剥夺，有利于资本主义因素的成长。但是，拉美各国“为了实现政教分离，清除封建残余，为资本主义发展扫清道路”而与天主教会和保守派进行的激烈斗争，“耗费了巨大的人力、财力和其他资源，从而延误了现代化进程的启动”。[①] 处于社会最底层的仍是广大劳动阶层。

文化传统作为非正式规则具有较强的稳定性，它一旦形成就很难在短时间内发生变化，其影响是持久而全面的。拉美国家独立后，殖民地时期伊比利亚殖民者那种贵族式的生活方式仍然受到推崇，体力劳动遭到歧视。克里奥尔人上层人物喜欢摆阔斗富，模仿发达国家的消费模式和生活习惯，导致大量的资财“浪费在进口毛料服装、有边帽子、苏格兰威士忌诸如此类的奢侈品上，结果，大大地消耗了本可投放在本地企业中的资金，从而减少了本地经济发展的机会”。[②] 此外，独立后拉美国家的等级观念仍然很强，种族歧视问题严重。殖民地时代本土出生白人的后裔，处于社会的上层，垄断法律界和政界的高级职位。白人歧视黑人、印第安人、混血种人等有色人种，他们没有接受教育和选举的机会，处于社会的下层。社会分层和种族主义“阻碍了社会流动性，致使绝大多数的人民没有机会去发挥自己的潜力”，不利于经济与社会的发展。[③]

由此可见，独立后的拉丁美洲和殖民地时期在制度上有着密切关联，“农业及大地产制保有其显著地位，新独立的国家对英国经济政策像它们一度对西班牙和葡萄牙经济政策那样屈从。独立战争动摇和削弱了社会的某些基石，但那幢大厦大体

① 刘文龙、朱鸿博：《西半球的裂变——近代拉美与美国发展模式比较研究》，上海辞书出版社 2005 年版，第 103 页。

② ［美］斯塔夫里亚诺斯著，迟越、王红生等译：《全球分裂——第三世界的历史进程（上册）》，商务印书馆 1993 年版，第 189 页。

③ 同上书，第 190 页。

上原封未动。人数不多的特权上层分子统治着沉默寡言、但有时不安的群众”。[①]“鄙视体力劳动、崇尚悠闲的中世纪贵族式的社会传统”[②] 仍然存在和流行。

---

① ［美］E. 布拉德福德·伯恩斯著，王宁坤译：《简明拉丁美洲史》，湖南教育出版社 1989 年版，第 154—155 页。

② 刘文龙、朱鸿博：《西半球的裂变——近代拉美与美国发展模式比较研究》，上海辞书出版社 2005 年版，第 99—100 页。

第 二 章

进口替代发展模式下的制度变化与制度缺陷

拉美国家选择进口替代发展模式是各种内外因素共同作用的结果，具有历史必然性。为保证这一模式的顺利进行，拉美国家进行了一系列的制度调整。但是，进口替代发展模式存在诸多制度缺陷，预示着这种发展模式不能持久。

第一节　拉美国家选择进口替代发展模式和制度调整的背景

拉美国家由初级产品出口导向发展模式到进口替代发展模式的转换是多种因素共同作用的结果。拉美国家独立后初级产品出口的“黄金时期”为拉美国家进行模式转换和制度调整奠定了物质基础，经济大萧条和第二次世界大战是推动拉美国家实行进口替代发展模式的外部动力，二战后兴起的一些以国家干预为核心思想的经济理论也为拉美国家的模式转换和制度调整提供了理论支持。

一、拉美国家的早期积累是进行制度调整的物质基础

19世纪下半叶，随着工业化国家对初级产品原材料需求的增长，拉美国家迎来了初级产品出口的“黄金时期”（1870—1914年）。1890年美国的一份官方报告显示：拉丁美洲每年的对外贸易额超过10亿美元，并且从1870—1884年，增加了大约43%。1853—1873年间，阿根廷的出口翻了七番，到1893年又翻了一番；1877—1900年，墨西哥的出口翻了四番；1855—1915年，哥斯达黎加的咖啡出口增长了四倍；1897—1900年，玻利维亚的锡出口翻了四番，到1913年又翻了三番。[①] 随着出口部门的繁荣，大量的外资也流入拉丁美洲。到第一次世界大战前夕，英、法、美、德等发达国家在拉美的投资达50亿美元，这些外资主要流向与出口部门有关的铁路、公用事业和矿业。出口的增长和外资的流入带来拉美国家的繁荣，在此基础上，阿根廷、巴西、墨西哥等大国开始了早期的工业化活动。正是出口导向发展的“黄金时期”为拉美国家的模式转换和制度调整奠定了物质基础。

二、1929—1933年大萧条和二战是拉美进行制度调整的外因

第一次世界大战爆发后，欧洲国家忙于战争使得从欧洲流入拉美的工业制成品突然停止，刺激拉美国家转换发展模式，发展本国工业，满足国内需求。1929—1933年的大萧条对拉美国家经济造成了巨大冲击。危机期间，一方面，原材料的需求

① ［美］E. 布拉德福德·伯恩斯著，王宁坤译：《简明拉丁美洲史》，湖南教育出版社1989年版，第179—180页。

和价格都大幅下降，导致奉行初级产品出口战略的拉美国家出口收入大幅下降，无力进口工业制成品满足国内需求。1930—1934年，拉美国家的出口量下降了8.8%，进口能力下降了31.3%。[①] 另一方面，大萧条也使工业化国家流向拉美的资金大量减少。例如，美国在拉美的投资从1929年的34.62亿美元下降到1936年的28.03亿美元，1940年进一步下降为26.96亿美元。[②] 大萧条造成的冲击使拉美国家普遍意识到以初级产品出口为特征的单一经济结构的脆弱性，为此拉美国家进行了相应的制度调整和制度的重新安排：（1）采取限制进口的措施。采取提高进口消费品关税、对进口产品实施配额、外汇管制和多重汇率等多种措施限制消费品的进口。（2）采取反周期的财政和货币政策。大萧条期间，美国采纳了凯恩斯的国家干预理论和需求管理政策。根据凯恩斯的理论，经济萧条是有效需求不足造成的，国家应该采取扩张性的财政和货币政策，即降低税率和利息率等政策，刺激投资和消费。拉美国家接受和采纳了这一理论，也开始采取相应的国家干预政策。（3）建立国有企业。大萧条也促使拉美国家对自由放任的自由市场经济理论进行反思，开始接受和采纳国家干预的理论和政策。开始建立国有企业的初步尝试，如1922年建立的阿根廷石油矿藏管理局、1931年建立的乌拉圭全国燃料及酒精和水泥管理局、1937年建立的玻利维亚石油矿藏管理局、1938年建立的墨西哥石油公司。[③] 这些经济干预政策在客观上起到了促进拉美民

---

① ［巴西］塞尔索·富尔塔多：《拉丁美洲的经济发展》，上海译文出版社1981年版，第46页。

② ［美］斯塔夫里亚诺斯著，迟越、王红生等译：《全球分裂——第三世界的历史进程（下册）》，商务印书馆1993年版，第632页。

③ 苏振兴、徐文渊主编：《拉丁美洲国家经济发展战略研究》，北京大学出版社1987年版，第10—12页。

族工业发展的作用。

由此可见，正是大萧条使拉美国家被迫进行制度调整，采取国家干预政策和进行模式转换的初步尝试。正如美国历史学家伯恩斯所说："20 世纪 30 年代大危机给农业以沉重打击，这使工业化看来越发是可取的，甚至是不可避免的。这一打击扫清了以前抵制工业化的力量。初级产品的价格和需求的下降致使国际收支平衡陷于严重危机。拉丁美洲缺乏资金，无法偿还其外债利息，也无法进口他们所如此习惯了的制造品项目。"①

第二次世界大战的爆发，将所有的发达国家卷入战火之中，拉美国家的工业制成品供应更加短缺，这进一步强化了拉美国家发展民族工业的决心。二战后欧洲各国忙于战后重建，而美国陷入朝鲜战争，无暇顾及与拉美的贸易和投资。战后几年内进口替代的发展模式和相应的制度调整在更大的范围内展开，拉美国家由此进入进口替代的"黄金时期"（19 世纪 40 年代末至 60 年代中期）。

三、进口替代发展模式下拉美国家制度调整的理论指导

拉美进口替代发展模式下进行的制度调整是多种理论和思潮共同影响的结果，包括凯恩斯主义、战后兴起的发展经济学和拉美本土经济发展理论。由于拉美结构主义是诞生于拉美本土的经济发展理论，又系拉美经济学家根据拉美经济现实提出来的，并在拉美国家得到广泛传播，所以该理论成为了拉美进口替代发展战略下制度调整的主要理论。

---

①［美］E. 布拉德福德·伯恩斯著，王宁坤译：《简明拉丁美洲史》，湖南教育出版社 1989 年版，第 287 页。

（一）凯恩斯国家干预主义

20世纪30年代大危机彻底暴露了自由市场经济的弊端，主张国家干预的凯恩斯主义应运而生，并被工业化国家所接受。美国在凯恩斯主义的指导下实施了国家干预经济的罗斯福新政，成功地使美国走出大萧条的阴影。凯恩斯国家干预理论在实践中的成功扩大了其影响，二战后国家干预主义在世界范围内广泛传播。凯恩斯主义取代马歇尔新古典经济学而成为主流经济学的正统。

（二）战后兴起的传统发展经济学

随着战后民族解放运动的高涨，诞生了许多脱离殖民统治而独立的发展中国家，推动了解释和回答如何使发展中国家摆脱贫困，走向富裕的发展经济学兴起。发展经济学诞生之初受到西方主流经济学的质疑，西方主流经济学家认为主流经济学具有普遍适用性，同样能够解释发展中国家的经济发展问题。而发展经济学家们认为发展中国家的经济具有自身的不同于发达国家的结构上的特点，如刚性、滞后性、短缺性、低供求弹性等。这些结构上的特殊性使价格机制和市场调节的均衡作用不能实现。因此，西方正统经济学完全理性、完全信息、自由竞争的假设在发展中国家无法满足，因而没有普遍适用性。因此，20世纪40年代末诞生了一批运用结构分析法对发展中国家经济和社会结构特殊性进行分析的发展经济学家。结构主义学派主要包括刘易斯二元结构模型、罗斯托线性阶段模式、罗森斯坦—罗丹“大推进”理论、纳克斯“贫困恶性循环”理论、缪尔达尔“循环累积因果关系”理论、普雷维什创立的拉美结构主义理论。结构主义经济发展理论虽然流派众多，但他们有三个共同的侧重点：第一，强调物质资本积累的重要性和必要性；第二，强调工业化的的重要性与必要性；第三，强调计划化的重要性与必要性。即所谓的结构主义的“三唯”——唯资本论（Capital Fundamentalism）、唯工业化论（Industrialization Fundamentalism）、唯计划论（Planning Fundamentalism）。

（三）拉美结构主义

由阿根廷经济学家劳尔·普雷维什创立的拉美结构主义[①]是在凯恩斯主义和发展经济学结构主义的影响下诞生于拉美本土的发展经济理论，其主要内容和政策主张包括：“中心—外围”论、不平等交换和贸易条件恶化论、进口替代工业化论、国家干预论、开展地区经济一体化等内容。该理论在拉美国家产生了广泛的影响，成为拉美国家进行模式转换和制度调整的指导理论。

第二节　拉美国家进口替代发展模式下的制度变化

拉美国家进口替代发展模式的核心是发展民族工业，实现工业化，从而摆脱对发达国家工业制成品的依赖，改变在国际分工和贸易中的不利地位。为此拉美国家进行了一系列的制度调整：兴办国有企业，增加国有产权的比重；调整财政货币政策，给本国企业以税收和信贷上优惠；实行贸易保护政策，保护国内市场；高估本币币值和进行外汇管制，扶植民族工业。

---

① 由于拉美结构主义的主要创立者普雷维什是阿根廷经济学家，也就是说该理论诞生于拉美大陆，同时该理论又主要研究拉美国家的发展问题，因此，它被称为拉美结构主义。从不同的角度拉美结构主义又有不同的称谓，如普雷维什主义（以主要创立者的名字命名）、拉美经委会主义（拉美经委会是拉美结构主义形成和诞生的大本营，该理论的主要创立者普雷维什又是拉美经委会的执行秘书，因此拉美结构主义又以拉美经委会命名）、拉美发展主义（从思想内涵的角度命名，发展是该理论的主旋律）。

一、产权制度变化

产权制度变化是进口替代模式下拉美国家制度变化的核心内容。其基本方向是增加国有产权的比重，拉美国家国有产权主要通过三种途径实现：（1）赎买，即政府通过谈判的方式从外国或本国所有者手中赎买整个企业或企业的一部分股金；（2）征用，即政府对外国公司或本国私营企业宣布征用或接管；（3）由政府投资兴建新的国有企业。投资兴建新的国有企业是拉美国家增加国有产权的主要途径。例如，在1941 年到 1964 年间，巴西新建国有企业 120 多家，其经营活动扩展到了全国 40 多个经济部门，从 20 世纪 60 年代中期起，巴西国有资本发展相当迅速，又先后建立了 300 多家国营企业。[①] 到 1979 年，巴西已拥有 654 家国营企业。墨西哥 1960 年仅有 262 家国营企业，而到 1970 年增加到900 家。[②]

拉美国家的国有企业投资主要集中在能源、交通运输、通讯、公用设施等基础设施领域，石油、采矿等敏感部门以及钢铁、化工等重化部门，这些部门主要是私人部门无力或不愿投资但对国家工业化又至关重要的部门或那些不便由外资控制的行业。从表 2—1 可以看出巴西国家参与率在 50% 以上的行业主要集中在这些部门。

---

① 贾根良主编：《拉丁美洲市场经济体制》，兰州大学出版社 1994 年版，第 35 页。

② 同上书，第 16 页。

表 2—1　1973 年国有资产在巴西各行业中的分布情况

高国家参与率行业（≥50%）	国有资产所占比例（%）	中国家参与率行业（20%—49%）	国有资产所占比例（%）	低国家参与率行业（<20%）	国有资产所占比例（%）
铁路	100	内河运输	45	建筑业	8
港口服务	100	银行和金融	38	橡胶	6
水、天然气和污水排放	99	金属冶炼	37	公路客货运输	6
电报和电话	97	服务业	36	农业和林业	4
电力	79	航空运输	22	非金属矿物	2
采矿	63			运输设备	2
开发服务	51			食品和饮料	1
化工	50			机械制造	0
				电力机械制造	0
				林产品加工及家具	0
				纺织	0
				烟草	0
				印刷出版	0
				皮革产品	0
				广播电视	0
				商业	0

资料来源：Peter Evans, *Dependent Development*, Princeton: Princeton University Press, 1979, adapted from table 5.1, p. 221，转引自 Patrice M. Franko, *The Puzzle of Latin American Economic Development*, Lanham, Maryland: Rowman & Littlefield Publishers, Inc., 1999, p. 59。

产权制度的变化，使国有企业在拉美国家经济中的作用日益重要，成为国家干预经济的重要物质基础。从表 2—2 可以看出，1978 年在巴西 6000 家净资产超过 1700 万克鲁塞罗[①]的企业中，国有企业数量仅占 6%，但其净资产却占这 6000 家企业总资产的 46.7%。

表 2—2 1978 年巴西净资产在 1700 万克鲁塞罗以上的企业构成

企业类型 项目	国有企业	本国私人企业	外资企业	合计
企业数量	361	5058	581	6000
企业数所占比例	6%	84.3%	9.7%	100%
净资产占总资产的比例	46.7%	38.8%	14.5%	100%

资料来源：贾根良主编：《拉丁美洲市场经济体制》，兰州大学出版社 1994 年版，第 35—36 页。

二、财政货币政策变化

拉美国家还通过调整财政货币政策来扶植本国工业企业的发展。对工业企业进行财政补贴、税收减免等措施鼓励其投资。此外，通过提供优惠利率的贷款，为工业企业提供融资便利。例如，1949 年秘鲁国会通过工业促进法，规定基础工业中所有新、老企业在进口资本货或中间产品时可享受免税优惠；用利润的 30% 以上部分进行再投资的投资者可获得多种税收优惠。[②]

三、从自由贸易政策到贸易保护政策

进口替代发展模式下拉美国家放弃了自由贸易政策，通过

---

① 巴西克鲁赛罗（Brazilian Cruzeiro），巴西原法定货币名称，现在已经停止流通。曾在 1942—1986 年间、1990—1993 年间流通。1948 年 7 月 14 日，巴西规定克鲁塞罗含金量为 0.0480363 克，法定汇率为 18.50 克鲁塞罗等于 1 美元。1991 年 12 月 31 日，克鲁塞罗汇率买价卖价分别为 1068.70 及 1068.80 兑 1 美元。

② 江时学：《拉美发展模式研究》，经济管理出版社 1996 年版，第 48 页。

高筑贸易壁垒的方式将国外制成品御于国门之外，使国内产品免于与国外制成品竞争，从而达到保护国内市场和本国幼稚工业的目的。这也是发达国家工业化初期所普遍采取的措施。拉美国家采取的贸易保护措施主要有高额进口关税、进口产品配额、进口许可证制度等。

表2—3　1985—1992年拉美国家关税税率和非关税壁垒的覆盖率的变化

保护措施 / 国家	平均关税税率（%）		非关税壁垒的覆盖率（%）	
	1985年	1991—1992年	1985—1987年	1991—1992年
阿根廷	28.0	15.0	31.9	8.0
玻利维亚	20.0	8.0	25.0	0.0
巴西	80.0	21.1	35.3	10.0
智利	36.0	11.0	10.1	0.0
哥伦比亚	83.0	6.7	73.2	1.0
哥斯达黎加	92.0	16.0	0.8	0.0
厄瓜多尔	50.0	18.0	59.3	–
危地马拉	50.0	19.0	7.4	6.0
墨西哥	34.0	4.0	12.7	20.0
尼加拉瓜	54.0	–	27.8	–
巴拉圭	71.7	16.0	9.9	0.0
秘鲁	64.0	15.0	53.4	0.0
乌拉圭	32.0	12.0	14.1	0.0
委内瑞拉	30.0	17.0	44.1	5.0
简单平均	51.8	13.8	28.9	4.2

资料来源：Food and Agriculture Organization of the United Nations（FAQ），"Chapter 14 Trade and Related Economic Reforms in Latin America"，in "*Trade Reforms and Food Security—Conceptualizing the Linkages*"，Rome，Italy，2003，p. 202。

从表2—3可以看出，在拉美国家实施贸易自由化改革前的关税和非关税壁垒的保护程度的差异。1985年，表2—3中所列 14 个拉美国家的平均关税税率高达 51.8%，其中哥斯达黎加的关税税率高达 92%，巴西、哥伦比亚也在 80% 以上。1985—1987 年 14 国非关税壁垒覆盖率的平均水平达 28.9%，超过这一平均水平的有 6 个国家，其中哥伦比亚（73.2%）、厄瓜多尔（59.3%）、秘鲁（54.3%）非关税壁垒的覆盖率超过了 50%。

四、币值高估和外汇管制

高估本币币值，会使进口工业原料、资本品和中间产品的价格相对低廉，从而降低工业企业的成本。“高估本币币值实际上是对工业发展所需进口投入的一种补贴”①，尽管它使本国出口产品在国际市场上失去竞争力。从表 2—4 可以看出，1981 年以前，表中所列五个拉美大国只有个别国家出现币值高估现象，如 1976—1978 年巴西本币币值高估 16%，1979 年阿

表 2—4　进口替代模式下几个拉美大国的实际汇率指数变化（基期 1980—1982 = 100）

国家 / 年份	阿根廷	巴西	智利	墨西哥	委内瑞拉
1976—1978	73	116	75	98	95
1979	101	96	79	98	94
1980	116	85	95	104	93
1981	107	103	108	114	100
1982	76	112	97	82	110
1983—1985	74	85	86	86	98

资料来源：Patrice M. Franko, *The Puzzle of Latin American Economic Development*, Lanham, Maryland: Rowman & Littlefield Publishers, Inc., 1999, p. 87。

① 江时学：《拉美发展模式研究》，经济管理出版社 1996 年版，第 47 页。

根廷币值高估 1%，1980 年阿根廷币值高估 16%，墨西哥高估 4%。到 1981 年除委内瑞拉外（1982 年委内瑞拉的币值高估 10%），阿根廷、巴西、智利、墨西哥都出现了币值高估现象，分别高估 7%、3%、8%、14%。

此外，拉美国家还通过多重汇率和外汇管制政策来扶持本国工业的发展。以优惠汇率为进口替代企业提供进口原料和设备所需的外汇。

第三节　进口替代发展模式的内在制度缺陷

虽然进口替代发展模式促进了拉美国家民族工业的发展，使拉美国家摆脱了对发达国家工业制成品的过度依赖，但是这种以国家干预为主要特征的内向发展模式存在着诸如忽视农村生产关系调整、寻租和腐败盛行、工业化缺乏自主创新、忽视市场机制等内在的制度缺陷。

一、忽视农村生产关系的调整

从发达国家工业化的实践来看，农业发展对工业化的顺利进行意义重大，农业可以为工业提供原材料、廉价劳动力和工业产品市场。但是，拉美国家工业化过程中忽视农村生产关系的调整，使农村生产力无法得到解放。

1910—1917 年，墨西哥资产阶级民主革命时期，进行了较为彻底的土地改革。而大多数的其他拉美国家并未触动大地产制这一从殖民地时期一直延续下来的土地制度。二战后，一些拉美国家虽然进行了轰轰烈烈的土地改革，但是改革的成果并不明显，土地集中问题依然严重。1960 年，拉丁美洲拥有

1000 公顷以上土地的大农庄占农庄总数的比例是 1.5%，而其拥有的土地却占土地总面积的 64.9%。而土地面积在 20 公顷以下的小农庄占农庄总数的 72.6%，而其占有的土地面积不足全部土地的 4%（见表 2—5）。大地产主是既得利益集团，同时又处于统治地位，当然要维护现行的土地制度。正如美国历史学家伯恩斯所说，土地改革"将取消少数人对土地的所有，而将土地分配给许多人，因而削弱了前者的财富、尊严及权力，提高了后者的地位；随着许多人的基本福利的改善，少数人的奢侈生活及特权就有可能减少了"。因此，"那些当权的人有时给予土地改革以口头上的支持，但一般来说，他们并未制定土地改革法和实施土地改革"。[①]

表 2—5　1960 年拉丁美洲土地占有情况

农庄面积（公顷）	农庄数的比例（%）	占有土地面积的比例（%）
0—20	72.6	3.7
20—100	18.0	8.4
100—1000	7.9	23.0
1000 以上	1.5	64.9

资料来源：理查·P. 谢德尔：《土地改革研究》，《拉丁美洲研究》，1965 年秋季号，第 1 卷第 1 期，第 85 页。转引自［美］E. 布拉德福德·伯恩斯著，王宁坤译：《简明拉丁美洲史》，湖南教育出版社 1989 年版，第 279 页。

大地产制是阻碍拉丁美洲资本主义发展的消极因素，成为拉美粮食问题、经济落后、国内市场购买力不足（农民收入低）、工业化后劲不足、过度城市化、个人收入分配差距大等诸多问题的根源。大地产制这种落后的农村生产关系对实施进

① ［美］E. 布拉德福德·伯恩斯著，王宁坤译：《简明拉丁美洲史》，湖南教育出版社 1989 年版，第 286、402 页。

口替代发展战略的拉美国家产生了一些消极影响。

（一）土地利用率低，粮食问题突出

大地产主拥有大量土地，却不对自己所拥有的土地进行有效耕种。这有时是因为劳动力不足，有时是因为出口农产品价格下降，大地产主故意减少产量，使大片的土地用于休耕或放牧。因此，在大地产制下，拉丁美洲的土地利用率极低。20 世纪中叶，拉丁美洲人只耕种了他们 10% 的农业土地。具体来说，20 世纪 50 年代末，巴西、委内瑞拉和哥伦比亚，其农业用地的 80% 未加利用，或仅用于放养牲畜；1960 年，在哥伦比亚，拥有全国农业用地 70% 的大庄园仅耕种其所拥有土地的 6%；20 世纪 60 年代初，厄瓜多尔可耕地中只有 14% 得到耕种。① 大地产主为了获取利润和财富，把重点放在生产出口作物上，粮食生产被忽视。从 1964 年至 1974 年间，拉丁美洲出口作物人均产量增长了 27%，而口粮产量下降了 10%。② 结果，拉丁美洲不得不用稀缺的外汇去购买昂贵的粮食，即便这样也无法解决国内的粮食短缺问题。1965 年，粮食占拉丁美洲海外购买额的 20%。粮食产量的不足使拉美国家无法实现温饱，饥饿问题严重。1965—1969 年，智利每年有 7000 名儿童死于营养不良，有 1/3 的人口每天进食热量不足 2000 卡路里，有 50% 的青年营养不足。1965—1975 年，墨西哥因营养不良而死亡的儿童增长 10%。1978 年巴西有近 60% 的人口食不果腹，1984 年有 64% 的人口营养不良。③

（二）财富日益集中，贫富差距加大

众所周知，大地产制造成的是拉美国家土地的高度集中，

---

① ［美］E. 布拉德福德·伯恩斯著，王宁坤译：《简明拉丁美洲史》，湖南教育出版社 1989 年版，第 280 页。

② 同上。

③ 同上书，第 366 页。

从而造成了农村贫富差距的拉大。在进口替代工业化阶段，在许多优惠措施的刺激下，大地产主纷纷将资本投入到工业企业中，建立大企业，中小企业由于无法与其竞争，而纷纷破产，造成工业财富日益集中到少数人手中。例如，20 世纪 60 年代末，在阿根廷的布宜诺斯艾利斯，0.2% 的工业企业主控制了 60% 的生产，雇用了 50% 的工人。[①] 而这少数人只不过是大地产主在城市工业企业中的化身而已。正如伯恩斯所说："工业家和大土地拥有者之间的关系似乎比大部分人意识到或愿意承认的程度要密切。如果认为土地拥有阶级与工业家毫不相关，就可能引起误解，因为必须强调虽不是在所有情况下，但在许多情况下，这两个集团合二为一，是一致的，或者两者有部分重叠。因此人们可以观察，同土地所有制的集中一样，工业日益集中在少数人手中，往往同一个人起着又是土地拥有者又是工业家这两重作用。"[②] 工业财富的集中使拉美国家的贫富差距进一步拉大。20 世纪中叶，整个拉丁美洲，20% 的人口获得国民收入的 60%，70% 的人口陷入赤贫。[③] 1964—1974 年间，10% 最富有的巴西居民的收入占巴西总收入的 75%，而最贫穷的 50% 的居民收入仅占其总收入的 10%。[④]

（三）农民贫困，工业化后劲不足

土地的高度集中使拉美国家广大农民失去土地，其后果是越来越多的农民无地可种，生活在贫困之中。一些农民被迫流入城市，但由于缺乏技术和技能，这些贫困农民在城市也找不到工作，成为城市贫民。农民的贫困使得他们无力购买工业制

---

① ［美］E. 布拉德福德·伯恩斯著，王宁坤译：《简明拉丁美洲史》，湖南教育出版社 1989 年版，第 291 页。

② 同上。

③ 同上书，第 276 页。

④ 同上书，第 364 页。

成品，无法为本国的工业化提供有效的市场，工业化后劲不足。正如伯恩斯所说："工业经济需要不断扩大市场，而工业家看到他们的生产能力大大超出其同胞的购买力。农村对于这种工业发展进程没有提供多少鼓励，因为农业工人挣钱不多，而且雇主往往给实物而不付现金。这种封建残余与现代化是不相容的。进一步扩大工业化就要求农村实行改革。"①

由此可见，拉美国家落后的农村生产关系使农村生产力无法得到解放，阻碍了农业生产的发展和农民收入的提高，广大农村无法为本国工业化提供广阔的市场，工业生产难以取得规模经济效益，造成本国工业化后劲不足。用图示表示为：

农民贫困购买力低下⟶无法提供工业化市场⟶工业化后劲不足

此外，以工业化为中心的政策也非常不利于农业发展和农民收入提高。这些不利于农业的政策包括：(1) 国内的信贷主要用于支持工业生产，农民很难获得信贷支持。(2) 用于农村的基础设施、水利灌溉设施建设的公共支出严重不足，加大了城乡二元经济结构。(3) 本币币值的高估，导致作为拉美国家传统创汇产品的农产品在国际市场上失去竞争力，降低了农民的生产积极性，农民收入下降。此外，币值高估还使得进口粮食价格比国内粮食价格还低，农民失去种粮的积极性，加剧了拉美国家的粮食问题。(4) 对工业产品的保护，抬高了农业生产资料价格，增加了农民的生产成本，不利于农民收入的提高。(5) 压低粮食生产价格，降低基本生活资料的成本，从而起到压低工人工资，降低工业企业劳动力成本的作用。(6) 征收农业税，为工业提供资本积累。

---

① [美] E. 布拉德福德·伯恩斯著，王宁坤译：《简明拉丁美洲史》，湖南教育出版社1989年版，第284页。

二、国家过度干预导致寻租和腐败问题严重

进口替代发展模式下，拉美国家进行的一项重要制度调整就是增加政府对经济的干预。加拿大弗雷泽研究所（Fraser Institute）是测算和评估世界各国经济自由度的权威机构之一，每年发布一份《世界经济自由度报告》（*The Economic Freedom of the World*）。一国经济自由度得分越高，说明该国的政府干预程度越小；反之，政府干预程度越大。从表2—6可以看出，1970年拉美八国经济自由度的平均分是5.5分，而八个东亚新兴工业化国家和地区经济自由度的平均分是6.6分，比拉美八国高出1.1分。把东亚经济自由度最高的中国香港和新加坡排除出去，东亚地区的平均分为6.0分，也比拉美国家高。1975年、1980年、1985年拉美国家的经济自由度均低于东亚国家和地区。经济自由度得分的比较说明进口替代模式下拉美国家对经济的干预程度比以政府干预而著称的东亚国家和地区的政府干预程度还要强。

表2—6　进口替代发展模式下拉美国家与东亚国家或地区经济自由度比较

国家/地区	1970年		1975年		1980年		1985年		1990年		1995年		1997年	
	得分	排名	得分	排名	得分	排名	得分	排名	得分	排名	得分	排名	得分	排名
阿根廷	6.6	24	3.2	75	4.8	67	3.8	93	4.9	71	7.9	23	8.4	12
巴西	5.6	37	4.5	59	4.1	79	3.2	101	4.4	84	5.4	84	5.9	85
智利	3.7	54	3.7	70	5.9	35	6.0	36	7.4	24	8.2	32	8.2	18
哥伦比亚	5.1	41	4.7	55	4.6	74	5.2	56	5.1	64	6.4	57	5.6	88
厄瓜多尔	3.9	53	5.8	35	6.0	32	4.5	76	5.3	58	6.7	53	7.0	53
墨西哥	7.0	19	5.7	37	4.9	63	4.5	76	6.4	38	7.4	42	7.7	35
秘鲁	4.7	46	3.5	72	3.4	97	2.3	108	3.7	102	7.5	40	7.9	31
委内瑞拉	7.8	12	6.5	19	6.9	15	5.8	42	5.8	50	4.5	103	6.0	82

续表

国家/地区	1970年		1975年		1980年		1985年		1990年		1995年		1997年	
	得分	排名	得分	排名	得分	排名	得分	排名	得分	排名	得分	排名	得分	排名
八国平均分	5.5	–	4.7	–	5.1	–	4.4	–	5.4	–	6.8	–	7.1	–
新加坡	7.7	13	7.6	10	8.0	5	8.4	5	9.1	2	9.4	2	9.4	1
韩国	6.3	32	5.6	38	5.7	38	6.0	36	6.6	35	7.7	34	7.3	47
中国台湾	6.6	24	6.1	30	6.8	16	7.1	17	7.6	19	7.8	29	7.1	51
中国香港	9.4	1	9.3	1	9.6	1	9.3	2	9.3	1	9.8	0	9.4	1
泰国	6.4	29	5.6	38	5.8	36	6.1	34	6.8	32	7.6	38	8.2	18
马来西亚	6.5	27	6.4	21	7.1	13	7.3	16	7.7	15	7.6	38	7.5	39
印度尼西亚	4.8	44	5.0	47	5.2	53	5.9	40	6.8	32	7.3	43	7.2	49
菲律宾	5.1	44	4.9	51	5.1	56	4.9	67	5.6	55	7.7	34	7.9	31
亚洲平均1	6.6	–	7.6	–	6.7	–	6.9	–	7.4	–	8.1	–	8.0	–
亚洲平均2*	6.0	–	5.6	–	6.0	–	6.2	–	6.9	–	7.6	–	7.5	–

说明：* 不包括香港和新加坡；分值区间为0—10分。

资料来源：根据加拿大弗雷泽研究所（The Fraser Institute）网站公布的《世界经济自由度报告》（*Economic Freedom of The World*）整理而得。

进口替代模式下拉美国家运用政府行政权力对企业和个人经济活动进行多方面的干预，如价格管制、高关税和进口配额、公共投资、政府特许权等。在制度不健全、缺乏有效监督的情况下，政府对经济的过多干预，必然导致寻租和腐败问题的出现，破坏市场经济秩序和效率。寻租（rent-seeking）就是个人或组织通过合法或非法手段对政府决策或政府官员施加影响，取得并占有经济租[①]的垄断权的非生产性寻利活动（Di-

① 经济租（economic rent），简称为租（rent），是指一种生产要素的所有者获得的收入中，超过这种要素的机会成本的剩余。如果某个产业中要素收入高于其他产业的要素收入，这个产业中就存在着该要素的经济租。在自由竞争条件下，租的存在必然吸引该要素有其他产业流入存在经济租的产业，因此，在要素流动不受阻碍的情况下，任何要素在产业中的经济租都不可能长期存在（参见张培刚主编：《发展经济学教程（修订版）》，经济科学出版社2007年版，第126页）。

rectly Unproductive Profit-seeking，DUP）。寻租活动对拉美国家社会经济的不利影响表现在如下几个方面：（1）使生产性资源向非生产性资源转移，从而使得生产可能性曲线向内移动。进口替代模式下，拉美国家的企业为了获得优惠贷款、财政补贴、进口配额等有利政策的支持，往往对政府官员游说、行贿，进行权钱交易。这样，大量的社会资源浪费在寻租这一非生产性活动中，浪费了社会资源，造成社会福利的损失。“据估计，在巴西，1967 年因‘寻租’行为带来的损失相当于国内生产总值的 7%—9%。”[①]（2）造成社会财富分配不均，贫富差距问题严重。拉美国家的贫富差距问题由来已久，既有历史因素也有现实因素。而寻租和腐败问题无疑成为导致拉美国家贫富差距拉大的又一因素。寻租活动一方面使得占有资源的有能力进行寻租的个人和企业，得以获得或维持经济租的垄断权，使富者愈富，穷者愈穷。另一方面，获得巨额贿赂的政府官员也成为富裕阶层，与普通民众的贫富差距拉大。（3）政府公信力下降，调节和干预经济的权威丧失。寻租和腐败活动盛行的另一消极后果是政府失去民众的信心和支持，导致政府公信力下降，甚至引起社会动乱。（4）引致性寻租活动盛行。企业的寻租活动给政府官员带来了好处，使他们看到权力越大控制的资源越多，获得的利益也越多。这就吸引越来越多的人耗费钱财和精力去谋取政府职位，这种由企业寻租引起的引致性的寻租活动同样浪费了社会资源，减少了用于生产性活动的资源。

---

① 林毅夫等：《赶超战略的再反思及可供替代的比较优势战略》，《战略与管理》，1995 年第 3 期，第 6 页。转引自江时学：《拉美发展模式研究》，经济管理出版社 1996 年版，第 74 页。

三、工业化策略的依附性

拉美国家工业化策略的依附性表现在两个方面：一是拉美国家对中间产品和资本品的依赖；二是拉美国家对外国资本（间接投资和直接投资）的依赖。

（一）拉美国家进口替代工业化对中间产品和资本品的依附

随着拉美国家进口替代由“容易”阶段（日用消费品的进口替代）向“困难”阶段（耐用消费品的进口替代）的推进，拉美国家对中间产品和资本品的进口需求日益增大。从表2—7可以看出，1960—1989年间拉美和加勒比国家工业制成品

表2—7　1960—1989年拉美和加勒比国家的进口项目的构成（%）

进口项目＼年份	1960—1965	1974—1979
食品和原材料	18.2	13.4
燃料	7.0	23.6
工业制成品	73.0	61.2
机械和交通设备	(37.8)	(32.3)
其他	1.8	1.8
合计	100	100

资料来源：The UN Economic Commission for Latin America[①], *Statistical Yearbook for Latin America*, 转引自 Eliana Cardaoso and Ann Helwege, *Latin America's Economy: Diversity, Trends, and Conflicts*. Cambridge, Mass.: The MIT Press, 1999, p. 282。

---

① 联合国拉美经济委员会（The UN Economic Commission for Latin America，简称UNECLA）成立于1948年，1984年通过决议将加勒比加入组织名称中，现在的名称为联合国拉美及加勒比经济委员会（The UN Economic Commission for Latin America the Caribbean，简称UNECLAC）。

进口额占进口总额的73%，其中机械和交通设备就占总进口总额的37.8%。到20世纪70年代这两个比例没有太大的降低。虽然，巴西和墨西哥是工业化较早的国家，但其中间产品和资本品在进口总额中的比重仍然非常高。1949年中间产品和资本品进口占巴西进口总额的比例高达89.6%，1959年工业化进程的推进使这个比例有所下降，但仍接近45%。1950年、1960年中间产品和资本品在墨西哥进口总额中的比重分别是79.7%、65.3%（见表2—8）。

表2—8　1949—1960年巴西和墨西哥中间产品和资本品在进口总额中所占比重（%）

国家、年份 / 产品类型	巴西		墨西哥	
	1949	1959	1950	1960
中间产品	25.9	11.7	13.2	10.4
资本品	63.7	32.9	66.5	54.9
合计	89.6	44.6	79.7	65.3

资料来源：Eliana Cardaoso and Ann Helwege, *Latin America's Economy: Diversity, Trends, and Conflicts*. Cambridge, Mass.: The MIT Press, 1999, p. 93。

由此可见，拉美国家的进口替代工业化战略并没有使拉美国家摆脱对发达国家工业制成品的依附。正如美国历史学家斯塔夫里亚诺斯所说："尽管有政府的慷慨支持，但在促进经济的全面发展和结束拉丁美洲传统的经济依附方面，进口替代并没有成功。保护关税以及政府其他扶持的办法促使举办了一些效率低的工业，此类工业只能为有限的中产阶级市场生产奢侈和半奢侈的消费品。而不能从生产简易消费品阶段提高到生产复杂的资本货物的经济发展阶段。于是，持续进口资本货物和中间产品造成贸易逆差和在金融上永久性的依附关系。”①

（二）拉美国家进口替代模式的债务依附

由于过度保护，拉美国家工业企业效率普遍低下，产品成本高，加上拉美国家奉行的“出口悲观主义”和发达国家的贸易保护主义，拉美国家的工业制成品很难打入国际市场。因此，拉美国家的外汇收入仍然依靠几种初级产品的出口。1968年，委内瑞拉出口货物的95%是石油和铁，危地马拉出口货物的85%是咖啡和香蕉，乌拉圭出口货物的77%是羊毛和肉类，智利出口货物的77%是铜和硅酸盐，厄瓜多尔出口货物的75%是香蕉和咖啡，哥伦比亚出口货物的70%是咖啡和石油，玻利维亚出口货物的59%是锡和银。② 而本币币值的高估影响了初级产品在国际市场上的竞争力，初级产品的创汇能力受到影响。拉丁美洲出口在世界出口总量中所占的比重由1960年的7.1%下降为1968年的5.5%。③ 如前所述，拉美国家的进口产品构成中，中间产品和资本品占很大比重，而这些产品是维持本国工业生产正常进行所必需的，一旦压缩或停止进口，就要影响本国的正常生产。在出口困难和进口扩大的情况下，拉美国家必然面临国际收支逆差和外汇短缺的问题。1960年，拉丁美洲国家的经常项目赤字为3.4亿美元，1970年急剧扩大到11亿美元，1975年已超过14亿美元。④ 国际收支的失衡，增加了国内财政预算和通货膨胀的压力，拉美国家不得不举借

---

① ［美］斯塔夫里亚诺斯著，迟越、王红生等译：《全球分裂——第三世界的历史进程（下册）》，商务印书馆1993年版，第733页。

② 同上。

③ 同上。

④ ［美］R. 索普等主编：《拉丁美洲的通货膨胀和稳定化计划》，美国霍尔莫斯－梅耶出版公司1979年版，第29、115页。转引自江时学：《拉美发展模式研究》，经济管理出版社1996年版，第78页。

外债。20 世纪 50 年代，拉美国家所借外债的还本付息额占外汇收入的比例已经上升到 10%。[①]

（三）拉美国家进口替代工业化对外国投资的依附

进口替代工业进入“困难阶段”，即耐用消费品替代阶段后，对企业投资额和技术的要求都大幅提高，为了解决国内资本不足的问题，拉美国家纷纷采取税收减免、利润汇出、免费使用土地等优惠措施吸引外国投资。同时，跨国公司为了绕开拉美国家的贸易壁垒，占领拉美市场，获取高额利润，也乐于投资拉美国家的制造业。于是，大量的外资涌入拉美国家，使拉美国家的制造业严重依赖于外资。20 世纪 60 年代，巴西最大的 55 家公司中，有 31 家为外国所有。到 1970 年，外资在巴西工业中的比重已高达 50.1%（见表 2—9）。20 世纪 60 年代初，美国资本控制了墨西哥 2000 家最大公司中的 28%。1971 年，阿根廷的十家主要企业中，有八家为外国所有。外国人拥有阿根廷一半以上的银行。[②] 由此可见，“尽管拉丁美洲工业有了惊人增长，而且实行了多样化，但这一地区仍然严重依赖外国利益集团和资本”。[③]

表 2—9　1970 年左右外资在拉美部分国家工业中的比重（%）

阿根廷	巴西	智利	哥伦比亚	墨西哥	秘鲁	委内瑞拉
23.8	50.1	29.9	43.4	34.9	44.0	13.8

资料来源：Rhys Jenkins，Transitional Corportions and Industrial Transformation in Latin America（New York：St. Martin's 1984），excerpted from table 2.4；转引自 Patrice M. Franko，

---

① ［阿根廷］R. 普雷维什：《拉丁美洲的共同市场》，转引自江时学著：前引书，第 79 页。

② ［美］E. 布拉德福德·伯恩斯著，王宁坤译：《简明拉丁美洲史》，湖南教育出版社 1989 年版，第 290—291 页。

③ 同上书，第 291 页。

The Puzzle of Latin American Economic Development. Lanham, Martyland: Rowman & Littlefield Publishers, Inc., 1999, p. 62。

四、忽视市场经济制度在资源配置中的作用

进口替代发展模式下，拉美国家在进行制度调整过程中，片面强调国家的作用，忽视了市场机制在资源配置中的作用，造成要素市场（资本市场、劳动力市场）和产品市场价格的扭曲，严重影响了经济效率。

（一）优惠利率和指向性贷款政策导致资本市场无法有效配置资源

在进口替代发展模式下，拉美国家人为地将存贷款利率压得很低，目的是为工业企业提供优惠的低息贷款，刺激工业投资。但这种做法，扭曲了资本市场价格，严重影响了资本市场的资源配置效率。大型工业企业特别是国有企业很容易获得利率极低的贷款，于是不顾经济效益和市场规模而盲目扩大投资。而经营良好、产品畅销的中小企业和广大农民很难获得资金，其生产经营出现困难，甚至破产。结果，资本这一重要的生产要素无法配置到最有效率的生产单位，导致资源的浪费和效率低下。这就是美国斯坦福大学经济学教授爱德华·肖和罗伯特·麦金农所说的“金融压抑”问题。

低利率政策导致拉美各国国内储蓄率低[①]，为此拉美国家普遍采取吸引外资的政策来解决国内资金不足的问题。外国资本大量流入，加上获得优惠贷款的企业盲目扩大投资，致使拉

---

① 按照凯恩斯的观点，储蓄是利率的函数，二者成反向关系。但在有些国家储蓄对利率变化并不敏感，比如在中国，1997年东南亚金融危机爆发后，中国政府为了刺激消费，连续降低利率，但是居民银行存款不降反升。也就是说影响储蓄的因素除了利率还有很多因素，如社会习俗、支付制度、社会保障制度等。利率水平低只是造成拉美国家储蓄率低的一个因素，还与拉美人模仿西方国家消费的文化和崇尚消费有关。

美国家经济结构向资本密集型产业的方向发展，不利于发挥拉美国家的劳动力优势和就业问题的解决。从表2—10中可见，1950—1973年，拉美六国的平均劳动投入增长率为1.98%，而平均资本投入增长率为5.84%，后者比前者高出3.86个百分点。在1973—1980年，两项指标均有增长，但二者差距没有明显下降，为3.41个百分点。工业企业资本投入的扩张，不利于工业部门对劳动力的吸纳。1950—1960年间，拉美城市人口每年增长5.6%，而工业部门就业人数每年只增长2.1%。[①] 这些失业或半失业的城市居民不得不涌入非正规就业部门。

表2—10　进口替代模式下部分拉美国家劳动投入和资本投入增长率的比较（%）

国家	1950—1973年		1973—1980年	
	劳动投入增长率	资本投入增长率	劳动投入增长率	资本投入增长率
阿根廷	1.32	3.59	0.82	4.56
巴西	2.90	8.50	3.01	10.35
智利	0.55	3.85	1.85	1.87
哥伦比亚	2.03	4.25	3.02	5.17
墨西哥	2.22	8.14	3.66	7.85
委内瑞拉	2.87	6.68	5.01	8.04
平均	1.98	5.84	2.90	6.31

资料来源：André A. Hofman, *The Economic Development of Latin America in the Twentieth Century*, Northampton, Mass.: Edward Elgar Publishing, Inc., 2000, pp. 105-106。

（二）劳动力市场的工资管制导致工资增长缓慢，居民购买力低，不利于扩大国内市场

进口替代模式下，拉美国家工人的工资增长缓慢，一些拉

---

① ［美］斯塔夫里亚诺斯著，迟越、王红生等译：《全球分裂——第三世界的历史进程（下册）》，商务印书馆1993年版，第734页。

美国家工人的真实工资甚至出现负增长。从表2—11可以看出，如果以1970年为基期，1975年，智利的真实工资指数下降了38%，乌拉圭的真实工资指数下降了22%。到1983年，阿根廷、智利和乌拉圭三国的真实工资指数均低于1970年的水平，乌拉圭1983年的真实工资甚至比1970年下降了45%。这主要是由于三个方面的原因：（1）拉美国家采取压低粮食价格的办法，降低基本生活资料的成本，从而起到压低工人工资，降低工业企业劳动力成本的作用；（2）很多拉美国家制定最低工资法来干预劳动力市场；（3）通货膨胀率高于工资增长率。正是这些扭曲劳动力市场价格的措施，使得工资水平根本反映不出劳动市场的供求状况，劳动力资源无法得到有效配置和使用。

表2—11　1970—1983年阿根廷、智利和乌拉圭真实工资指数（1970＝100）

年份＼国家	阿根廷	智利	乌拉圭
1975	111	62	78
1978	72	76	67
1981	83	98	70
1983	91	87	55

资料来源：Eliana Cardaoso and Ann Helwege, *Latin America's Economy: Diversity, Trends, and Conflicts*. Cambridge, Mass.: The MIT Press, 1999, p. 187。

工资水平增长缓慢，甚至呈下降趋势，一方面，加剧了拉美国家业已严重的贫富差距问题。20世纪中叶，整个拉丁美洲，20%的人口获得国民收入的60%，70%的人口陷入赤贫状态。在阿根廷、巴西和墨西哥，10%收入最高的人口获得国民收入的40%，而最底层的40%的人口只获得国民收入的10%。[1] 随着进口替代工业化的深化，拉美国家的贫富差距不仅未见缩小，反而有所加剧。1964—1974年间，10%最富有的巴西人的收入占巴西国民收入的75%，而最贫穷的50%的巴西人的收入仅占国民收入的10%。[2] 另一方面，工人的购买力受到低工资的限制，无法为本国工业化提供广阔的市场，不利于本国企业获得规模经济的好处。从表2—12可以看出1950年和1955年拉美主要国家的生活成本均呈现出上升的趋势。1950年，阿根廷和智利的生活成本比1945年提高1.5倍以上。1955年，智利的生活成本比1945年增加了13倍多，玻利维亚则增加了24倍多。

表2—12　1950和1955年部分拉美国家生活成本的变化（1945=100）

国家 年份	阿根廷	墨西哥	巴西	哥伦比亚	智利	委内瑞拉	秘鲁	玻利维亚
1950	255	148	173	193	252	122	236	188
1955	585	248	384	242	1438	130	333	2525

资料来源：Leslie Bethell（ed.），*Latin America Economy and Society Since* 1930，Cambridge，UK：Cambridge University Press，1998，p. 137。

（三）对本国工业的过度保护扭曲了国内产品市场价格

对本国的幼稚工业进行保护是发达的工业化国家工业化初期的通行做法，进口替代工业化战略下，拉美国家对本国的民

① ［美］E. 布拉德福德·伯恩斯著，王宁坤译：《简明拉丁美洲史》，湖南教育出版社1989年版，第276页。

② ［美］E. 布拉德福德·伯恩斯著，王宁坤译：《简明拉丁美洲史》，湖南教育出版社1989年版，第364页。

族工业进行扶植和保护，本来是无可厚非的，但是拉美国家对本国工业的保护政策具有三个重要缺陷：（1）保护水平过高。1970年前后，智利的有效保护率为217%，乌拉圭的有效保护率高达384%（见表2—13）。（2）保护水平在制造业不同部门之间具有不均衡性。为了保护本国工业制成品市场，拉美国家对最终产品征收较高的关税。而为了便于工业化所必需的资本品和中间产品的进口，拉美各国对中间产品和零部件征收较低关税。这种不均衡的保护人为地将产业之间的联系割裂开来，削弱了拉美国家产业的后向关联性，增加了对进口中间产品和资本品的依赖。（3）保护时间长。按照李斯特幼稚产业保护理论，对幼稚工业的保护不是无休止的，保护年限一般是30年。超过这个年限，如果该产业仍然没有成长起来，其产品无法与国际市场上的产品竞争，就要解除对它的保护。而拉美国家对本国工业的保护时间过长。

表2—13　1970年左右部分拉美国家制造业部门的有效保护率（%）

国家	有效保护率（EPR）	国家	有效保护率（EPR）
阿根廷	27	萨尔瓦多	44
巴西	66	危地马拉	31
智利	217	洪都拉斯	59
哥伦比亚	29	墨西哥	49
哥斯达黎加	22	尼加拉瓜	53
多米尼加	124	乌拉圭	384

资料来源：Eliana Cardaoso and Ann Helwege, *Latin America's Economy: Diversity, Trends, and Conflicts*. Cambridge, Mass.: The MIT Press, 1999, p. 96。

对本国产业的过度保护产生的消极后果就是本国企业生产效率的低下，国内产品价格甚至比国际市场价格还高。例如，

20 世纪 60 年代后期，阿根廷、巴西和墨西哥汽车工业的生产成本比美国高出 60%—150%。有人对 1969 年智利汽车工业的生产成本做过调查。调查结果表明：智利的生产成本比发达国家高出两倍；在阿根廷和委内瑞拉，20 世纪 70 年代末国内生产汽车在国内市场上的售价比国际市场高出一倍。而 1969 年智利生产的电动缝纫机、自行车、家用电冰箱和空调器的国内价格比国际市场高出三倍、五倍、六倍和七倍。[①] 但是，在贸易保护政策下，外国产品无法进入国内市场，低效率的国内企业仍然可以获得较高的利润。产品市场价格的扭曲和国内外产品的价格差异，造成了广大消费者的福利损失，加大了通货膨胀的压力，刺激了走私活动。

正是由于拉美国家的进口替代发展模式存在诸多的制度缺陷，加上 20 世纪 70 年代的石油危机和国际货币体系崩溃等外部因素，最终导致了拉美国家债务危机的爆发，拉美国家也因此经历了痛苦的“失去的十年”。90 年代，多数拉美国家进行了以新自由主义为指导的经济改革，进入了新一轮的制度调整和变迁过程。

（四）出口悲观主义使拉美国家出口占世界市场的份额下滑

从图 2—1 可以看出，在进口替代发展模式下，拉美国家出口占世界市场份额逐年下降，由 1946 年的 13.5% 下降到 1975 年的 4.4%，下降了 9.1%。而出口被人们看作经济增长的发动机，对带动经济增长、创造国内就业方面具有重要作用。拉美国家出口下降主要是因为，高额关税保护下拉美国家产品在国内市场不愁销路，缺乏竞争压力，因而缺乏技术创新

---

① 世界银行：《转变中的智利经济》，华盛顿，1979 年版。转引自江时学：《拉美发展模式研究》，经济管理出版社 1996 年版，第 71 页。

和提高效率的动力。对一些大国来说，国内市场规模较大，能够带来规模经济效应，这种封闭式的发展能够维持一段时间。一些较小的国家，由于国内市场狭小，无法满足工业化生产条件下对规模经济的要求，因而这种封闭式的发展模式不会持久。

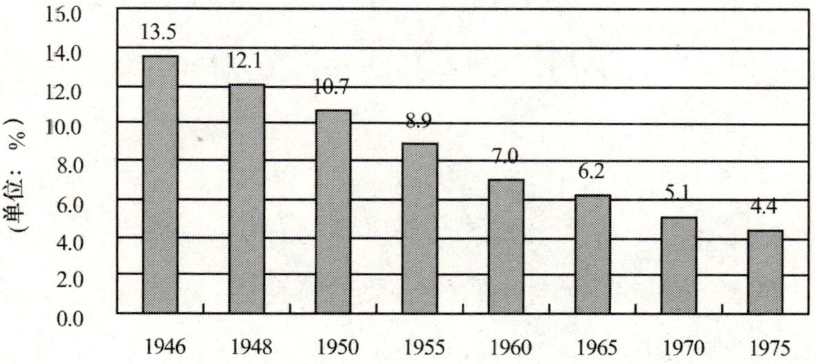

图 2—1　1946—1975 年拉美国家出口总额占世界出口总额的比重变化

资料来源：Alan M. Taylor，"On the Costs of Inward-Looking Development：Price Distortions，Growth，and Divergence in Latin America"，*Journey of Economic History*，Vol. 58，No. 1，1998，p. 5。

第三章

拉美国家以新自由主义经济学为指导的制度改革

新自由主义经济学的核心思想是私有化、市场化及全球经济一体化，反对公有制，反对国家干预经济。新自由主义经济学刚刚诞生时并未受到大家的重视，凯恩斯政策的失灵才使得新自由主义实现了兴盛，并最终在全世界范围内传播开来，产生广泛影响。拉美经济改革是各种内外因素合力作用的结果，每一个因素都与新自由主义经济学有着密切关系。同时，拉美经济改革的内容完全符合新自由主义各派经济学家的政策主张。因此，拉美国家的经济改革是以新自由主义经济学为指导的，是对西方国家自由市场经济制度模仿和照搬，缺乏制度创新性，是一种制度依附性改革。

第一节　新自由主义经济学的来龙去脉[①]

经济自由主义思想最早可追溯到古希腊。在 16 世纪初的

① 李罡：《拉美经济改革理论基础辨析——新自由主义经济学与拉美经济改革》，《拉丁美洲研究》，2008 年第 6 期，第 39—41 页。

启蒙时代（The Age of Enlightenment），西班牙萨拉曼卡学派[①]就对经济自由主义思想做出过论述。17 世纪，英国蓬勃发展的工商业活动与传统的封建制度发生了冲突。英国著名哲学家约翰·洛克（John Locke）从哲学的角度论证了私有财产权的合理性。洛克认为，政府应有限参与经济活动，政府的主要职能是保护人们的财产权和自由。“私有权的意义在于，当人们可以通过劳动不断积累财产时，他们会更具有生产积极性。”[②] 1776 年，被誉为“经济学之父”的英国古典政治经济学家亚当·斯密发表了《国民财富的性质和原因的研究》（*An Inquiry into the Nature and Causes of the Wealth of Nations*）（简称《国富论》）一书。在《国富论》中，斯密提出了市场是只“无形的手”（the invisible hand）的著名论断，详细阐述了减少政府干预的“自由放任”（laissez-faire）思想，批驳了主张由国家干预经济并实行贸易保护的重商主义（Mercantilism）。[③] 斯密因此成为全面阐述经济自由主义思想的第一人。

20 世纪二三十年代出现的新自由主义经济学（economics of neoclassical liberalism）是 18 世纪古典自由主义经济学（economics of classical liberalism）思想在 20 世纪的复苏。由于

---

① 萨拉曼卡学派（School of Salamanca）是在文艺复兴时期由西班牙神学家组成的一个学派，以神学家弗朗西斯科·德维多利亚（Francisco de Vitoria）等人的著作为理论基础。16 世纪初，日益兴起的世俗人文主义、不断深化的宗教改革、地理上的大发现，使天主教教会历来倡导的世界观及有关人类和上帝启示的观念日益受到挑战。萨拉曼卡学派就是为解决上述问题而形成的。学派的名字源于萨拉曼卡大学，德维多利亚等人都在这一大学任教。这一学派的主要观点是，人权包括肉体的权利（生命的权利）、经济权利（拥有财产的权利）和精神上的权利（思想自由的权利及人类尊严），而这些权利都应受到尊重和保护。

② ［美］史蒂文·普雷斯曼著，陈海燕等译：《五十位经济学家》，江苏人民出版社 2005 年版，第 15 页。

③ 重商主义认为金银货币是财富的唯一形态，而对外贸易是财富的唯一源泉，国家必须采取有效措施来促进出口，限制进口。托马斯·芒是重商主义的主要代表人物。

新自由主义经济学出现时恰逢20世纪30年代的大萧条爆发，自由市场经济理论无法解释当时的市场失灵的经济现实，因而没有受到重视。70年代，主张政府干预的凯恩斯主义面对“滞胀”（stagflation）束手无策，新自由主义经济学的理论观点和政策主张开始受到经济学界和政界的重视，这一时期是新自由主义经济学的鼎盛时期。80年代，新自由主义经济学开始在世界范围内广泛传播。

一、新自由主义经济学的诞生

新自由主义经济学是对18世纪末亚当·斯密自由放任学说的继承和发展。作为一个经济学流派，新自由主义产生于20世纪二三十年代，其主要代表人物有路德维希·冯·米塞斯（Ludwig von Mises）、埃德温·坎南（Edwin Cannan）、弗兰克·H. 奈特（Frank Hyneman Knight）、弗里德里希·奥古斯托·冯·哈耶克（Friedrich August von Hayek）等人。根据各主要代表人物所在地点的不同，新自由主义分为新奥地利学派、伦敦学派和芝加哥学派三大学派。三大学派的理论观点和政策主张基本上是一致的，即主张经济自由，反对政府干预（表3—1）。

在新自由主义形成和发展过程中，哈耶克起了举足轻重的作用。哈耶克曾先后在自由主义思潮盛行的维也纳大学、伦敦大学和芝加哥大学任教，是新自由主义最具代表性的理论家。哈耶克的新自由主义思想以极端的经济自由主义倾向为特征。他强调个人自由高于一切，充分的自由是理想社会的基础；热情颂扬私有制，认为私有制的最大好处在于保证了个人自由；强烈反对统制经济、计划经济和公有制。在他看来，统制经济、计划经济和公有制是获取自由的最大障碍，是一条“通向奴役之路”①。

表 3—1　新自由主义（20 世纪二三十年代）

新奥地利学派		伦敦学派		芝加哥学派	
核心思想	以维也纳大学为中心，坚持奥地利学派自由放任传统。	核心思想	以伦敦经济学院为中心，坚持英国自由主义经济学传统。	核心思想	以芝加哥大学为中心，推崇经济自由。
代表人物	［奥］路德维希·冯·米塞斯 ［奥］弗里德里希·奥古斯托·冯·哈耶克	代表人物	［英］坎德温·坎南 ［英］莱昂内尔·C. 罗宾斯	代表人物	［美］弗兰克·H. 奈特 ［美］亨利·C. 西蒙斯

新自由主义经济学诞生时，恰逢资本主义世界的经济危机的爆发。20 世纪 30 年代的大萧条彻底暴露了自由市场经济的弊端，打破了资本主义经济在市场机制的调节下能自动实现均衡的神话。经济自由主义所坚信的市场机制自动实现均衡、不会出现生产过剩的危机、无需政府干预的理论观点在大萧条的现实面前显得苍白无力。于是，主张扩大政府支出、扩大需求、推动经济增长、采取宏观经济政策调节经济的凯恩斯主义应运而生。“罗斯福新政”通过实践说明了国家干预经济的有效性。自此，凯恩斯主义取代新古典经济学成为西方正统的经济学流派。而新自由主义经济学受到人们的冷落和漠视，可谓是“生不逢时”。

① 1944 年哈耶克的著作《通往奴役之路》（*The Road to Serfdom*）出版，使其成为举世闻名的社会理论家。

二、新自由主义经济学的复兴

20 世纪 70 年代，以两次石油危机为诱因，使主要世界工业国陷入高通胀与低增长并存的滞胀（stagflation）局面。此时，凯恩斯“逆经济风向行事”（reverse exercise）[①] 的宏观需求管理政策失灵。正是在这样的背景下，新自由主义者重新抬头，他们将“滞胀”现象归因于凯恩斯主义所倡导的政府过度干预和政府开支过大。20 世纪七八十年代，出现了从不同角度论证自由放任合理性、抨击凯恩斯国家干预政策的多个新自由主义学派（表 3—2）。

在受到多年冷落后，新自由主义经济学在 20 世纪 70 年代得到复兴和大力关注。这一时期，新自由主义的主要代表人物哈耶克和弗里德曼分别于 1974 年和 1976 年获得诺贝尔经济学奖。80 年代，随着美国总统里根和英国首相撒切尔夫人按新自由主义所进行的改革（里根的减税政策和撒切尔夫人的私有化政策）取得了明显成效，新自由主义经济学的影响进一步扩大，一度占据了美、英等国家主流经济学的地位。公共选择学派的布坎南和理性预期学派的小卢卡斯分别于 1986 年和 1995 年获得诺贝尔经济学奖。这些都说明新自由主义经济学日益受到人们的重视，新自由主义由此复兴。

① 所谓“逆经济风向行事”即当总需求小于总供给产生衰退和失业时，政府应采取扩张性财政货币政策刺激总需求。相反，当总需求大于总供给产生通货膨胀时，政府应采取紧缩性财政货币政策减少总需求。

表 3—2　新自由主义（20 世纪七八十年代）

现代货币主义		供给学派		公共选择学派		理性预期学派	
核心思想	以现代货币数量论为旗帜，强调货币政策和经济自由，反对凯恩斯主义。	核心思想	批判以需求为中心的凯恩斯主义，主张减税减支，从供给出发稳定经济。	核心思想	把经济自由主义所强调的市场机制能自动实现均衡的理论延伸到政治领域，认为国家干预经济必然带来赤字和通货膨胀。	核心思想	以理性预期为基础，全盘否定宏观经济政策的有效性和凯恩斯经济理论的正确性。
代表人物	[美] 米尔顿·弗里德曼	代表人物	[美] 阿瑟·B. 拉弗	代表人物	[美] 詹姆斯·M. 布坎南	代表人物	[美] 罗伯特·E. 小卢卡斯
政策主张	实施以货币供给量作为货币政策唯一工具的单一货币规则	政策主张	减税、削减社会福利支出、精简规章制度	政策主张	提高政府提供公共物品的效率，避免政府失灵的措施是：建立民主宪政政体、采用平衡预算原则、以严格税法约束政府	政策主张	提出信誉重于规则的经济政策说，认为建立人们对规则的信任比具体规则本身更重要

三、新自由主义经济学的广泛传播

20 世纪 80 年代后期，新自由主义经济学的理论体系和政策主张开始向计划经济国家（苏联、东欧国家）和发展中国家传播，并产生了广泛影响。20 世纪 90 年代，东欧剧变、苏联解体后，这些国家就是按照新自由主义的理论和政策主张对本国经济体制进行改革、完成转轨的。70 年代，新自由主义经济学已进入拉美，并在一些国家进行了实践（如在智利）。但直到 90 年代，特别是“华盛顿共识”出笼后，新自由主义经济理论才在拉美广泛传播，在其潜移默化的影响下，多数拉美国家进行了具有新自由主义倾向的经济改革。

第二节 拉美经济改革的内外动因[①]

20 世纪 90 年代初，拉美各国所进行的全面经济改革有着复杂的国内外背景，是多种因素合力作用的结果。进口替代发展模式弊端的日益暴露是拉美国家进行经济改革的内在动因。1982 年爆发的债务危机成为拉美国家进行经济改革的导火索。1989 年“华盛顿共识”的出笼为 90 年代拉美国家的经济改革提供了理论指导。1973 年就开始经济改革的智利，其改革的成效显著，为其他拉美国家树立了改革的榜样，起到了先驱示范作用。90 年代初发生的苏东剧变和计划经济的彻底崩溃，坚定了拉美国家进行经济改革的决心。

一、纠正进口替代发展模式的弊端是拉美经济改革的根本原因

始于 20 世纪 30—50 年代的进口替代发展模式，使拉美国家的工业化水平大大提高，极大地促进了经济增长。但这种通过高筑贸易壁垒、强化国家干预、高估本币币值以保护本国工业的内向发展模式的弊端日益暴露。这些弊端表现为：第一，对本国工业的过度保护，导致国内企业不重视效率，产品缺乏国际竞争力。第二，为快速提高本国的工业化水平，拉美国家

① 李罡：《拉美经济改革理论基础辨析——新自由主义经济学与拉美经济改革》，载《拉丁美洲研究》，2008 年第 6 期，第 42—43 页。

着重发展资本密集型和技术密集型工业。这一特点在进口替代的高级阶段即中间产品和资本品的进口替代阶段表现得尤为突出。这种做法不利于发挥拉美国家劳动力资源丰富的比较优势，也不利于创造就业机会，致使贫富差距进一步拉大。第三，进口替代发展模式不仅没能改善拉美国家的国际收支状况，反而使其恶化。在进口替代发展模式的初级阶段即非耐用消费品的替代阶段，拉美国家的进口系数（进口额占 GDP 的比重）明显下降。而在进口替代模式进入高级阶段后，对进口资本品和中间产品的需求越来越大。其结果是，许多拉美国家的贸易赤字和财政赤字不断扩大。在没有足够资金进口本国工业发展所需的机器设备时，一些国家走上了举债发展的道路，为 20 世纪 80 年代债务危机的爆发埋下了隐患。

二、债务危机是拉美国家进行经济改革的导火索

以 1982 年 8 月墨西哥宣布延期还债为起点，拉美国家纷纷陷入债务危机。债务危机发生后，债务国、国际金融机构和商业银行共同努力来减轻债务危机造成的冲击。债务国同商业银行进行协商以争取额外贷款或延长支付本金和利息的期限。IMF 等国际机构要求债务国采取停止补贴、提高公用事业价格、控制工资增长、缩小公共部门规模、提高利率、降低信贷增长率等紧缩经济的措施。同巨额债务相比，商业银行的额外贷款简直是杯水车薪。而 IMF 的紧缩政策使拉美国家的经济增长进一步下降，物价加速上涨、人民生活水平降低、社会矛盾激化。

债权国和国际金融机构逐渐意识到，只有提高债务国的偿债能力才是解决债务危机的有效途径。在此背景下，1985 年 10 月 8 日，美国财政部长詹姆斯·贝克（James Baker）在汉

城召开的IMF和世界银行年会上向来自149个国家的9000多名代表发表讲话，提出了所谓的“贝克计划”（Baker Plan）。贝克声称，只有通过各国的密切合作、商业银行的更多贷款、增强世界银行的作用和发展中国家的增长才能有效解决债务危机。“贝克计划”有两项主要内容：一是要求发展中国家进行全面宏观经济调整，以此作为新增贷款的前提和条件；二是向发展中国家提供新的贷款。简言之，“贝克计划”就是向发展中国家提供有约束条件的贷款，以此帮助债务国摆脱危机。“贝克计划”向发展中国家提出了进行全面宏观经济调整的具体措施：实行削减政府开支的紧缩政策，放宽外资进入的条件，实行资本自由流动，鼓励竞争，实行国有企业私有化，发挥私人企业的积极性。

“贝克计划”所倡议的政策措施具有明显的新自由主义色彩。“贝克计划”出台后，陷入债务危机的拉美国家对过去政府奉行的进口替代工业化内向发展模式进行了扬弃，对20世纪70年代利用“石油美元”解决发展资金不足的举债发展政策进行了反思，对本国经济进行了不同模式的调整①。这可以看作是拉美经济改革的前奏。

三、“华盛顿共识”——拉美经济改革指导思想的系统化

1989年，美国国际经济研究所在华盛顿召开了一个讨论

① 20世纪80年代中期，为应对经济危机，拉美国家进行的经济调整分为三种模式：一是智利和墨西哥的市场化调整模式，该模式以私有化和市场化为主要特征；二是秘鲁的结构调整模式，该模式是在国家主导下采取诸如增加实际工资、适度财政赤字、减少利率控制、冻结价格等措施来扩大内需，拉动经济增长，同时坚持有限偿债政策；三是巴西和阿根廷促进经济稳定的调整模式，该模式主要以货币改革（巴西的“雷亚尔计划”、阿根廷的“奥斯特拉尔计划”）和收入调整（冻结物价和工资）稳定化计划来消除通胀和稳定经济。

20 世纪 80 年代后期以来拉美经济调整和改革的研讨会。威廉姆森会后把会议上的论文汇编成册，以《拉美调整的成效》为题将该论文集出版。书中威廉姆森更加明确而系统地阐述了拉美国家在经济调整和改革中应使用的政策处方，提出了著名的“华盛顿共识”。它包括如下 10 点内容：加强财政纪律，压缩财政赤字；调整公共支出顺序，把政府开支重点用于教育、医疗等公共基础设施方面；降低边际税率，建立有利于扩大税基的税收体制；实现利率自由化；制定更具竞争力的汇率，放弃固定汇率或完全浮动汇率；实行贸易自由化；实行外国直接投资自由化（不包括资本项目）；实行私有化；放松政府管制（涉及环保、生产安全、限制垄断价格方面的管制除外）；保护财产权。

“华盛顿共识”的 10 点内容完全符合新自由主义经济学的理论观点和政策主张。其中，有关政府减少开支和降低税率的内容，正是 20 世纪 70 年代新自由主义经济学以拉弗为代表的供给学派的政策主张；有关利率自由化的内容正是以弗里德曼为代表的新货币主义十分看重的；关于贸易投资自由化、私有化、产权保护和减少政府管制的内容，不仅是新自由主义的主要代表人物哈耶克有关自由主义思想的核心，也是其他流派新自由主义经济学家共同信奉的观点。

四、智利经济改革的先驱示范效应

1973 年 9 月，皮诺切特将军发动军事政变，推翻了智利“人民团结”左翼政府。智利军政府在威权统治模式下推行了一系列具有新自由主义色彩的经济改革。智利军政府吸收深受新自由主义经济思想影响“芝加哥弟子”在政府中担任要职，领导智利经济改革。他们中有很多人是新自由主义经济学家、新货币主义的倡导者米尔顿·弗里德曼（Milton Friedman）的学生，弗里德曼本人也曾多次亲临智利进行指导。20 世纪 70 年代后期，阿根廷和乌拉圭也先后发生了军事政变。右翼势力上台后都对本国经济进行了带有新自由主义倾向的改革。智利、阿根廷和乌拉圭进行的具有新自由主义色彩的经济改革对 90 年代拉美国家广泛进行的经济改革产生了示范效应。

五、另一种示范效应——计划经济国家的转轨和市场化改革

20 世纪 80 年代末 90 年代初发生的东欧剧变和苏联解体，原来奉行计划经济的国家纷纷放弃公有制和国家干预经济的做法，进行了以自由化、私有化和市场化为特征的新自由主义经济改革。计划经济国家的崩溃使人们感觉计划经济似乎已经退出了历史舞台，经济自由化才是符合历史潮流的，这无疑坚定了拉美国家进行经济改革的决心。

第三节　拉美经济改革的进程与制度变革

随着进口替代发展模式弊端的日益显现，早在 20 世纪 70 年代中期，南锥体国家阿根廷、乌拉圭和智利就开始了市场化和自由化改革的尝试。阿根廷和乌拉圭的改革尝试并不成功，80 年代初债务危机的爆发使两国的改革彻底终止。直到 20 世纪 90 年代初两国才重新开始市场化改革。智利改革开始于 1973 年皮诺切特军政府执政时期，债务危机爆发后，智利自由化改革出现逆转，政府增强了对经济的干预。1985 年智利在 70 年代改革的基础上，进一步完善和深化了市场化改革，并取

得了显著效果，成为其他拉美国家争相仿效的改革典范。从20世纪80年代中期到90年代初，大多数拉美国家都采取了经济稳定化政策和进行了以市场化和自由化为主要特征的第一代经济改革（各国开始改革的时间见表3—3）。

表3—3　拉美各国开始经济改革的年份

国家	改革开始的年份	国家	改革开始的年份
阿根廷	1991	萨尔瓦多	1988
玻利维亚	1985	危地马拉	1988
巴西	1994	洪都拉斯	1990
智利I	1974	牙买加	1987
智利II	1985	墨西哥	1988
哥伦比亚	1991	巴拉圭	1989
哥斯达黎加	1998	秘鲁	1990
多米尼加	1990	乌拉圭	1991
厄瓜多尔	1992	委内瑞拉	1989

资料来源：Igor Paunovic，“Growth and Reforms in Latin America and the Caribbean in the 1990s”，*ECLAC Serie Reformas Económicas* 70，Santiago：United Nations Economic Commission on Latin America and the Caribbean（ECLAC），2000，p. 39。

一、经济稳定化（economic stabilization）

债务危机爆发后，拉美国家普遍面临的一个问题就是通货膨胀加剧，严重威胁经济稳定和社会安定。因此，一些拉美国家先采取降低通货膨胀的经济稳定化政策来稳定经济，然后再进行经济改革。[①] 为了实现稳定化目标各国采取的措施各不相同，有的国家把汇率作为稳定经济的手段（如阿根廷的“汇率锚”政策，见表3—4），有的国家采取高利率政策来抑制通货

① 但也有的国家是稳定化与经济改革同时进行，只有巴西是先进行改革再实行稳定化政策。

膨胀，有的国家通过削减公共开支，减少赤字来达到降低通货膨胀率的目的。

表 3—4　1999 年拉美国家的汇率制度

固定汇率或美元化	爬行盯住或货币局制度	浮动汇率制
阿根廷、萨尔瓦多、巴拿马、东加勒比国家	玻利维亚、哥斯达黎加、多米尼加、洪都拉斯、尼加拉瓜、乌拉圭、委内瑞拉	巴西、智利、哥伦比亚、厄瓜多尔、危地马拉、圭亚那、海地、牙买加、墨西哥、巴拉圭、秘鲁、特立尼达和多巴哥

说明：（1）这里的浮动汇率并不是完全由市场来决定外汇比价，而是涉及到中央银行一定程度的干预，即所谓的肮脏浮动；（2）厄瓜多尔于 2000 年初实行了美元化计划。

资料来源：José Antonio Ocampo and Juan Martin，（eds.），“Chapter III Macroeconomic performance”，in *A Decade of Light and Shadow*：*Latin America and the Caribbean in the* 1990*s*，Santiago，Chile：Economic Commission for Latin America and the Caribbean （ECLAC），2003，p. 108。

虽然各国采取的稳定化政策对降低通货膨胀起到了明显的作用，但是稳定化政策对经济增长的负面影响也是显而易见的。人为提高本币币值，虽然对降低进口品价格水平，抑制通胀起到了一定作用，但是同时也削弱了本国产品的出口竞争力，不利于国内经济增长。提高利率和削减公共开支同样在降低通货膨胀率的同时，起到了抑制经济增长的作用。

二、拉美国家的第一代改革（the first-generation reform）

（一）第一代改革的主要内容

始于 20 世纪 80 年代中期的拉美经济改革采取的措施主要包括贸易投资制度改革、税收制度改革、金融制度改革、企业产权制度改革、劳工和社会保障制度改革，改革的主要目的是减少国家对经济的干预，增强市场在资源配置中的作用。有人将这一阶段的经济改革称为拉美国家的第一代改革。

1. 贸易投资制度改革

拉美国家是通过消除关税和非关税壁垒、推进区域经济一体化来实现贸易自由化的。（1）拉美国家大幅降低关税税率，减少关税税目，以此消除阻碍自由贸易的关税壁垒。到 1995 年，拉美地区的平均关税税率已从改革前（1985 年）的 44.6% 降至 13.1%。[①] 非关税壁垒所涉及的商品占进口总额的比重由改革前（1985 年前）的 33.8% 降至 11.4%（1995 年）。[②] 表 3—5 列出了拉美各国开始进行贸易自由化改革的时间。（2）20 世纪 90 年代，拉美国家在推进区域经济一体化方面取得了明显成效，极大地促进了地区贸易自由化的发展。80 年代，因债务危机的爆发，拉美地区的经济一体化处于停滞状态。90 年代，不仅原有的地区一体化组织恢复了活力，还成立了许多新的一体化组织，如三国集团（1990 年 3 月）、南方共同市场（1994 年 12 月）、北美自由贸易区（1992 年 12 月）、中美洲自由贸易区（1993 年 2 月）等。

资本管制包括外汇管制和对外国直接投资的管制。在经济改革中，拉美国家普遍采取了放松资本管制、促进投资自由化的措施。如，积极推进资本项目自由化改革，取消对外汇管制，以及取消在外国投资股权比重、利润汇出、投资领域等方面的限制。

---

① 美洲开发银行著，江时学等译：《拉美经济改革的得与失——美洲开发银行论拉丁美洲经济改革》，社会科学文献出版社 1999 年版，第 32 页。

② 同上书，第 33 页。

表 3—5　拉美国家贸易自由化改革年表

1985	智利、墨西哥
1986	玻利维亚、哥斯达黎加
1987	牙买加
1988	危地马拉、圭亚那
1989	阿根廷、萨尔瓦多、巴拉圭、特立尼达和多巴哥、委内瑞拉
1990	巴西、多米尼加、厄瓜多尔、洪都拉斯、秘鲁
1991	乌拉圭、哥伦比亚
1992	巴巴多斯
1995	巴拿马

资料来源：美洲开发银行著，江时学等译：《拉美经济改革的得与失——美洲开发银行论拉丁美洲经济改革》，社会科学文献出版社 1999 年版，第 28 页。

2. 税收制度改革

实行进口替代发展模式的拉美国家政府为了弥补庞大的政府开支缺口，普遍采取了高税率和多税种的税收体制，特别是对企业和富人实行很高的所得税税率。例如，改革前阿根廷的公司所得税税率高达55%，是当时拉美国家公司所得税税率最高的国家。多米尼加个人所得税税率超过75%，是当时拉美国家个人所得税税率最高的国家。

供给学派的主要代表人物、南加利福尼亚商学院的阿瑟·B. 拉弗教授用一个被人们称为“拉弗曲线”（Laffer Curve）的图形形象地说明了过高税率的危害。即高税率不仅不会增加政府税收，反而会减少政府税收。在图 3—1 中，原点 O 表示税率为零时，税收收入也为零。在税率 t 水平之前，提高税率能增加税收额，但当税率提高到一定水平即达到 t 时，税收额达到最大值 T，此时，再提高税率不仅不会增加税收额，反而会使其下降。当税率达到 100% 时，将没有人愿意工作，税收额为零。拉弗据此要说明的是，过高的税率会降低人们工作和投资的积极性，减少供给，从而减小税基。通过计算税收额的公式（税收额=税基×税率）可以看出，当税率提高的速度赶不上税基下降的速度时，提高税率并不能起到增加政府税收收入的作用。因此，当税率已较高时，再提高税率不会提高税收额，而降低税率则有可能因税基的扩大而增加税收额。

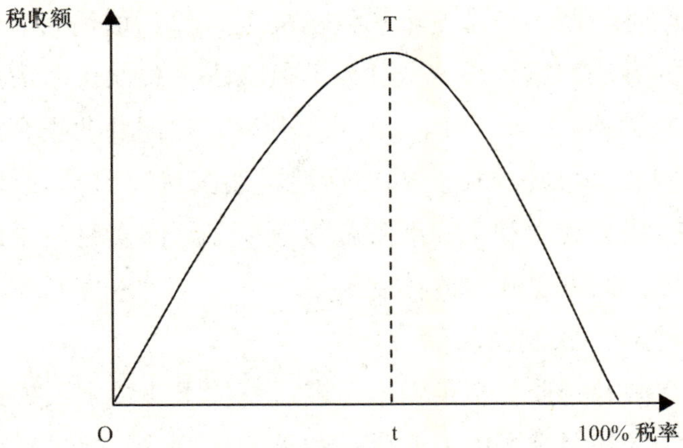

图 3—1　拉弗曲线

1981 年里根执政后，按照供给学派的政策主张，进行了以降低税率为核心的税收制度改革。在 20 世纪 80 年代美国税制改革的影响下，拉美国家于 90 年代也掀起了税制改革的浪潮。拉美国家的税制改革主要包括两方面的内容：（1）降低税率，减少各种形式的逃税行为，从而扩大税基。从 1985 年开始，拉美国家大幅降低公司所得税税率，到 1995 年只有圭亚那、苏里南、洪都拉斯三国的公司所税税率高于美国公司所得税税率（39.6%）。个人所得税税率较改革前也大幅降低。（2）合并和简化税种，统一税率，降低税收管理成本。经过改革，拉美国家数百种对税收贡献不大的税收项目被取消了，合并成所得税、增值税和营业税三大主要税种。到 1995 年，三大税种在总税收中所占比重最高的国家是墨西哥（比重高达86.34%），比重最低的国家是伯利兹（达33.63%）。[①]

3. 金融制度改革

20世纪90年代多数拉美国家都进行了金融自由化改革，其主要目的在于克服进口替代模式下政府控制利率和信贷而导致的金融压抑问题。采取的主要措施包括：（1）取消政府对利率的行政性管制，利率由市场供求决定。（2）取消政府定向分配贷款的做法，银行根据贷款人的风险水平和偿还能力来决定是否发放贷款。（3）降低存款准备金率，提高商业银行的贷款能力。（4）加强中央银行的独立性，使其从财政部独立出来。中央银行成为利用利率和准备金等政策工具而实行货币政策的独立实体，而不受政府的控制。

4. 企业产权制度改革

建立国有企业是拉美国家在进口替代工业化发展模式下政府干预经济和促进本国工业成长的重要手段，对促进拉美国家民族工业的发展、基础设施建设、发展计划实施方面起了重要作用。但是国有企业有一些致命的弱点：一是在政府的保护下缺乏效率；二是国有企业所承担的一些社会责任使其无法按照收益最大化目标组织生产。其结果是，20世纪80年代以来，拉美国家的国有企业普遍面临效率低下、亏损严重的问题，给国家财政带来沉重负担。例如，1989年巴西国有企业的亏损额相当于当年GDP的2.4%；墨西哥最大的钢铁公司拉斯特鲁查斯联合钢铁公司，10年间（1976—1985年）累计亏损额超过了8亿美元，而这个金额已超过1976年建厂时的最初投

① 美洲开发银行著，江时学等译：《拉美经济改革的得与失——美洲开发银行论拉丁美洲经济改革》，社会科学文献出版社1999年版，第60页。

资额。[①]

面对这种情况，20世纪90年代初大多数拉美国家对国有企业进行了私有化改革。（1）从私有化的方式来看，主要采取直接出售、公开上市、管理人员和雇员购买、合资、特许经营、租赁等多种方式。（2）从私有化的规模上看，在1990—1994年五年中，拉美和加勒比国家从私有化中获得的收入总额为591.9亿美元，占同期所有发展中国家从私有化中获得的总收入总额（1040.6亿美元）的56.9%。五年中，拉美和加勒比国家每年从私有化中获得的收入占当年GDP比重（依次为0.61%、1.41%、1.15%、0.75%、0.50%）的平均数是0.89%，而同期所有发

表3—6　1990—1995年拉美各部门私有化收入及交易数

部门	私有化收入		交易情况		平均交易额（亿美元）
	交易金额（亿美元）	占总额的比重（%）	交易数	占总交易数的比重（%）	
基础设施部门	272.11	43	167	24	1.63
金融服务业部门	146.82	23	53	8	2.77
工业部门	98.58	16	180	26	0.55
第一产业部门	102.83	16	210	30	0.49
其他服务业部门	6.69	1	81	12	0.08
总计	627.03	100	691	100	—

说明：基础设施部门中私有化的主体是电讯和能源企业；金融服务部门中私有化的主体是银行；工业部门中私有化的主体是钢铁企业；第一产业部门中私有化的主体是石油开采企业；其他服务业部门包括旅游、零售等非金融服务业部门。

资料来源：美洲开发银行著，江时学等译：《拉美经济改革的得与失——美洲开发银行论拉丁美洲经济改革》，社会科学文献出版社1999年版，第138页。

---

① 张雷声：《发展中国家的新自由主义经济改革及其理论反思》，《高校理论战线》，2003年第5期，第51页。

展中国家的这个数字是0.46%。（3）从私有化的部门分布看，1990—1995年基础设施部门私有化收入最高，占总收入的比重达43%；而交易数为167个，占总交易数的24%。这说明，基础设施部门中被私有化的是规模较大的企业。第一产业和工业部门虽然在交易数方面分别位居第一位（占30%）和第二位（占26%），但私有化收入各仅占16%（见表3—6）。这说明，第一产业和工业部门中被私有化的都是规模较小的企业。

5. 劳工和社会保障制度改革

劳工改革和社会保障制度改革涉及工人、雇主和工会等各方利益，因而改革的力度和速度在拉美各国存在很大差异。劳工改革主要通过弱化工会的作用和降低企业劳动力成本，来实现劳动用工制度的灵活化，最终实现由市场来调节劳动力的供求平衡。社会保障制度改革对保证私有化改革、劳工改革顺利进行具有重要意义。拉美社会保障改革的主要目标是解决社保覆盖面低和资金来源单一的问题。

（二）拉美经济改革程度的水平评估

美洲开发银行的首席经济学家爱德华多·劳拉（Eduardo Lora）在1997年发表的工作论文《拉美国家的结构改革：改了什么与如何衡量》（*Structural Reforms in Latin America: What Has Been Reformed and How to Measure it*）中采用改革指数（reform index）对拉美国家贸易自由化改革、金融自由化改革、私有化改革、税收改革的程度进行衡量。每项改革指数在0至1之间波动，数值越大，说明该项改革的市场化程度越高，经济扭曲程度越小。1999年萨缪尔·莫勒（Samuel A. Morley）等人在《拉美结构改革指数》（*Indexes of Structural Reform in Latin America*）一文中对劳拉的改革指数进行了完善和补充。劳拉的改革指数没有资本项目开放方面的指数，莫勒的改革指数补充了这一项。此外，劳拉改革指数衡量了拉美国家 1985—1999 年各项改革的进展，莫勒在此基础上将时间向前延伸至 1970 年，这更能看出拉美国家市场化进程的长期轨迹。对始于 20 世纪 70 年代的智利、阿根廷和乌拉圭改革来说，衡量时间的延伸更有意义。

运用莫勒设计的改革指数，可以看出拉美各项改革的进程和先后顺序并不相同。从图 3—2 可以看出，从 20 世纪 80 年代中期，改革总指数曲线处于稳步上升阶段，说明拉美国家加快了改革进程。在五项改革中，贸易改革指数和金融改革指数上升最快，到 20 世纪 90 年代初两项改革指数值超过 0.9，高于其他各项改革的指数值，说明这两项改革速度和进程比其他各项改革要快。

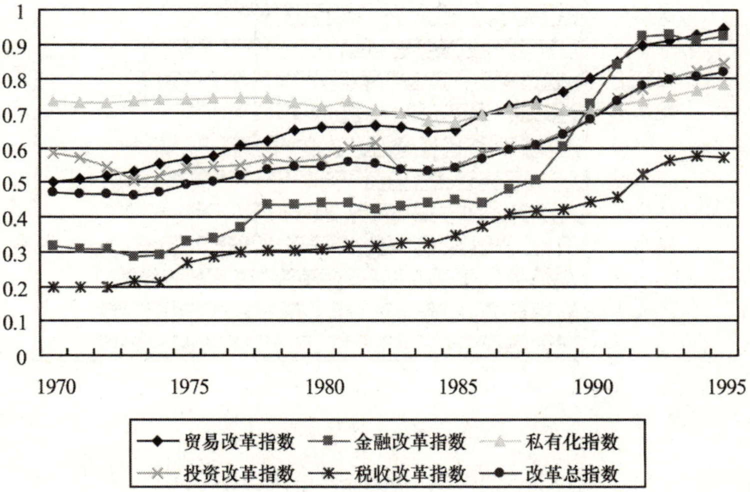

图 3—2　1970—1995 年拉美国家改革指数变化

资料来源：Samuel A. Morley，Roberto Machado and Stefano Pettinato，“Indexes of Structural Reform in Latin America”，*ECLAC Serie Reformas Económicas* 12，Santiago：United Nations Economic Commission on Latin America and the Caribbean（ECLAC），1999，pp. 27 –34。

从各个国家的具体情况来看，由于阿根廷、智利、乌拉圭在20世纪70年代就进行过经济改革，所以，1985年两国的改革指数较高，分别为0.617、0.671和0.815，经济扭曲程度较小，而其他国家的改革指数都很低，说明经济扭曲程度较高。到1995年，除委内瑞拉外，多数拉美国家的经济改革的市场化进程都很快，市场化程度大大加深。除哥伦比亚、洪都拉斯、牙买加、委内瑞拉外，其他国家的改革指数均超过0.8。(见图3—3)

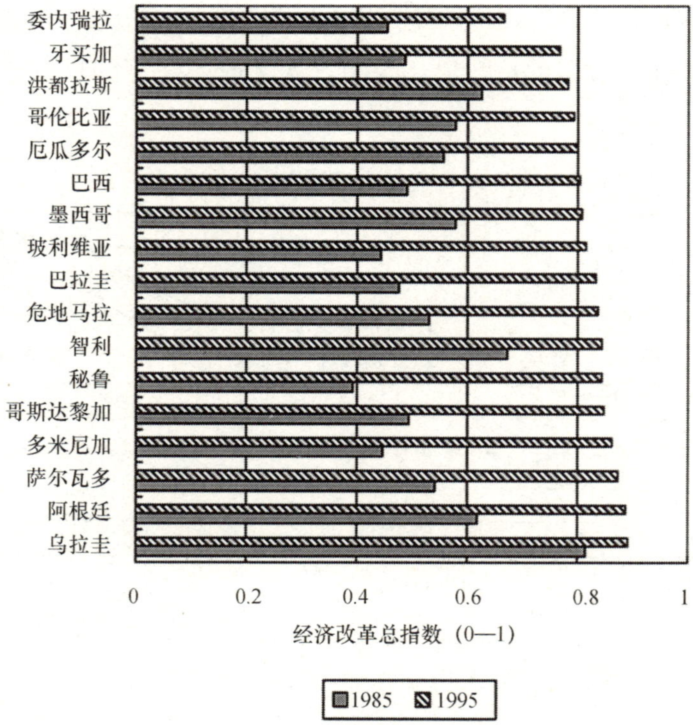

图3—3　拉美国家经济改革指数的国别比较

资料来源：Samuel A. Morley，Roberto Machado and Stefano Pettinato，"Indexes of Structural Reform in Latin America"，*ECLAC Serie Reformas Económicas* 12，Santiago：United Nations Economic Commission on Latin America and the Caribbean（ECLAC），1999，pp. 27－34。

三、拉美国家的第二代改革（the second-generation reform）

第一代改革的目标主要是实现宏观经济稳定，使拉美国家走出债务危机的阴影，第一代改革的措施主要集中在经济层面，并未触及制度层面。拉美国家所说的第二代改革，主要包括改善法规、公共管理、司法制度和教育制度等方面的改革。多数拉美国家只是表示要把改革推进到制度层面，以此深化经济改革，但是并没有明确的时间表和实际的措施。只有智利进行了以制度建设为中心的第二代改革。

从以上对拉美经济改革的理论基础、内外动因及主要政策措施来看，以新自由主义经济学为基础的经济改革是对西方国家所倡导和实行的自由市场经济体制的模仿和复制，是一种缺乏制度创新的制度依附性改革。

第四节　拉美经济改革典型案例分析——持久成功的智利经济改革

智利的经济改革的特点可以用三个字概括："早"、"深"、"特"。"早"是指智利经济改革比其他拉美国家进入全面经济改革的时间早十多年。1973 年，皮诺切特发动军事政变，推翻了阿连德左翼政府。从 1974 年开始，智利在秉承新自由主义思想的"芝加哥弟子"的指导下，进行了轰轰烈烈的市场化改革。"深"是指智利的经济改革在深度和广度上都走在了其他拉美国家的前面。"特"是指智利的经济改革是在政治上实行威权主义统治背景下开始的。

一、智利经济改革的背景

智利经济改革前，阿连德政府采取干预经济的国家主导型封闭式经济发展模式。政府对经济的过度干预表现在：实施贸易保护政策，1973 年，智利的平均关税税率高达 105%，比索币值严重高估；对资本项目和经常项目实施管制；产品价格不是由市场决定，而是由政府制定，很多产品价格被人为压低，导致产品短缺；政府拥有和经营 600 家国有企业，产值占 GDP 的 40%。金融压抑严重，实际利率为负值，对信贷的发放控制非常严格。智利左派政府对经济的过度干预使国家经济处在萧条之中。1973 年智利的通货膨胀率高达 500%，财政赤字占 GDP 的比重达 30%。[①] 1973 年 9 月 11 日，智利军官皮诺切特发动军事政变，推翻了阿连德政府，开始了威权统治模式下的自由主义经济改革。智利正是在这样的背景下进行经济改革的。

二、智利经济改革的进程

智利是拉美国家中最早进行经济改革的国家，其改革始于 20 世纪 70 年代。在改革过程中，智利改革出现过反复，但最后还是坚持了市场化改革的方向。从图 3—4 可以看出，经济改革前（1970—1973 年）智利的结构改革指数很低，说明经济扭曲程度严重。从 1974 年开始，智利的各项改革指数都开始快速上升，市场化改革启动。债务危机爆发后，即 1982—1983 年期间，除税收改革指数外智利的各项结构改革指数都下

---

① Leonardo Hernández and Fernando Parro, "Economic Reforms, Financial Development and Growth: Lessons from the Chilean Experience", *Cuadernos de Ecomomia*, Vol. 45 (Mayo), 2008, p. 74.

降了，资本项目自由化和私有化改革指数下降幅度最大，说明智利市场化改革在这一段时间内出现逆转，政府又重新开始干预经济。80 年代中期，智利各项改革指数开始稳步上升，说明智利恢复了市场化改革。90 年代，除税收改革指数外智利的各项结构改革指数处于较为稳定上升的状态，市场化改革稳步推进。

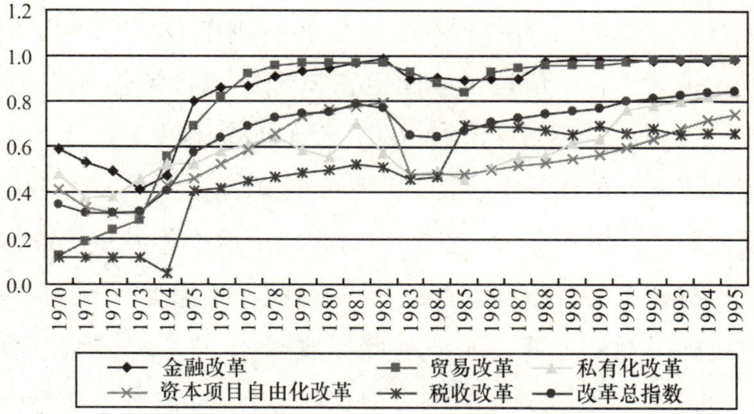

图 3—4　智利各项经济改革的时序选择及进程

资料来源：Samuel A. Morley，Roberto Machado and Stefano Pettinato，"Indexes of Structural Reform in Latin America"，*ECLAC Serie Reformas Económicas* 12，Santiago：United Nations Economic Commission on Latin America and the Caribbean（ECLAC），1999，pp. 27 – 34。

从各项改革的先后顺序上看，智利首先进行了贸易和投资自由化改革，改革力度大于其他各项改革。资本项目自由化改革的波动幅度最大，危机时改革出现较大程度的逆转，20 世纪 90 年代智利短期资本流动实施了管制，因此，资本项目自由化改革指数始终没有超过 70 年代中期的水平。

以上通过莫勒（Morley）的结构改革指数分析了智利经济改革的进程和时序选择，下面详细分析下智利经济改革各个阶段采取的具体措施和效果。智利经济改革大致经历了四个阶段的演进：

（一）第一阶段（1973—1981 年）：基本结构改革阶段

智利这一阶段的改革主要是以市场化为中心的，改革的基本内容包括：（1）产品价格和要素价格的自由化改革，实现产品和要素价格由市场供求决定。（2）金融自由化改革，通过利率自由化、银行私有化、取消定向贷款等措施实现金融市场的自由化。（3）贸易自由化改革，削减关税和消除非关税壁垒。（3）削减公共投资和各种补贴，降低财政赤字。（4）以增值税取代销售税，增值税税率固定在 20%，以此增强税收中性，减少税收政策对市场经济的扭曲。（5）投资自由化改革。制定外国投资法，放松外汇管制，以吸引外国投资。（6）企业产权制度改革。除资源型大企业外，对原先由政府经营的 500 家大中型国有企业实行私有化；（7）实行劳工制度改革，提高劳动力市场的灵活性，降低企业的雇佣成本。（8）养老金制度改革。1980 年，智利颁布了《养老保险法》，标志着养老金制度改革的启动。改革的核心是将养老金制度由现收现付制改为完全积累制，并将养老基金主要交由民营机构经营运作。① 智利的养老金制度改革取得了良好效果，一方面提高了储蓄率，另一方面也促进了资本市场的发展和深化。智利养老金改革的成功使包括发达国家在内的其他国家纷纷效仿，智利新的养老金制度被誉为“智利模式”。（9）智利还进行了部分公共基础设施的市场化改革，允许私人资本参与公用事业和基础设施的建设。

经过第一阶段的改革，智利经济状况出现明显好转，宏观经济环境也得到改善。经济开始复苏，1976—1981 年智利年均

---

① 吴斌：《智利养老金制度改革简介》，《保险研究》，2003 年第 7 期，第 63 页。

经济增长率为 6.8%。通货膨胀率由三位数降为两位数，1980 年通胀率为 30%，1981 年进一步降为 10%。财政赤字减少，1974 年智利财政赤字占 GDP 的比重降为 5%，1976 年首次出现财政盈余，盈余额占 GDP 的比重为 4%，1976—1981 年财政平衡一直处于盈余状态。1979 年智利的平均关税税率降为 10%。[①] 由于宏观经济环境的改善和吸引外资措施的实施，这一时期有大量的外国私人资本流入智利。

（二）第二阶段（1982—1983 年）：债务危机和市场化改革的短暂转向

由于金融自由化改革是在缺乏监管和法律框架的条件下进行的，银行盲目扩张信贷，增加了银行和金融危机爆发的风险。此外，为了降低通胀，智利采取了高估本币币值的稳定化政策，但是这极不利于本国产品出口，1981 年智利经常项目赤字占 GDP 的比重达到 14.5%。智利被迫放弃盯住汇率制度，本币贬值的压力使外资流入大量减少。1982 年开始于墨西哥的债务危机，引发了智利的全面经济危机。1982 年智利经济增长下降 14.1%，外汇储备减少到 26 亿美元，债务危机使大批银行濒临倒闭。在这种情况下，智利重新使用政府干预经济的政策。政府接管了 11 家重要金融机构，给一些企业发放优惠贷款，对一些曾私有化的企业重新国有化。

（三）第三阶段（1985—1989 年）：债务危机后的再市场化改革和制度改革

1985 年智利经济开始复苏，在良好的经济环境下，智利市场化改革经过 1982—1983 年短暂的逆转之后，重新回到了市

① Leonardo Hernández and Fernando Parro, "Economic Reforms, Financial Development and Growth: Lessons from the Chilean Experience", *Cuadernos de Ecomomia*, Vol. 45 (Mayo), 2008, pp. 74 – 75.

场化改革的道路上，并且增加了一些制度方面的建设和改革。（1）重新私有化。1985 年前后，智利重新将 50 多家公司和银行私有化。私有化的方式是“大众资本主义”，即规定股份限额，将其公开出售。1986 年后，私有化扩大到已经为数不多由国家经营的公共事业和工业企业。这一阶段出售的国有企业有航空公司、电话电力公司、自来水公司和规模最大的钢铁厂，这些企业的股份都卖给了工人、外国公司、地方私人公司和基金会，卖出的国有企业大约在 30 家左右。新一轮的私有化改革使智利国有企业产值占 GDP 的比重由 1983 年 24% 降为 1989 年的 13%。（2）重新启动金融投资自由化改革。这一阶段智利逐步恢复了债务危机前已实施的金融资本和投资资本自由化措施，并于 1986 年通过了新的银行法，补充了一些要求和规定，以加强金融监管。新银行法授予监管机构更多的权力，并且规定了银行清算和倒闭的明确步骤。1989 年智利实施了新的中央银行法，新的中央银行法规定中央银行的主要目标是维持价格稳定、国内国外支付体系的稳定。（3）在贸易方面，智利在债务危机爆发后曾一度将统一关税税率提高到 35%，并运用各种进口数量限制措施来抑制进口。1985 年智利重新将关税率降低到 20%，到 20 世纪 80 年代末统一关税率降到接近 80 年代初的水平（11%），同时取消了各种数量限制。（4）智利在财政改革方面，加快了制度方面的建设。1984 年，智利实施了新的税法，新税法为储蓄和投资提供了激励。例如，新税法规定企业所得利润如果用于再投资，所得利润将获得免税优惠，同时削减公司所得税。1985 年智利将公司所得税率从 46% 降到 10%，将公共开支的方向由消费转向投资。（5）在汇率政策上，智利实行由三种货币组成的篮子货币的爬行盯住政策，1982—1987 年智利货币总共贬值了 511%。

（四）第四阶段（1990 年至今）：民主政府下的第二代改革

1988 年，民主政府上台后没有形成一个明确的改革计划，为了保持宏观经济的稳定，延续了皮诺切军政府的市场化改革政策。民主政府继续推进在贸易自由化、资本流动管理、资本市场化、企业私有化和允许私人资本进入基础设施建设等方面的改革。

在爱德华多·弗雷（Eduardo Frei）执政期间智利民主政府形成了推进市场化改革的方案，被称为第二代改革（second-generation reforms）。智利第二代改革的主要内容包括：（1）继续扩大私人部门的作用。将私有化的领域扩大到基础设施和公共设施部门。1991 年，智利通过了一部允许私人资本进入基础设施建设领域的新法。根据新法，私人资本可以通过 BOT（build-operate-transfer）模式参与公路、机场、码头和其他基础设施的建设。1994 年的一部新法又规定私人资本可以进入电讯市场。（2）继续推进贸易自由化改革。刚刚上台的文人政府在 1990 年将最高进口关税税率由 15% 降到 11%。1998 年智利通过一部有关贸易自由化的新法。新法规定从该年开始，进口关税税率每年下降 1 个百分点，一直到 2003 年进口关税税率降到 6% 为止。此外，智利还于 2002 年、2003 年、2004 年、2005 年分别与欧盟、美国、韩国和中国签订了自由贸易协定。（3）宏观经济政策改革。智利早在 1989 年即军政府统治末期，就制定和通过了《中央银行独立法》，中央银行独立性的加强为财政预算平衡创造了良好的环境，使得智利的财政收支连续十年保持顺差。为了从法律上保证宏观经济的平衡，2001 年，智利制定了《中央政府结构平衡条例》，条例规定每年中央政府财政收入占 GDP 的比重应该比财政支出占 GDP 的比重高出

1 个百分点，以此保证财政平衡的稳定。(4) 继续推进投资自由化改革。2001 年，智利取消了所有的资本管制措施，结束了半个世纪以来资本账户半自由化的状态。1999 年，智利放弃了盯住汇率制度，实行自由浮动的汇率制度。(5) 加强政府治理。2003 年，智利通过了三部关于加强政府治理的新法，新法在公务员职务晋升、政党公共资金使用及政治选举中的私人捐赠方面做出了明确规定。三部新法对增加政府执政透明度、减少腐败和吸引高素质人才到政府部门起到了积极作用。(6) 教育改革。智利教育水平虽在拉美国家中属于较高的，但跟发达国家和一些东亚新兴工业化国家比起来，还有一定差距。这一时期的教育改革主要是增加初级和中级教育的教学时数和进行课程设置改革。拉格斯政府把初级教育纳入义务教育范围，最终目标是要实现高等教育的普及。①

---

① José Mariá Fanelli (ed.), *Understanding Market Reforms in Latin America—Similar Reforms*, *Diverse Constituencies Varied Results*, New York, NY: Palgrave Macmillan, 2007, pp. 6 – 7.

第四章

拉美经济改革的经济社会绩效评估

关于拉美经济改革的成效问题，有多种观点。有的认为拉美经济改革成效显著，有的认为拉美经济改革乏善可陈。本章从经济改革对经济增长、宏观经济环境、经济自由、经济结构变化、社会指标的影响五个方面对拉美经济改革绩效进行全面评估。

第一节　经济改革与经济增长

关于拉美经济改革对经济增长的影响，主要有两种观点：一是经济改革没有使拉美国家的经济增长恢复到改革前的水平，因而改革对拉美国家经济增长的积极影响不大；二是经济改革遏制了拉美国家20世纪80年代经济下滑的趋势，使拉美经济逐渐好转，没有改革情况会更糟。

一、拉美经济改革前后经济增长率的比较分析

（一）从整体上分析拉美经济改革对经济增长的影响

要想判断拉美经济改革对拉美国家经济增长的影响，最简单的方法就是将经济改革后的经济增长率与改革前的经济增长

率进行比较。但这涉及到一个问题，即20世纪80年代这个年均增长率仅为1.2%的“失去的十年”应该放在改革前还是改革后呢？一种方法是将这十年归入改革后，结果拉低了改革后的年均增长率，使得经济改革后的GDP增长率仅为改革前的38%。一种方法是将这十年归入改革前，结果拉低了改革前的年均增长率，改革后的年均经济增长率虽然仍低于改革前，但与改革前的差距与第一种方法比起来要小得多，相当于改革前的74%。第三种方法是将80年代这个特殊的年代刨出去，既不归入改革前也不归入改革后，这样改革后的年均经济增长率是改革前的55%，这种方法较前两种方法更为客观（见表4—1）。不管采取哪种方法比较，拉美国家的经济改革后的年均经济增长率都没恢复改革前的水平，更谈不上超过了。从图4—1可以看出20世纪90年代初拉美国家的经济开始复苏，而90年代中期拉美国家经济增长又陷入低谷，1997年达到90年代经济增长的峰值，到90年代末拉美经济又陷入低谷。可见，经济改革对拉美国家经济增长的影响是积极的，它使拉美国家走出经济危机的阴影，但90年代拉美国家的经济增长是不稳定的，出现了较大幅度的波动。2003年，拉美经济进入新一轮

表4—1　拉美国家改革前和改革后的GDP增长率比较

方法一		方法二		方法三	
1961—1980（改革前）	1981—2001（改革后）	1961—1990（改革前）	1991—2001（改革后）	1961—1980（改革前）	1991—2001（改革后）
5.59%	1.96%	4.10%	3.05%	5.59%	3.05%
结果：改革后的经济增长率为改革前的38%		结果：改革后的经济增长率为改革前的74%		结果：改革后的经济增长率为改革前的55%	

资料来源：根据苏振兴：《新自由主义指导下的拉美经济改革与影响》。根据李若谷主编：《世界经济发展模式比较》，社会科学文献出版社2009年版，第171—172页整理而得。

的增长周期，2003—2008年，拉美国家的平均经济增长率接近5%。新一轮经济增长周期的到来，虽说与国际经济环境和贸易条件的改善密切相关，但经济改革对经济增长的长期效应也是不容忽视的。

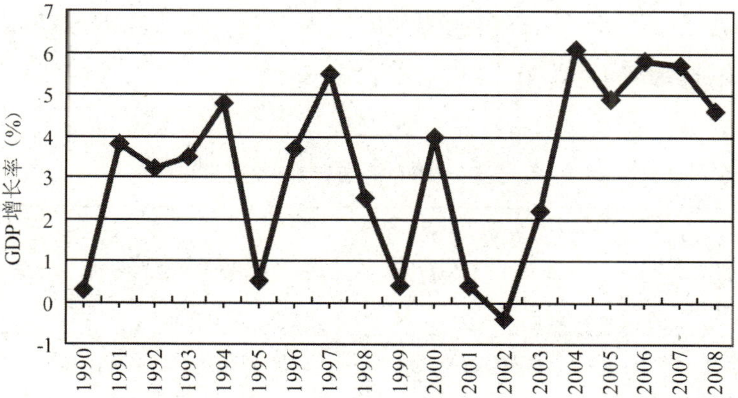

图4—1　1990—2008年拉美国家GDP增长率变化趋势

资料来源：根据拉美经委会历年统计年鉴（*statistical yearbook*）整理绘制。

（二）拉美经济改革对经济增长影响的国别差异

从整体上分析拉美经济改革对经济增长的影响，虽然可以简单明了地看出经济改革对整个拉美地区经济增长的影响，但却掩盖了国别差异，无法看出经济改革对不同国家的经济增长产生了不同的影响。下面通过分析比较拉美17国改革前、危机中、改革后和新一轮经济增长期的经济增长情况，说明经济改革对不同拉美国家经济增长产生的不同影响。

从图4—2可以看出，改革后经济增长率高于改革前的国家有阿根廷、玻利维亚、智利、乌拉圭，而且这四国改革后的经济增长率均高于或接近于改革后的地区平均水平（3.4%）。改革后经济增长率明显低于改革前经济增长率的国家有巴西、哥伦比亚、厄瓜多尔、洪都拉斯、牙买加、墨西哥、巴拉圭、委内瑞拉，而且这些国家改革后的经济增长率均低于改革后的地区平均水平（3.4%）。其他国家经济改革后的经济增长率虽然低于（哥斯达黎加、多米尼加、危地马拉）或等于（萨尔瓦多、秘鲁）改革前的水平，但高于改革后的地区平均水平。据此，我们可以把这些国家分为三类：经济增长效应明显的国家、经济增长负效应的国家、经济增长效应不明显的国家（见表4—2）。

表4—2　经济改革经济增长效应的国别差异

经济增长效应明显的国家：改革后经济增长率不仅高于改革前，而且高于改革后地区平均水平的国家	阿根廷、玻利维亚、智利、乌拉圭
经济增长负效应的国家：改革后经济增长率不仅明显低于改革前，而且低于改革后地区平均水平的国家	巴西、哥伦比亚、厄瓜多尔、洪都拉斯、牙买加、墨西哥、巴拉圭、委内瑞拉
经济增长效应不明显的国家：改革后经济增长率虽然低于或等于改革前，但高于改革后地区平均水平的国家	哥斯达黎加、多米尼加、危地马拉、萨尔瓦多、秘鲁

资料来源：笔者自制。

从图4—2还可以看出，新一轮经济增长周期下，拉美国家的经济增长是十分明显的。2003—2008年，除了智利、萨尔瓦多、危地马拉和墨西哥的经济增长低于改革后20世纪90年代的水平外，其余国家均高于90年代的水平。其中尤为突出的是阿根廷、秘鲁、乌拉圭和委内瑞拉，四国在这期间的年均增长率分别为8.5%、7.0%、7.8%、7.4%，远高于5.4%的地区平均水平。新一轮经济周期的到来，虽说与良好的国际环境、初级产品价格上涨、贸易条件改善等因素有关，但不能说与经济改革的长期效应没有关系。

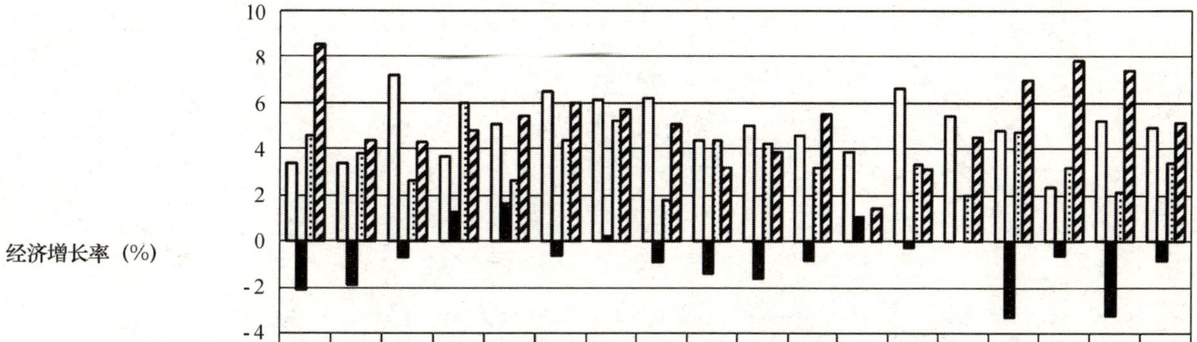

	阿根廷	玻利维亚	巴西	智利	哥伦比亚	哥斯达黎加	多米尼加共和国	厄瓜多尔	萨尔瓦多	危地马拉	洪都拉斯	牙买加	墨西哥	巴拉圭	秘鲁	乌拉圭	委内瑞拉	简单平均
□ 改革前（1951—1980年）	3.4	3.4	7.2	3.7	5.1	6.5	6.1	6.2	4.4	5	4.6	3.9	6.6	5.4	4.8	2.3	5.2	4.9
■ 危机斯间（1981—1990年）	-2.1	-1.9	-0.7	1.3	1.6	- 0.6	0.2	-0.9	-1.4	-1.6	-0.8	1.1	-.03	0	-3.3	-0.6	-3.2	-0.8
改革后（1991—2000年）	4.6	3.8	2.6	6	2.6	4.4	5.2	1.8	4.4	4.2	3.2	0	3.3	2	4.7	3.2	2.1	3.4
新一轮经济增长期(2003—2008年)	8.5	4.4	4.3	4.8	5.4	6.0	5.7	5.1	3.2	3.9	5.5	1.4	3.1	4.5	7.0	7.8	7.4	5.2

图4—2　经济改革前后主要拉美国家经济增长率对比

资料来源：根据拉美经委会历年统计年鉴（*statistical yearbook*）整理绘制。

二、拉美经济改革对经济增长的贡献率分析

（一）经济改革对经济增长的贡献率分析

国外研究拉美经济改革的学者普遍认为，虽然从经济增长率的这种跨期比较中，可以看出经济改革没有使拉美国家的经济增长率回复到改革前的水平或超过改革前的水平。但这不能说经济改革对经济增长没有贡献，因为如果没有经济改革，情况可能会更糟。也就是说，他们不是简单地对改革前后经济增长率进行比较，而是从分析经济改革对经济增长的贡献率的角度出发来分析经济改革的增长效应。

1997 年，劳拉和巴莱亚通过对结构改革指数和经济增长的回归分析，发现结构改革指数与经济增长大致呈现正相关关系，即结构改革指数越大的国家，经济增长率的增幅也越大。根据劳拉和巴莱亚的估算，贸易改革和金融改革对经济增长的影响最大，对经济增长的贡献率各为 0. 8 个百分点，税收和私有化改革的贡献率分别为 0. 2 和 0. 1 个百分点，而劳工改革对经济增长尚未产生影响①。总体来看，经济改革对经济增长的贡献率为 1. 9 个百分点，而稳定化政策对经济增长的贡献率为 0. 3 个百分点。所以，结构改革和稳定化政策对经济增长总的贡献率为 2. 2 个百分点（见表 4—3）。此外，劳拉和巴莱亚还具体测算出经济改革对不同国家经济增长的贡献率，由表 4—4 可以看出，经济改革和稳定化政策对秘鲁和阿根廷的影响最大，其贡献率分别为 6. 6 和 4. 1 个百分点。

---

① 劳工改革由于涉及的利益方较多，改革阻力较大，在拉美各国的起步和进展都比较缓慢，所以这项改革对经济增长的影响自然不如其他改革明显。

表 4—3　拉美经济改革与经济稳定化政策对经济增长的贡献率（%）

贸易改革	金融改革	税收改革	私有化	劳工改革	经济改革	稳定化政策	合计
0.8	0.8	0.2	0.1	0	1.9	0.3	2.2

资料来源：美洲开发银行著，江时学等译：《拉美改革的得与失——美洲开发银行论拉丁美洲经济改革》，社会科学文献出版社 1999 年版，第 219—200 页。

表 4—4　经济改革和稳定化政策对经济增长贡献率（%）

研究者／国家	劳拉、巴莱亚（1997）	费尔南德兹－阿里亚斯、蒙蒂埃尔（1997）	伊斯特里、洛艾萨、蒙蒂埃尔（1997）
阿根廷	4.1	3.1	6.3
玻利维亚	1.9	0.9	3.3
巴西	2.2	1.4	-0.3
智利	0.3	0.3	0.9
哥伦比亚	1.0	0.7	0.6
哥斯达黎加	0.8	1.2	0.7
厄瓜多尔	2.9	2.3	2.9
危地马拉	2.3	2.6	2.1
洪都拉斯	1.4	2.1	1.4
牙买加	0.0	1.8	—
墨西哥	1.0	1.7	3.4
巴拉圭	2.7	1.5	1.7
秘鲁	6.6	4.1	5.3
特立尼达和多巴哥	2.1	2.8	-
乌拉圭	1.2	0.8	1.4
委内瑞拉	2.1	1.5	1.3
简单平均	2.2	1.6	2.2

资料来源：Nancy Birdsall, Carol Graham and Richard H. Sabot (eds.), *Beyond Tradeoffs—Market Reform and Equitable Growth in Latin America*, Washington, D. C.: Inter-American Development Bank, 1998, p. 74。

1997 年，费尔南德兹－阿里亚斯和蒙蒂埃尔以及伊斯特里、洛艾萨和蒙蒂埃尔也对拉美经济改革和稳定化政策对经济增长的贡献率进行了测算，他们的测算结果分别是1.6和2.2个百分点。伊斯特里等人的测算结果与劳拉和巴莱亚的测算结果完全一致。不管三组学者的测算结果有无差异，他们得出的结论都是拉美国家经济改革和稳定化政策对拉美国家的经济增长起到了积极的作用，没有改革情况会更糟。

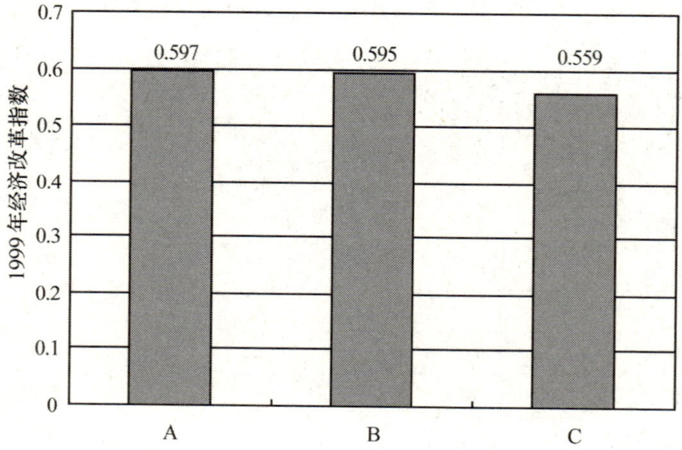

图4—3　经济改革增长效应与经济改革指数的关系

说明：A表示经济改革增长效应明显的国家；B表示经济改革增长效应不明显的国家；C表示经济改革增长负效应的国家。

资料来源：1999年拉美国家经济改革指数数据来源于Eduardo Lora，“Structural Reforms in Latin America：What Has Been Reformed and How to Measure it”，Inter-American Development Bank Research Department Working Paper #466，2001，p. 30。

（二）经济改革与经济增长之间的关系

我们可以通过观察经济改革指数与改革增长效应之间的关系，来判断经济改革对经济增长的影响。从图4—3可以看出，经济改革增长效应明显的国家经济改革指数的平均数（0.597）高于经济改革增长效应不明显的国家（0.595）和经济改革增长负效应的国家（0.559）。也就是说，经济改革的增长效应与改革程度之间存在明显的正向关系，即改革越深入，经济增长效应越明显。

第二节　经济改革对宏观经济环境的影响

本节着重从经济改革后拉美国家价格水平、税收体制、对外开放度和金融环境的变化四个方面讨论经济改革对拉美国家宏观经济环境的影响。

一、通货膨胀得到抑制

从整体上看，经过稳定化政策和经济改革，拉美国家的恶性通货膨胀得到了有效抑制，并且维持了稳定的宏观经济环境。图4—4比较了拉美和加勒比19个国家改革前后通货膨胀

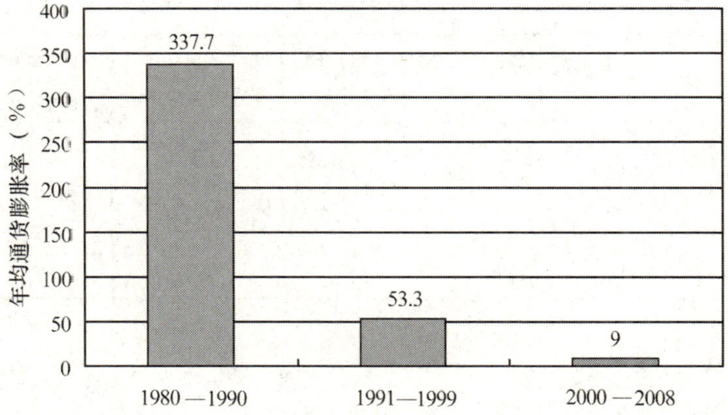

图4—4　经济改革前后拉美国家通货膨胀率对比

资料来源：根据表4—5绘制。

率的情况。从中可以看出，在危机时期（1980—1990 年），拉美国家的年均通货膨胀率超过了三位数，高达 337.7%，在稳定化政策实施和改革广泛开展的时期（1991—1999 年）拉美国家的通货膨胀率降为 53.3%。从目前的情况来看，拉美国家巩固了 20 世纪 90 年代控制通胀的成果，2000—2008 年拉美国家的年均通货膨胀率仅为 9%。

从国别和地区的角度来看，在大多数拉美国家，稳定化政策和经济改革在控制通货膨胀问题中所产生的效果是十分明显的。特别是在那些危机期间出现恶性通货膨胀的国家，抑制效果更加明显。阿根廷、玻利维亚、秘鲁在通货膨胀率最高的年份，通胀率达到了四位数，尼加拉瓜甚至发生了通胀率达到五位数的恶性通货膨胀。而 90 年代这四个国家的通胀率分别降为 12.6%、8.6%、32.1%、96.6%，2000—2008 年四国的通货膨胀率分别维持在 9.7%、5.4%、2.7%、9.5% 的水平，宏观经济的稳定得到了维持和巩固。（见表 4—5）

表 4—5　改革前后主要拉美和加勒比国家通货膨胀率对比（%）

国家	最高通货膨胀率（年份）	1980—1990 年均通货膨胀率	1991—1999 年均通货膨胀率	2000—2008 年均通货膨胀率
阿根廷	4923 6（1989）	286.3	12.6	9.7
玻利维亚	8171.5（1985）	1235.6	8.6	5.4
巴西[①]	1861.6（1989）	262.0	565.5	7.0
智利[②]	609.0（1973）	20.7	8.9	4.0

① 巴西先进行经济改革，然后再实施稳定化政策，所以 20 世纪 90 年代其通货膨胀率仍维持在三位数，但 2000—2008 年年均通货膨胀率降为 7%。

② 由于智利在 20 世纪 70 年代就开始了经济改革，通货膨胀在 70 年代末就得到了有效控制。1973 年智利的通货膨胀率高达 609%，1979 年智利的通胀率降到 38.9%，债务危机爆发前的 1981 年智利的通胀率仅为 9.5%。债务危机对智利的宏观经济造成了一定程度的冲击，甚至使智利的经济改革一度出现逆转，但由于早期的改革，智利所遭受的冲击显然没有其他拉美国家严重。80 年代中期智利进行了第二代改革，宏观经济环境得到进一步改善。

续表

国家	最高通货膨胀率（年份）	1980—1990 年均通货膨胀率	1991—1999 年均通货膨胀率	2000—2008 年均通货膨胀率
哥伦比亚	32.4（1990）	23.2	20.2	6.5
哥斯达黎加	81.7（1982）	29.0	15.7	11.6
多米尼加	100.7（1990）	20.6	7.2	13.8
厄瓜多尔	85.7（1988）	33.8	38.7	16.6
萨尔瓦多	31.9（1985）	18.7	8.3	4.0
危地马拉	59.6（1990）	12.1	9.6	7.7
海地	44.4（1993）	7.1	19.9	17.3
洪都拉斯	36.4（1990）	6.3	17.9	8.4
墨西哥	159.2（1987）	75.3	19.1	5.1
尼加拉瓜	13490.2（1990）	4014.4	96.6	9.5
巴拿马	14.4（1980）	3.1	1.2	3.0
巴拉圭	44.1（1990）	18.7	12.6	8.9
秘鲁	7649.6（1990）	277.8	32.1	2.7
乌拉圭	129.0（1990）	54.5	36.1	9.0
委内瑞拉	103.2（1996）	17.7	47.4	21.1
算术平均	—	337.7	53.3	9.0

资料来源：根据如下资料计算整理而得：

（1）ECLAC，*Preliminary Overview of the Eeconomies of Latin America and the Caribbean*，1999，p. 85

（2）ECLAC，*Preliminary Overview of the Economies of Latin America and the Caribbean*，2000，p. 88.

（3）ECLAC，*Preliminary Overview of the Economies of Latin America and the Caribbean*，2008，p. 169.

（4）［英］维克托·布尔默－托马斯著，张凡、吴红英、韩琦译：《独立以来拉丁美洲的经济发展》，中国经济出版社 2000 年版，第 451 页。

二、征税对市场经济的扭曲减轻，但财政赤字问题仍突出

税收中性是在市场经济下针对税收超额负担而提出的一个

概念，包含两方面的含义：一是国家征税使社会所付出的代价以税款为限，尽可能不给纳税人或社会带来其他的额外损失或负担；二是国家征税应避免对市场经济正常运行的干扰，特别是不能使税收超越市场机制而成为资源配置的决定因素。

税收中性指数是用来表示政府利用税收干预经济程度的一个指标。该指数区间为0至1，若税收中性指数为0说明税收完全超越了市场机制成为配置资源的手段，政府对经济的干预程度最大；若税收中性指数为1说明，税收完全中性，政府干预适度不存在对市场经济的扭曲。

现实中，税收涉及各方市场主体利益，个人和企业总要考虑各种税收的作用，因此，税收对经济的影响不可能仅限于征税额本身而保持“中性”，必然会存在税收额之外的收益和损失。因此，税收中性指数既不会为0，也不会为1，而是在0至1之间波动，该值越大，税收中性越强，税收对经济的扭曲程度越小；反之，税收中性越弱，对经济的扭曲程度越大。税收中性原则的实践意义在于尽量减少税收对市场经济正常运行的干扰，在市场对资源配置起基础作用的前提下，有效地发挥税收的调节作用，使市场机制和税收机制达到最优结合。

经过经济改革，多数拉美国家的税收中性指数都得到了提高，政府税收对资源配置的扭曲程度减轻。从整体上看，表4—6中所列举的拉美14国平均税收中性指数由改革前（1985—1989年）的0.416提高到改革后（1995—1999年）的0.584，提高了0.168。之后，拉美国家的税收中性指数继续提高，2000—2003年该指数平均值提高至0.601，比1995—1999年提高了0.017，比1985—1989年提高了0.185。从国别来看，经济改革前后税收中性指数提高的最快的国家有特立尼达和多巴哥、乌拉圭，税收中性指数的提高值在0.3以上。其次是巴西和秘鲁，两国的提高值在0.2以上。此外，阿根廷、厄瓜多尔、牙买加和哥斯达黎加税收中性指数的提高也较显著。

表4—6 税收改革与部分拉美国家的税收中性指数（0—1）变化

国家	(1) 1985—1989	(2) 1990—1994	(3) 1995—1999	(4) 2000—2003	(3)—(1)	(4)—(1)
阿根廷	0.344	0.517	0.514	0.490	0.170	0.146
玻利维亚	0.572	0.704	0.644	0.678	0.072	0.106
巴西	0.218	0.413	0.467	0.515	0.249	0.297
智利	0.516	0.573	0.588	0.621	0.072	0.060
哥伦比亚	0.466	0.557	0.534	0.568	0.068	0.101
哥斯达黎加	0.466	0.610	0.604	0.622	0.138	0.157
厄瓜多尔	0.429	0.567	0.599	0.673	0.170	0.244
危地马拉	0.490	0.595	0.614	0.634	0.124	0.144
牙买加	0.525	0.706	0.671	0.672	0.146	0.147
墨西哥	0.458	0566	0.513	0.513	0.055	0.056
秘鲁	0.353	0.436	0.528	0.560	0.215	0.207
乌拉圭	0.353	0.543	0.700	0.677	0.341	0.324
特立尼达和多巴哥	0.249	0.558	0.605	0.601	0.356	0.351
委内瑞拉	0.392	0.537	0.546	0.559	0.154	0.167
简单平均	0.416	0.560	0.584	0.601	0.168	0.185

资料来源：Eduardo Lora（ed.），*The State of State Reform in Latin America*，Washington，D.C.：Inter-American Development Bank，p. 202。

在进口替代发展的模式下，拉美国家通过给与某些部门税收优惠和补贴来扶持特定产业的发展，这严重扭曲了价格竞争机制。经过税制改革，拉美国家放弃了扭曲经济的税收优惠政策，合并税种，统一税率，简化税法，使拉美国家的税收中性大大提高。但是，财政赤字问题仍然困扰着拉美国家。

从整体上看，经济改革并未使拉美国家摆脱财政赤字问题的困扰，从图4—5可以看出整个20世纪90年代拉美国家财政赤字占GDP的比重处在不断波动中，在改革之初的1991年，拉美国家的财政赤字占GDP的比重为0.5%（这与拉美国家的经济稳定化政策密切相关，削减财政支出是稳定化政策的一个重要方面），是90年代的最低水平。此后，这一指标在波动中呈现上升趋势，在1999年达到90年代最高值3.2%。

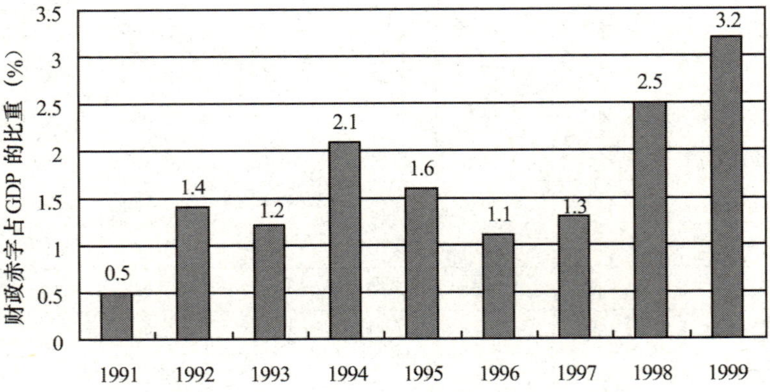

图4—5　1991—1999年主要拉美国家财政赤字占GDP的比重

资料来源：ECLAC，*Preliminary Overview of the Economies of Latin America and the Caribbean*，2000，p. 91。

新一轮的经济增长周期下，拉美国家的财政平衡得到改善。从表4—7可以看出，2004年，拉美国家的基本预算平衡出现盈余，占GDP的比重为0.6%，此后基本预算平衡盈余占GDP的比重不断增加，到2007年达到2.4%，2008年略有下降。2006年和2007年基本预算平衡和综合预算平衡双双出现盈余。财政平衡的改善得益于新一轮经济增长周期的到来和世界市场初级产品价格的上涨。但这与经济改革中拉美国家强化财政纪律和加强税收监管的做法是分不开的。

表 4—7　2003—2008 年拉美和加勒比国家（不包括古巴）财政收支余额占 GDP 的比重（%）

基本预算平衡						综合预算平衡					
2003	2004	2005	2006	2007	2008	2003	2004	2005	2006	2007	2008
-0.2	0.6	1.4	2.3	2.4	1.6	-2.9	-1.9	-1.1	0.1	0.4	-0.3

资料来源：ECLAC，*Preliminary Overview of the Eeconomies of Latin America and the Caribbean*，2008，p. 170。

三、贸易与投资自由化改革使经济开放度增强

经过贸易和投资自由化改革，拉美国家经济的对外开放度增强。可以从外贸总额和外资流入总额两个指标来说明这一现象。1990—2000 年拉美国家外贸总额占 GDP 的比重为 39.2%，比 1960—1990 年间的水平提高了将近 12 个百分点。1990—2000 年拉美国家外资流入总额占 GDP 的百分比为 7.4%，比 1960—1990 年间的水平提高了将近 6 个百分点（见图 4—6）。

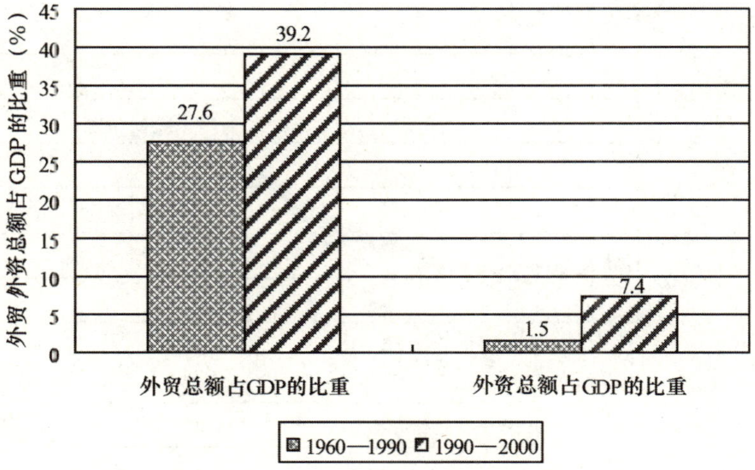

图 4—6　拉美地区经济开放度变化

资料来源：Anoop Singh and Martin Cerisola，"Sustaining Latin America's Resurgence：Some Historical Perspectives"，IMF Working Paper，2006，p. 26。

（一）贸易自由化改革促进了拉美国家对外贸易的繁荣，但贸易赤字问题相伴而生

贸易自由化改革消除了进口替代模式下产品进口的关税壁垒和非关税壁垒（进口配额、外汇管制等），使拉美国家产品和劳务的进口额增加。从图 4—7 可以看出，整个 20 世纪 80 年代，拉美国家的进出口增幅较小，基本呈现出平稳的趋势，而且基本上是出口额大于进口额。20 世纪 90 年代以后，进出口额稳步上升，1992 年产品和劳务进口额超过出口额，这种情况一直保持到 2002 年。2003 年由于国际市场初级产品价格的上涨，拉美国家的贸易条件改善，产品和劳务进出口额都急剧上涨，而且出口额大于进口额。产品和劳务进出口是构成经常

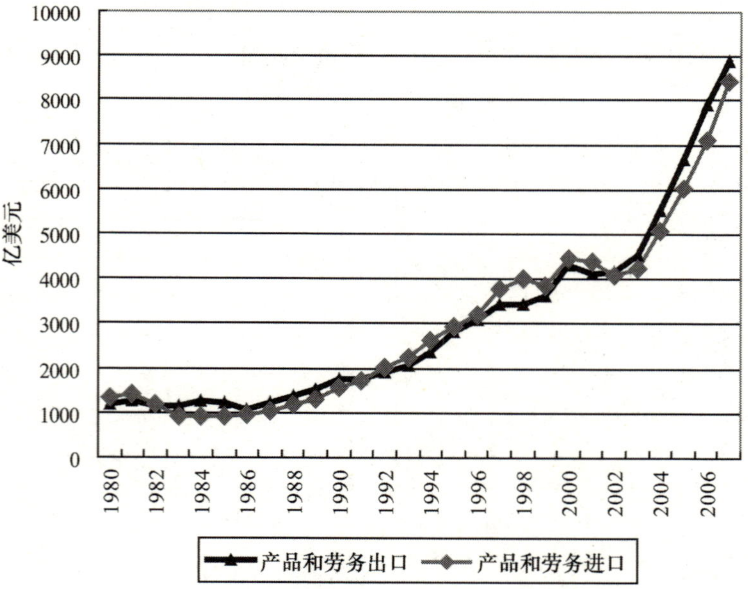

图 4—7　1980—2007 年拉美和加勒比国家产品和劳务进出口变化趋势

资料来源：ECLAC，*Statistical Yearbook for Latin America and the Caribbean*，2008。

项目的主要部分，其变化必然影响经常项目差额。从图4—8可以看出，从1990—2002年拉美国家的经常项目始终为逆差，1998年经常项目赤字占GDP的比重达到4.2%，为这一时期的最高值。2003年，经常项目平衡出现盈余，且占GDP的比重不断增加，2006年这一比重达到1.6%。

由上面的分析可以看出，经济改革期间拉美国家出现了财政和经常项目的双赤字。2000年以后情况出现扭转，出现了财政和经常项目的双盈余。

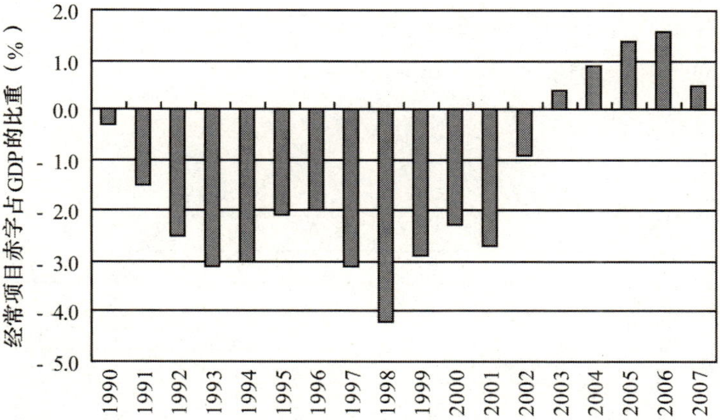

图4—8　1990—2007年拉美和加勒比国家经常项目赤字占GDP比重的变化趋势

资料来源：ECLAC，*Statistical Yearbook for Latin America and the Caribbean*，2008。

（二）资本项目开放促进了外资流入拉美国家

放松资本管制和资本项目开放等投资自由化改革促进了外国直接投资（FDI）流入拉美国家。从图4—9可以看出，整个20世纪80年代流入拉美的FDI处于较低水平，在这10年中每年的FDI流入额均未超过100亿美元。从20世纪90年代初，流入拉美的FDI开始不断上升。1991年整个拉美地区的FDI流入额首次突破100亿美元。此后，流入拉美的FDI稳步上升，1999年突破800多亿美元，为90年代最高值，这个金额约是1980年的13.5倍。从2000年开始，拉美国家的FDI流入量开始回落，2006年跌落至谷底，流入金额仅为300多亿美元。2007年流入拉美的FDI急剧上升，超过1999年的水平，2008年FDI流入额超过900亿美元。由此可见，在全面推进改革的90年代，拉美国家FDI流入量呈现稳步上升趋势。外资流入稳步上升除了与拉美国家实施的投资自由化改革有直接关系外，还与其他因素密切相关：拉美国家的经济改革提高了经济自由度，改善了投资环境；私有化改革为外资流入提供了更多的投资机会；拉美国家普遍采取吸引外资的措施，如利润自由汇出和税收减免。

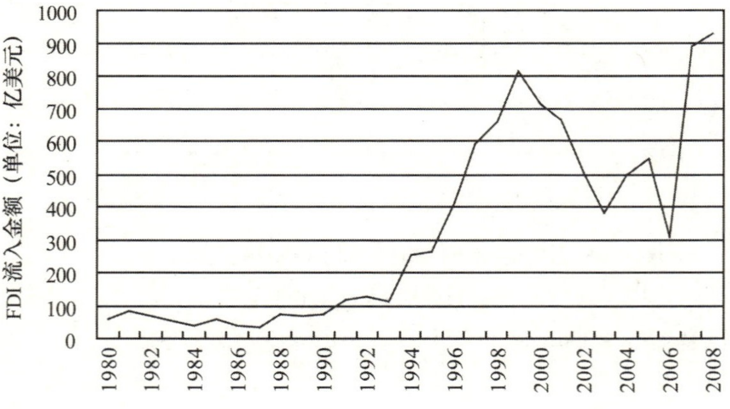

图4—9　1980—2008年拉美国家FDI流入量变化趋势

资料来源：ECLAC，*Statistical Yearbook for Latin America and the Caribbean*，2009。

虽然从纵向来看，20世纪90年代拉美国家的FDI流入量出现了稳步上升，但从横向来看，流入拉美地区的FDI占世界FDI流入总量的比重仍然不大。从图4—10可以看出，2006年发达国家吸收了世界FDI流入总量的66.7%，亚洲国家吸引了世界 FDI 流入总量的 19.9%，而流入拉美和加勒比国家的 FDI 仅占世界 FDI 流入总量的 6.4%，仅比东南欧和独联体国家高出约 1 个百分点。

此外，流入拉美地区的 FDI 在拉美各国之间的分布也极不均衡。1990—2004 年，巴西、墨西哥、阿根廷、智利和委内瑞拉 FDI 的年均流入量排在拉美国家的前五位，这五国的年均 FDI 流入量占整个拉美地区 FDI 年均流入量的 82%。[①]

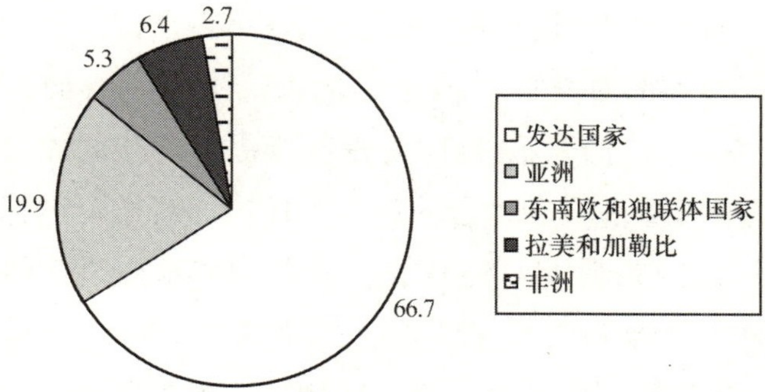

图 4—10　2006 年世界 FDI 流入总量的地区分布结构（%）

资料来源：United Nations Conference on Trade and Development（UNCTAD），*Development and Globalization*：*Facts and Figures*，New York and Geneva，2008，p. 29。

四、金融改革虽使金融压抑缓解，但金融监管仍需加强

在进口替代发展模式下，为了扶持特定产业和企业的发展，减少企业的借贷成本，同时增加政府干预经济的能力，拉美国家政府往往采取规定利率下限，人为压低存贷款利率的做法。拉美国家的实际利率（名义利率减去通货膨胀率）往往是

① Porzecanski，Rberto and Kevin P. Gallagher，"Economic Reform and Foreign Direct Investment in Latin America：a Critical Assessment"，*Progress in Development Studies*，Vol. 7，No. 3，2007，p. 219.

负的，金融市场中的价格被严重扭曲，低利率必然导致贷款限制的存在。拉美国家的国有银行几乎垄断了全国的存贷业务，而且贷款的发放对象要听从政府的安排，资金不是配置到最有效率的企业中去，而是配置到有政治关系的企业中去。此外，较高的存款准备金率，使商业银行扩大贷款业务的能力受到限制。这些做法导致了拉美国家出现严重的“金融压抑”（financial depression）问题。爱德华·肖和罗伯特·麦金农分别在其著作《经济发展中的金融深化》和《经济发展中的货币与资本》中，对发展中国家的金融压抑问题进行了深入分析。他们认为，金融压抑对发展中国家的危害巨大。一方面，低利率（或负利率）削弱了金融机构为投资者提供资金的能力。低利率是以牺牲储蓄者和劳动者的利益为代价、对投资进行补贴的一种不正当手段；[①] 另一方面，信贷分配和定向贷款使得需要资金的中小企业和农户无法获得资金，地下钱庄交易活动活跃，腐败问题严重；此外，金融压抑还导致了发展中国家收入分配差距的扩大，阻碍经济的发展。

因此，从 20 世纪 70 年代中期开始，部分拉美国家（智利和乌拉圭）就开始了金融自由化改革。这一时期的金融自由化改革主要围绕利率市场化、降低准备金率和取消定向贷款三方面展开。1982 年债务危机爆发后，拉美国家的金融自由化改革趋于停顿。20 世纪 80 年代末 90 年代初，多数拉美国家开始了更为广泛和深入的金融自由化改革，除采取上述三项措施外，这一时期的金融自由化改革措施还包括对国有银行实施私有化、引进外资银行及加强中央银行的独立性。部分拉美国家开始利率自由化和广泛开展银行私有化的年份见表 4—8。

---

① 江时学：《论拉美国家的金融自由化》，《拉丁美洲研究》，2003 年第 2 期，第 2 页。

表 4—8　部分拉美国家金融自由化改革时序及改革后危机爆发的时间

国家	利率自由化的时间	广泛开展银行私有化的时间	资本充足率要求开始的时间水平（%）	银行危机或动荡发生的时间
阿根廷	1989	1995	1991（11.5）	1995（危机）
玻利维亚	1985	1992	1995（10.0）	1985（动荡）
巴西	1989	1997	1995（11.0）	1994（动荡）
智利	1974	1974—1987	1989（8.0）	1982（危机）
哥伦比亚	1979	1993	1992（9.0）	1998（危机）
哥斯达黎加	1995	1984	1995（—）	1994（动荡）
墨西哥	1988	1992	1994（8.0）	1994（危机）
巴拉圭	1990	1984	1991（10.0）	1995（动荡）
秘鲁	1991	1993	1993（9.0）	1995（动荡）
乌拉圭	1974	1974	1992（10.0）	1982（危机）
委内瑞拉	1989	1996	1993（12.0）	1994（危机）

资料来源：除资本充足率水平来源于 Eduardo Lora（ed.），*The State of State Reform in Latin America*，Redwood City：Stanford University Perss，2006，p. 303 外，其余数据均来自于 Graciela Moguillansky，Rogerio Studart and Sebastián Vergara，“Foreign Banks in Latin America：a Paradoxical Result”，*CEPAL Review*，No. 82，2004，p. 20。

经过广泛而深入的改革，拉美国家金融自由化成效显著。在表 4—9 所列的 20 个拉美国家中，1985 年有 17 个国家存贷款利率完全由政府控制（利率自由化指数为 0），而到 1999 年，阿根廷、多米尼加、牙买加三国的全部存贷款利率由市场自由决定（利率自由化指数为 1）。玻利维亚、智利、哥斯达黎加、尼加拉瓜、巴拉圭、秘鲁、特立尼达和多巴哥、乌拉圭八个国家存贷款利率基本上由市场资金供求决定（利率自由化指数在 0.7 以上）。只有九个国家的存贷利率还基本上由政府控制（利率自由化指数在 0.5 以下）。除萨尔瓦多和委内瑞拉外，表中18个国家，1999年的准备金率与1985年比较，均出现大幅下降。其中阿根廷、玻利维亚和智利的存款准备金率降为一位数，分别为4%、7%、5%。此外，银行私有化是拉美金融自由化改革的一项重要内容，经过改革部分拉美国家国有银行占金融总资产的比重下降了，有些国家的下降幅度非常大。如1995年尼加拉瓜和阿根廷国有银行占总资产的比重分别为53%、42.5%，2000年这一比重分别下降为0.5%、25.7%，下降幅度分别为52.5%、16.8%（见表4—9）。银行私有化使得大量的国内私人资本和外国资本进入拉美银行业。特别是外国资本在拉美国家银行业中的地位日益重要，从表4—9第四栏可以看出，在可以获得数据的七个国家中，外资银行资产占银行总资产的比重都大幅上升，1990年墨西哥国内无外资银行，2001年外资银行在墨西哥银行总资产中的比重高达90%。

表4—9　部分拉美国家金融自由化改革成效评估指标

指标／国家	存款准备金率（%）		利率自由化指数（0—1）		国有银行资产占总资产的比重（%）		外资银行资产占总资产的比重（%）	
	1985	1999	1985	1999	1995	2002	1990	2001
阿根廷	43	4	0	1	42.5	25.7（2000）	10	61
玻利维亚	98	7	0	0.875	0	0	—	—
巴西	11	14	0	0.375	52.8	42.7	6	49
智利	14	5	0.75	0.75	13.1	10.3	19	62
哥伦比亚	35	10	0	0.125	19.6	19.4	8	34
哥斯达黎加	36	23	0	0.75	81.0	68.0	—	—
多米尼加	30	24	0	1	—	—	—	—
厄瓜多尔	26	14	0	0.25	—	—	—	—
萨尔瓦多	23	34	0	0.5	9.1	4.3	—	—
危地马拉	24	15	0	0.5	6.4	3.2	—	—

续表

指标 国家	存款准备金率（%）		利率自由化指数（0—1）		国有银行资产占总资产的比重（%）		外资银行资产占总资产的比重（%）	
	1985	1999	1985	1999	1995	2002	1990	2001
洪都拉斯	9	23	0	0.5	3.2（1998）	1.8	—	—
牙买加	28	23	0	1	—	—	—	—
墨西哥	41	11	0	0.375	—	—	0	90
尼加拉瓜	32	25	0	0.75	53.0	0.5（2000）	—	—
巴拉圭	49	27	0	0.875	—	—	—	—
秘鲁	57	24	0	0.625	—	—	4	61
特立尼达和多巴哥	22	16	0.875	0.875	—	—	—	—
乌拉圭	33	21	0.75	0.75	—	—	—	—
委内瑞拉	15	30	0	0.375	—	—	1	59

资料来源：第一栏和第二栏数据来源于 Eduardo Lora，“Structural Reforms in Latin America：What Has Been Reformed and How to Measure it”，Inter-American Development Bank Research Department Working Paper #466，2001，pp. 35 -36。第三栏数据来源于 Eduardo Lora（ed.），*The State of State Reform in Latin America*，Washington，D. C.：Inter-American Development Bank，p. 297。第四栏数据来源于 Graciela Moguillansky，Rogerio Studart and Sebastián Vergara，“Foreign Banks in Latin America：a Paradoxical Result”，*CEPAL Review*，No. 82，2004，p 23。

根据肖和麦金农的观点消除“金融压抑”（financial depression）的最佳途径是“金融深化”（financial deepening），提高经济的货币化程度。M2/GDP 是衡量金融深化的一个常用指标，即广义货币（M2）与国内生产总值（GDP）的比值，它说明在全部经济交易中，以货币为媒介进行交易所占的比重。通常来说，该比值越大，说明经济货币化的程度越高，金融深化程度越大。经过上述金融自由化改革拉美国家的经济货币化程度大大提高，金融压抑问题得到缓解，为经济发展创造了良好的融资环境。图 4—11 所示的 14 个拉美国家，1980 年其平均金融深化指数，即 M2 占 GDP 的比重为 24.5%，20 世纪 90 年代逐渐提高，1999 年提高到将近 40%。单从各个国家来看，到 90 年代末 14 个拉美国家金融深化指数均远远高于 80 年代初的水平。

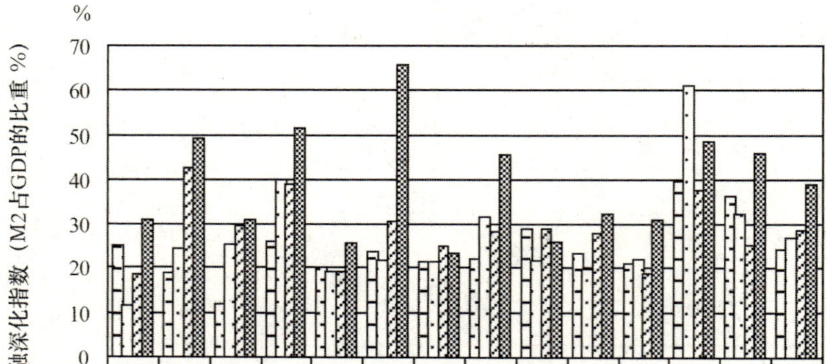

	阿根廷	玻利维亚	巴西	智利	哥伦比亚	厄瓜多尔	危地马拉	洪都拉斯	墨西哥	巴拉圭	秘鲁	乌拉圭	委内瑞拉	简单平均
□ 1980	25.0	18.8	11.8	26.0	20.3	23.9	21.5	22.0	29.1	23.4	21.2	39.5	36.2	24.5
□ 1990	11.5	24.5	25.4	40.0	19.3	21.8	21.3	31.7	21.7	19.8	22.2	61.2	32.3	27.1
▨ 1995	18.4	42.5	29.7	39.0	19.1	30.8	25.0	28.3	29.1	28.2	18.7	37.7	25.3	28.6
▩ 1999	31.0	49.1	31.2	51.4	25.7	65.6	23.3	45.5	26.0	32.5	31.1	48.6	45.9	39.0

图 4—11　1980—1999 年拉美国家金融深化指数（M2/GDP）的变化

资料来源：Ernesto Livacic，Sebastián Sáez，"The Banking Supervision Aagenda in Latin America"，*CEPAL Review*，No. 74，2001，p. 124。

虽然拉美国家的金融自由化改革对消除拉美国家的金融压抑起到了积极作用，为经济发展和市场经济主体创造了良好的融资环境。但是，由于拉美国家的金融自由化改革存在一些制度上的缺陷，进行金融自由化改革的这些拉美国家，都在改革后出现了银行危机或动荡（不同国家出现银行危机或动荡的时间见表 4—8）。拉美国家金融自由化的制度缺陷表现在以下几个方面：（1）拉美国家的金融自由化改革速度过快，而不是采取循序渐进的改革办法。政府在银行私有化过程中片面追求最大限度的资产转让收入，较少考虑投资者的经营能力。而投资者为了在私有化投标中取胜，有意报出高价，在银行到手后则为了尽快“捞回本钱”而从事各种各样的不正当活动或扩大贷款发放量，从而加大了自身的风险。[①]（2）从改革的时序（sequencing）看，拉美国家是先有金融自由化，后有法律法规。也就是说，拉美国家的金融自由化缺乏制度和法律保障。（3）拉美国家对银行和金融业监管的覆盖面远远低于发达国家，甚至其他发展中国家。虽然多数拉美国家都对本国的银行规定了《巴塞尔协议》（Basel Accord）[②] 所要求的8%的资本充足率（Capital Adequacy Rate）要求（具体水平和规定的时间见表4—8），但由巴塞尔银行监管委员会制定的指导银行监管的30条核心原则[③]，拉美国家遵守和执行的水平很低。30条巴塞尔核心原则中，拉美和加勒比国家完全执行的平均来看只有6.8条，其他发展中国家略高于拉美国家，而发达国家完全遵守和执行的有将近20条。几乎完全采纳和执行的核心原则，平均

---

① 江时学：《论拉美国家的金融自由化》，《拉丁美洲研究》，2003年第2期，第8页。

② 为了维持资本市场稳定、减少国际银行间的不公平竞争、降低银行系统信用风险和市场风险，巴塞尔银行监管委员会成员在1988年制定了一个关于商业银行资本充足率计算方法的协议《关于资本度量标准的国际趋同》，简称《巴塞尔协议》（Basel Accord）。协议主要规定了：资本的构成（核心资本和附属资本）、加权资产风险的计算、国际活跃银行的资本充足率应达到8%的标准等内容。资本充足金比率（Capital Adequacy Rate）的计算公式为：CAR = 资产/加权资产风险。尽管该协议的内容不具有法律约束力，但是十国集团各国的监管部门都一致同意在规定的时间内实施该协议。经过一段时间的检验后，该协议显示出较高的可操作性和合理性，许多非十国集团国家也开始自愿遵守该协议。

③ 《巴塞尔核心原则》（Basel Core Principles for Effective Banking Supervision）也是由巴塞尔银行监管委员会起草，它的主要内容是关于银行监管的30条原则（严格讲应该是25条原则，因为第一条原则被细分为6条原则，所以有人称其为30条原则）。30条核心原则是指导各国监管当局在从事银行监管时应遵循的一些原则。

来看拉美和加勒比国家仅有 8 条，其他发展中国家有 11 条。[①]（4）拉美国家银行监管机构的独立性有待提高。只有不到 20% 的拉美国家能够遵循和做到巴塞尔银行监管核心原则中第一条中关于监管独立性的要求。[②] 监管独立性的缺乏，会使银行监管受到行政权力的影响，从而阻碍银行监管法规和条例的有效贯彻执行。

综上所述，经济改革使拉美国家的宏观经济环境得到极大改善，通货膨胀得到抑制，税收对市场经济的扭曲减轻，经济更加开放，金融深化程度提高，这些积极的结果为今后的经济发展和稳定奠定了良好基础。但也应该看到，拉美国家的宏观经济环境也存在一些问题，如财政赤字和经常项目双逆差问题，金融监管和银行监管质量和力度有待进一步提高。

第三节　经济改革与经济自由度提高

经济自由度是衡量一个国家市场经济环境的一个重要指标。拉美经济改革是以减少国家干预，充分发挥市场在资源配置中的作用为主要目标的。因此，经济改革后拉美国家的经济自由度有了显著提高。

一、经济自由的含义

经济自由是指把政府对个人和企业的经济活动的干预减少

---

① Inter-American Development Bank（IDB），“Bank Regulation and Supervision”，in *Unlocking Credit*：*The Quest for Deep and Stable Bank Lending*，*the Economic and Social Progress in Latin America* 2005 *Report*，Washington，D. C.，2005，p. 89.

② Eduardo Lora（ed.），*The State of State Reform in Latin America*，Washington，D. C.：Inter-American Development Bank，p. 304.

到最小程度，其基础是产权制度、个人选择、自愿交易、取得报酬等权利得到有效保护。美国传统基金会认为经济自由包括“一切与生产、分配和消费产品和服务的自由和权利。真正的经济自由为人们提供一种绝对的财产权利，完全实现劳动、资本和产品的自由流动。同时消除政府在生产、分配、消费等方面超出保护公民和维持其自由界限的强制或干预”。换句话说，经济自由就是每个人有以自己愿意的任何方式从事工作、生产、消费和投资的自由，这种自由不是受政府的限制而是受政府的保护。

强调市场机制，把政府对经济的干预减小到最低限度，一直是经济自由主义的坚定主张和追求目标。经济自由主义经济学家都认为经济自由度越高越有利于经济发展，经济自由度越低越不利于经济发展，即二者是正相关的。在跨国投资日益兴盛的今天，跨国投资者在选择投资目的国时，除了考量和评估在该国投资所面临的政治社会风险、经济金融风险和自然灾害突发事件风险等国家风险外，越来越看重投资目的国的经济自由度。因为在经济自由度较高的国家，市场化程度也较高，政府效率较高，有利于节省投资企业的经营成本和降低经营风险。

二、经济自由的测算与评估

（一）测算经济自由的权威机构

国际上经济自由度测算和评估的权威机构主要有美国传统基金会（The Heritage Foundation）和加拿大弗雷泽研究所（The Fraser Institute）。

美国传统基金会（The Heritage Foundation）成立于1973年，由科罗拉多州啤酒制造公司（The Coors Brewing Company）

总经理约瑟夫·库尔斯（Joseph Coors）和右翼政客保罗·韦里奇（Paul Weyrich）创建，总部设于美国首都华盛顿哥伦比亚特区（Washington，D. C.）。从1995年开始传统基金会联合《华尔街日报》发布世界各国经济自由度评估报告——《经济自由度指数》（*The Index of Economic Freedom*），到2009年已经发布了15期经济自由度指数报告。美国传统基金会发布的经济自由度指数报告已产生了广泛的社会影响，被世界各国政界、商界和学术界认可，其排名及评分常常被当作观察各国经济状况的风向标。

加拿大弗雷泽研究所（The Fraser Institute），成立于1974年，由经济学家迈克尔·沃克（Michael Walker）和商人T. 帕特里克·波义尔（T. Patrick Boyle）创立。总部设在加拿大不列颠哥伦比亚省（British Columbia）温哥华市（Vancouver）。该机构自1975年发布第一份世界各国经济自由度评估报告——《世界经济自由度报告》（*The Economic Freedom of the World*）以来，到2009年已连续25年发布经济自由度报告。

（二）传统基金会对经济自由的测算

传统基金会根据十大指标对各国的经济自由度进行测算，十大指标下又包含若干子项。十个类别的指标分别是：商业自由度（Business freedom）、贸易自由度（Trade freedom）、财政自由度（Fiscal freedom）、政府规模（Government size）、货币自由度（Monetary freedom）、投资自由度（Investment freedom）、金融自由度（Financial freedom）、产权保护（Property rights）、腐败程度（Freedom from corruption）和劳工自由度（Worker freedom）。每个指标的得分在0至100之间，十个指标得分的简单平均数就是经济自由度的得分。下面我们以2008年阿根廷经济自由度的得分情况，说明这十大指标的含义。

1. 商业自由度（Business freedom）

衡量商业自由度的指标主要有开办一家新公司所需的手续数、天数、成本、最低资本金、获得执照的手续数、天数、成本以及关闭一家公司所需的时间、成本等。例如，在阿根廷开办一家企业需要31天，而在香港仅需11天。2008年，阿根廷的商业自由度得分为63.2分。

2. 贸易自由度（Trade freedom）

衡量贸易自由度的两个重要指标是该国加权平均关税税率和非关税壁垒情况。2008年，阿根廷的加权平均关税税率是5.2%，高于世界2.4%的平均水平。此外，阿根廷实行多种非关税壁垒措施，如价格补贴、数量限制、提高卫生防疫标准等，来限制进口，保护本国工业。2008年，阿根廷贸易自由度得分为69.6分，低于世界平均分72分。

3. 财政自由度（Fiscal freedom）

衡量财政自由度的指标主要有个人所得税税率、公司所得税税率和税收总收入占GDP的比重。2008年，阿根廷的个人所得税税率和公司所得税税率均较高，均为35%，高于世界平均水平30.6%。此外，阿根廷税收收入占GDP的比重达22.4%。2008年，阿根廷财政自由度得分为70.5分，低于世界平均水平74.9分。

4. 政府规模（Government size）

衡量政府规模的指标主要是政府支出水平，包括政府消费和转移支付。阿根廷财政赤字问题仍然存在，但已有所改善。2008年，阿根廷政府支出占GDP的比重为25.2%，政府规模得分为80.9分，高于世界平均水平67.7分。

5. 货币自由度（Monetary freedom）

衡量货币自由度的指标包括测评当年最近三年年均通货膨

胀率和价格管制程度。2004—2006 年，阿根廷的年均通货膨胀率为 10%。阿根廷危机爆发后，为了遏制通货膨胀政府加强了对一些商品和服务，特别是对那些满足基本生活需要的商品和服务，如电力、水、民用天然气、城市交通、电话通信等的价格管制。这些管制措施影响了阿根廷货币自由度得分。2008 年，阿根廷货币自由度得分为 65 分，低于世界平均水平 74.4 分。

6. 投资自由度（Investment freedom）

衡量一国投资自由度的指标主要包括：该国是否存在以规范外国投资为主要内容的投资法、该国政府是否给与外国投资者公平和平等的待遇、是否存在外汇管制和资本流动管制、是否存在不准外国资本涉足的行业等。阿根廷规定了一些外国资本不能涉足的行业，包括造船、捕鱼、房地产、核电站、媒体和因特网等行业。阿根廷对资本流出进行管制。与投资有关的合同法、投资法、产权保护法等法律还不健全。2008 年，阿根廷投资自由度得分为 50 分，相当于世界平均水平。

7. 金融自由度（Financial freedom）

衡量金融自由度的指标主要包括政府对金融服务管制的程度、政府对银行和其他金融机构干预的程度、开办金融服务机构的难易程度、政府对信贷发放的干预程度等。

截至到 2006 年 2 月，阿根廷拥有包括外资银行在内的 89 家金融机构，其中最大的银行为国有银行。2001 年阿根廷危机爆发后，政府加强了对金融机构的监管。从 2006 年开始，阿根廷的金融机构逐渐摆脱 2001—2002 年债务危机和银行危机的阴影，银行发放的抵押贷款和个人贷款开始增加，非银行机构发放的贷款数量减少。由于阿根廷仍然欠有 218 亿美元的外债，在国际资本市场上进行融资受到限制。2008 年阿根廷金融自由度得分仅为 40 分，比世界平均水平低 11.7 分。

8. 产权保护（Property rights）

产权保护是市场经济正常运行的重要保证。衡量产权保护程度的指标主要有：与产权保护有关的法律的健全程度、私有财产被没收的可能性、司法的独立性等。

阿根廷的行政机构对司法部门具有很大的影响，严重影响阿根廷的司法独立性。法院的办案效率很低、办案过程不透明、腐败现象严重。此外，阿根廷的软件盗版现象日趋严重。这些因素导致了阿根廷产权保护方面的得分仅为 30 分，比世界平均水平低 15.6 分。

9. 腐败程度（Freedom from corruption）

政府腐败是一个世界各国都存在的问题，只不过程度和预防措施不同而已。腐败有行贿、索贿、挪用公款、渎职等多种形式，腐败是对经济自由的限制和破坏。腐败越严重，经济自由越受到限制。在传统基金会的评估中，腐败指数越大，腐败程度越小，对经济自由的破坏程度越小。反之，破坏程度越大。

根据“透明国际”（Transparency International）的评估，阿根廷的腐败程度在世界 163 个参评国家中排名第 93 位，是腐败较严重的国家。2008 年，阿根廷在这一指标上的得分是 29 分，远低于世界平均水平 41.1 分，说明阿根廷的腐败现象较为严重。

10. 劳工自由度（Worker freedom）

劳工自由度是指公司或企业雇用和解雇雇员的难易度，劳工自由度与公司或企业雇用雇员的成本密切相关。衡量劳工自由度的指标主要有最低工资水平、工作日最长时间限制、解雇工人的成本和难易程度。

由于工会力量的强大和受历史文化传统的影响，阿根廷政府对劳动力市场实施了较强的干预，使得公司或企业为雇员提供全面的社会保障待遇，如养老金支付、医疗保险和提供带薪假期等，大大提高了企业的非工资成本。2008 年，阿根廷的劳工自由度得分 52.9 分，低于世界平均水平 62.1 分。

三、经济改革后拉美国家经济自由度的提高与绩效评估

我们可以根据传统基金会公布的各年度《经济自由度指数报告》对拉美国家经济改革的效果进行评估。从表 4—10 可以看出，1995 年在 27 个参评的拉美国家中有 15 个国家的经济自由度指数超过了世界平均值。1996 年有 20 个国家的经济自由度得分超过世界平均值，比前一年增加 5 个国家。其中阿根廷经济自由度指数上升最快，由 1995 年的 68.0 上升到 1996 年的 74.7，上升了 6.7。1996 年阿根廷经济自由度在全世界 142 个参评国家中排名第 8 位，经济自由度指数比排名第 5 位的美国仅差 2 个百分点。1997 年，智利的经济自由度在世界 150 个参评国家中排名第 7 位，排在了当时排名第 8 位的美国前面。

表 4—10　1995—2000 年拉美国家经济自由度指数（0—10）比较

国家	1995 年	1996 年	1997 年	1998 年	1999 年	2000 年
阿根廷	68.0	74.7	73.3	70.9	70.6	70.0
巴哈马	71.8	74.0	74.5	74.5	74.7	73.9
巴巴多斯	—	62.3	64.5	67.9	66.7	69.6
伯利兹	62.9	61.6	64.3	59.1	60.7	63.3
玻利维亚	62.9	61.6	64.3	59.1	60.7	63.3
巴西	51.4	48.1	52.6	52.3	61.3	61.1
智利	71.2	72.6	76.0	74.9	74.2	74.7
哥伦比亚	64.5	64.3	66.4	65.5	65.3	63.3
哥斯达黎加	68.0	66.4	65.6	65.6	64.4	68.4

续表

国家	1995 年	1996 年	1997 年	1998 年	1999 年	2000 年
古巴	27.8	27.8	27.8	28.2	29.4	31.3
多米尼加	55.8	58.1	53.5	58.1	58.2	59.0
厄瓜多尔	57.7	60.1	61.0	62.8	62.9	59.8
萨尔瓦多	69.1	70.1	70.5	70.2	75.1	76.3
危地马拉	62.0	63.7	65.7	65.8	66.2	64.3
圭亚那	45.7	50.1	53.3	52.8	53.3	52.4
海地	43.0	41.0	45.8	45.7	45.9	45.8
洪都拉斯	57.0	56.6	56.0	56.2	56.7	57.6
牙买加	64.4	66.7	67.7	67.1	64.7	65.5
墨西哥	63.1	61.2	57.1	57.9	58.5	59.3
尼加拉瓜	42.5	54.1	53.3	53.8	54.0	56.9
巴拿马	71.6	71.8	72.4	72.6	72.6	71.6
巴拉圭	65.9	67.1	67.3	65.2	63.7	64.0
秘鲁	56.9	62.5	63.9	65.0	69.2	68.7
苏里南	—	36.7	35.9	39.9	40.1	45.8
特立尼达和多巴哥	—	69.2	71.3	72	72.4	74.5
乌拉圭	62.5	63.7	67.5	68.6	68.6	69.3
委内瑞拉	59.8	54.5	52.8	54.0	56.1	57.4
美国	76.7	76.7	75.6	75.4	75.5	76.4
世界平均值	57.6	56.9	57.1	57.0	57.3	57.9
超过世界平均值的拉美国家数	15	20	18	19	20	20
参评国家数	101	142	150	156	161	161

资料来源：根据美国传统基金会网站 www.heritagefoudation.org 公布数据整理。

从上面的分析中可以看出，20 世纪 90 年代中期拉美国家经济自由度总体上有所提高，有些国家（如阿根廷和智利）的经济自由度提高速度很快，经济自由度得分在世界上名列前茅。而90年代正是拉美国家全面推进经济改革的时期，经济自由度提高较快的国家恰是那些较早进行改革的国家。由此可见，经济改革极大地促进了拉美国家经济自由度的提高。

表4－11　2009年拉美和加勒比国家经济自由度得分（0—100）及排名

排名		国家	综合得分	商业自由	贸易自由	财政自由	政府规模	货币自由	投资自由	金融自由	产权保护	腐败程度	劳工自由
地区	世界												
1	12	智利	78.3	66.3	85.8	78.2	90.1	77.3	80	70	90	70	75.0
2	23	巴巴多斯	71.5	90.0	64.6	70.9	66.3	74.5	50	60	90	69	80.0
3	28	巴哈马	70.3	74.7	56	96.5	84.4	75.5	40	70	75	50	80.4
4	34	萨尔瓦多	69.8	67.3	81.8	85.7	87.9	77.4	70	70	50	40	67.5
5	39	乌拉圭	69.1	65.6	83.4	82.2	76.5	72.8	70	30	70	67	73.7
6	40	圣卢西亚	68.8	87.7	72	74.0	68.5	85.1	40	40	70	68	82.8
7	42	特立尼达和多巴哥	68.0	60.1	79.8	79.7	75.6	72.2	70	70	60	34	78.3
8	47	哥斯达黎加	66.4	60.3	81.8	82.8	88.4	69.7	70	50	50	50	61.2
9	50	墨西哥	65.8	80.3	80.2	83.4	81.8	77.5	50	60	50	35	59.8
10	53	牙买加	65.2	87.8	70.6	75.3	62.2	75.4	80	50	50	33	67.4
11	56	巴拿马	64.7	74.5	76.2	82.6	89.8	77.9	70	70	30	32	44.1
12	58	秘鲁	64.6	65.1	79.4	79.7	91.8	86.5	60	60	40	35	48.7
13	61	圣文森特和格林纳丁斯	64.3	78.2	73.6	64.7	60.9	75.6	40	40	70	61	78.5
14	67	伯利兹	63.0	75.5	69.6	68.8	77.6	78.4	50	50	50	30	80.6
15	71	多米尼克	62.6	76.4	74.2	67.4	52.2	79.8	60	30	60	56	70.0
16	73	哥伦比亚	62.3	77.4	72.4	72.9	65.9	70.6	60	60	40	38	66.0
17	80	巴拉圭	61.0	61.7	83.6	96.6	90.4	76.7	60	60	30	24	27.0
18	85	尼加拉瓜	59.8	57.6	79.2	78.8	71.0	69.5	70	50	25	26	70.6
19	88	危地马拉	59.4	54.1	78.4	79.4	93.5	73.3	50	50	30	28	57.3
20	89	多米尼加	59.2	63.7	73.0	85.3	91.1	74.1	50	40	30	30	55.1
21	92	洪都拉斯	58.7	64.4	78.0	85.1	79.7	73.5	50	60	30	25	40.9
22	106	巴西	56.7	54.4	71.6	65.8	50.3	77.2	50	50	50	35	62.7
23	126	苏里南	54.1	41.5	64.2	67.7	75.5	72.2	30	30	40	35	84.8

续表

排名		国家	综合得分	商业自由	贸易自由	财政自由	政府规模	货币自由	投资自由	金融自由	产权保护	腐败程度	劳工自由
地区	世界												
24	131	玻利维亚	53.6	58.5	81.8	84.8	71.9	67.9	20	60	20	29	41.9
25	138	厄瓜多尔	52.5	54.0	72.6	85.8	83.1	75.0	30	40	25	21	38.3
26	139	阿根廷	52.3	62.1	70.0	70.3	75.6	60.6	50	40	20	29	45.6
27	148	海地	50.5	37.7	79.4	77.9	93.8	69.0	30	30	10	16	61.2
28	156	圭亚那	48.4	60.9	72.6	66.5	3.2	69.6	40	40	40	26	65.2
29	175	委内瑞拉	39.9	50.8	59.6	70.6	69.3	53.7	10	30	5	20	30.1
30	178	古巴	27.9	10.0	64.4	45.9	0.0	67.0	10	10	10	42	20.0

资料来源：根据美国传统基金会网站 www. heritagefoudation. org 公布数据整理。

从目前情况来看，2009 年智利经济自由度综合得分 78.3 分，在拉美地区排名第一，世界排名第十一，仅比排名第十的英国低 0.7 分[①]（见表 4—11）。可见，智利仍然是拉美地区经济自由度最高的国家，这与智利持续而成功的经济改革密切相关。

四、健全的法律制度是经济自由的保障和界限

从长期来看，经济自由度的提高有利于经济增长，二者呈正相关关系。经济自由度提高有利于吸引投资，激发市场主体的积极性和创造性，进而促进就业和生产率提高。但是，经济自由并不是没有边际的自由，经济自由的界限是保证市场经济有效运转的法律制度。因此，提高经济自由并不意味着政府完

① 根据《华尔街日报》和美国传统基金会公布的 2009 年度“经济自由度指数”（Index of Economic Freedom）排名，经济自由度排名前十的经济体依次是：香港（90）、新加坡（87.1）、澳大利亚（82.6）、爱尔兰（82.2）、新西兰（82）、美国（80.7）、加拿大（80.5）、丹麦（79.6）、瑞士（79.4）、英国（79）。智利位列第 11 名，得分 78.3，高于排名第 12 名的荷兰（77）。

全退出市场，政府应该在市场失灵的领域，如公共产品的提供、环境污染治理、减少社会贫困等领域发挥作用，同时政府还应制定有效的法律制度来保护产权，减少腐败，提高政府效率，为提高经济自由度提供有效的制度框架。拉美经济改革的一个缺陷是：片面强调市场的作用，不仅不能提高经济自由度，有效发挥市场机制的作用，反而会导致经济的混乱和波动。

第四节　拉美经济改革与经济结构和生产率变化

拉美经济改革的一个重要目标是克服进口替代模式下经济结构的诸多弊端，促进经济结构的优化，进而提高生产率。本节主要探讨拉美经济改革对产业结构、贸易结构、就业结构和生产率产生了怎样的影响。

一、经济改革与产业结构变化

（一）三次产业结构的总体变化

从表 4—12 中的数据可以看出，与 1980 年相比，在拉美国家广泛进行经济改革的 1990 年，拉美国家农业产出占 GDP 的比重上升了 0.7 个百分点，1997 年又下降到 1980 年的水平。与 1980 年相比，1990 年拉美国家第二产业占 GDP 的比重下降了 4 个百分点，其中制造业比重下降了 2.4 个百分点，建筑业下降 2 个百分点，而矿业比重略有上升，上升了 0.4 个百分点，1997 年第二产业比重继续下降，制造业继续呈现下降趋势。而第三产业比重增加幅度明显，1990 年第三产业占 GDP

比重比1980年提高3.3个百分点，1997年比重继续增加。第三产业各部门中除商业所占比重呈下降趋势外，其他部门都呈现出增长趋势。与1980年相比，1997年个人服务增长最快（增幅达3.6%），其次是交通运输（增幅为1.7%），金融、水电气公共服务增幅分别为1.1%、0.9%。

表4—12　1980—1997年拉美国家三次产业产出占GDP比重变化（%）

	1980	1985	1990	1997
1. 第一产业	**7.6**	**8.2**	**8.3**	**7.5**
2. 第二产业（1）+（2）+（3）	**35.3**	**31.5**	**31.3**	**31.1**
（1）制造业	24.5	22.5	22.1	21.1
（2）矿业	3.4	3.4	3.8	2.7
（3）建筑业	7.4	5.6	5.4	7.3
3. 第三产业（1）+（2）	**57.1**	**60.3**	**60.4**	**61.6**
（1）基本公共服务A+B	6.5	7.2	8.1	9.1
A 水电气	1.3	1.7	1.9	2.2
B 交通通讯	5.2	5.5	6.2	6.9
（2）其他服务A+B+C	50.6	53.1	52.3	54.4
A 金融	15.7	18.5	17.8	16.8
B 商业	17.0	15.8	15.4	14.2
C 个人服务	17.9	18.8	19.1	21.5

说明：1980年、1985年、1990年数据根据1990年价格计算，1997年数据根据1945年价格计算。

资料来源：Nola Reinhardt，Wilson Peres，"Latin America's New Economic Model：Micro Responses and Economic Restructuring"，*World Development*，Vol. 28，No. 9，2000，p. 1549。

上述产业结构的变化趋势和特点与拉美国家的经济改革有着密切关系。（1）拉美以市场化和自由化为导向的经济改革，使本国企业失去了政府的保护，面对激烈的国际竞争，一些制造业企业由于缺乏效率而破产倒闭。同时，债务危机和拉美国家实施的稳定化政策也使投资者面临很多不确定性，投资动力受到影响。因此，拉美国家的制造业比重呈现出下降趋势，出现所谓的“工业化倒退”现象。（2）贸易自由化改革，消除了拉美国家进口替代模式下构筑的贸易壁垒，大大促进了拉美国家具有比较优势的矿产品和农产品生产。因此，20 世纪 90 年代初拉美国家的农业和矿业部门有所增长。而初级产品价格波动较大，需求受国际经济周期的影响。1997 年爆发了东南亚金融危机，世界市场对拉美国家初级产品需求下降，拉美国家的农业和矿业部门生产出现一定程度的下降。（3）建筑业和商业的下降，与 80 年代的经济衰退、90 年代的低增长分不开。[①]（4）金融服务业的增长得益于拉美国家金融自由化和投资自由化改革，银行私有化改革使大量的国内私人资本和外国资本进入拉美银行业。市场经济的发展和国际贸易的繁荣也促进了金融服务业的发展。（5）基本公共服务的增长，主要是因为拉美国家广泛推行的国有企业私有化改革，私有化改革使一些私人资本和外国资本进入公用设施部门，大大提高了公共服务的价格和质量。（6）物质生产部门和市场经济的发展，必然促进相关服务业的发展，这是个人服务业发展的一个重要原因。促进个人服务业比重增加的另一个原因是企业私有化改革。私有化企业为提高效率，引进先进设备，减员增效，使大量工人失业。这些失业者大多涌入了服务业部门。

（二）制造业结构的变化

经济改革使拉美国家放弃了进口替代模式下对本国工业的保护政策，国内工业按照比较优势原则进行了分化组合。制造

① 苏振兴：《拉美国家制造业的结构调整》，《拉丁美洲研究》，2002 年第 6 期，第 21 页。

业内部结构出现变化，形成以自然资源加工和来料加工为主的两种制造业模式。

表 4—13　拉美 5 国的制造业结构变化

（不同层次制造业部门产出占工业总产出的比重%）

国家、年份 \ 工业		技术密集型工业（不包括汽车工业）	汽车工业	自然资源密集型工业和资源加工工业	劳动密集型工业
阿根廷	1970	13.2	10.9	47.8	28.1
	1996	9.9	7.2	62.1	20.7
	2000	8.6	7.4	65.3	18.7
	2002	6.7	6.1	71.7	15.6
巴西	1970	16.2	6.8	37.8	39.2
	1996	25.6	7.3	43.4	23.7
	2000	26.0	8.3	41.6	24.0
	2002	26.5	8.9	41.5	23.1
智利	1970	11.4	5.5	58.3	24.9
	1996	10.4	1.9	59.7	28.0
	2000	10.5	2.3	60.7	26.5
	2002	10.0	1.9	61.9	26.2
哥伦比亚	1970	12.3	3.0	46.2	38.5
	1996	10.1	6.5	55.4	28.1
	2000	8.7	4.9	57.0	29.4
	2002	9.0	6.5	57.1	27.3
墨西哥	1970	12.0	8.4	43.2	36.4
	1996	14.4	14.6	43.4	27.6
	2000	16.4	18.8	39.1	25.8
	2002	15.6	18.6	40.8	25.0

说明：表中的工业品分类是根据国际经济活动统计标准工业分类码（International Standard Industrial Classification of All Economic Activities, 3 - Digit Level of Revision 2, ISIC）为分类标准的。

资料来源：Jorge Katz, "Structural Change and Domestic Technological Capabilities", *CEPAL Review*, No. 89, 2006, p. 61。

拉美国家在自然资源和食品生产方面具有比较优势，因此一些国家的资源密集型产业和食品加工业比重增加，形成以自然资源加工为主的工业模式。阿根廷（植物油）、巴西（钢铁、纸浆）、智利（铜、葡萄酒酿造）和哥伦比亚（鲜花）这些南美洲国家是这种工业模式的典型代表。与1970年相比，2002年四国的资源加工工业产出占制造业产出的比重分别增加了23.9%、3.7%、3.6%、10.9%（见表4—13）。墨西哥的工业结构变化与上述国家不同，墨西哥资源加工工业产出占工业总产出的比重呈微弱下降趋势，汽车工业比重由1970年的7.4%提高到2002年的18.6%。墨西哥技术密集型产业比重由1970年的12%提高到2002年的15.6%，提高了3.6%。这主要是因为墨西哥客户工业的发展，比如电视机、录像机和电脑这些技术产品生产线组装工业比重提高，这些产品部件组装为成品后出口到美国。中美洲国家洪都拉斯、萨尔瓦多和危地马拉等中美洲国家的工业结构出现了与墨西哥类似的变化。这主要是由于这些国家在地缘上与美国临近，劳动力成本低廉，促进了这些国家来料加工工业，即客户工业的大发展，形成另一种以装配线制造为特点的工业模式。不管是以自然资源加工为主还是以来料加工为主的工业发展模式，其共同特点是工业发展主要面向国外市场，从而标志着拉美国家由长期的内向工业化向外向工业化的转变。[①]

（三）农业生产结构的变化

经济改革政策中对农业产生重要影响的措施及其产生影响主要体现在以下几个方面：（1）贸易和价格自由化改革。进口农产品关税的降低，使拉美国内的农产品特别是粮食难以与廉

---

① 苏振兴：《拉美国家制造业的结构调整》，《拉丁美洲研究》，2002年第6期，第20页。

价的进口粮食竞争，一些小农经营者纷纷破产，而一些大农场按照比较优势生产有竞争优势的畜产品和农产品，用于出口。这使拉美农业的生产结构出现了两个显著的变化：一是用于种植农作物的土地转换为畜场，生产畜牧产品用于出口，畜牧产品比重增加；二是面向出口的油菜籽、水果、蔬菜生产大幅增加。这种外向农业发展模式使拉美国家农产品出口的增长率大幅提高。1990—1999 年，拉美 15 国农产品出口的平均增长率为 6.57%，而 20 世纪 80 年代（1980—1989 年）的增长率仅为 1.61%。[①]（2）土地市场自由化改革。土地的自由交易，加剧了农村土地集中程度和农村土地用途的转变。例如，在巴西，1970 年 1000 公顷以上的农场占巴西农场总数的 12.6%，到 1995 年增加到 21%。而 10 公顷以下的农场所占比重由 1970 年的 17.8% 下降到 12.2%。[②] 同时，土地市场自由化改革也促进了土地用途的改变，一些农业土地被用于城市发展、旅游开发和建立工厂。（3）本币币值高估的汇率制度。进口关税的降低和本币币值的高估使拉美国家进口农产品价格降低，使本国农产品特别是粮食失去价格竞争力，对小农经济造成致命打击。但本币币值的高估降低了资本品进口价格，大农场普遍采取机械化和集约化的经营策略，农业生产率提高，大农场的农产品产量大幅增加。根据联合国粮农组织的统计，1990—1999 年拉美 15 个国家农业 GDP[③] 的增长率为 2.93%，比 1980—1989 年农业 GDP 的增长率（2.19%）有所提高。其中，提高较为明显的国家有阿根廷、玻利维亚、墨西哥，80 年代三国农

---

① Food and Agriculture Organization of the United States（FAQ），"Chapter 14 Trade and Related Economic Reforms in Latin America"，in *Trade Reforms and Food Security — Conceptualizing the Linkages*，Rome，Italy，2003，p. 202.

② Food and Agriculture Organization of the United States（FAQ），ibid，p. 213.

③ 农业 GDP 包括种植业、畜牧业、林业和渔业部门创造的 GDP 值。

业 GDP 的平均增长率分别为 0.65%、3.28%、0.31%，90 年代分别增加到 3.69%、3.28%、1.92%。[①]（4）对农业生产、研发、农村基础设施的信贷支持和补贴。市场化改革，片面强调市场的作用，忽视农业的弱质性，农业支持政策的削弱，加大了农村贫富差距和贫困人口的增加。

二、经济改革对贸易结构的影响

（一）出口商品结构的变化

从图 4—12 可以看出，多数拉美国家出口产品中低技术产品和初级产品占很大比重。只有一些大国和中美洲和加勒比国家技术含量高的工业产品出口比重较高。墨西哥、巴西、阿根廷出口产品中高技术产品出口额占总出口额的比重分别为 65%、34%、23%。哥斯达黎加、巴巴多斯等中美洲和加勒比国家中高技术产品在出口中的比重也较高，分别是 32%、28%。拉美国家出口结构的这种变化主要是在经济自由化改革中，拉美国家普遍按照比较利益原则调整本国的出口结构。形成了以墨西哥和中美洲国家为代表的发挥廉价劳动力优势的客户工业模式和以南美洲国家为代表的发挥资源优势的资源加工工业模式。地区大国巴西和阿根廷在发挥本国资源优势的同时，由于存在市场潜力大、规模经济等发展工业的优势，其技术含量较高的工业制成品在出口中的比重高于其他南美洲国家。计算机、汽车和其他中高技术水平的机械设备在巴西出口中占有较高比重。

---

① Food and Agriculture Organization of the United States (FAQ), "Chapter 14 Trade and Related Economic Reforms in Latin America", in *Trade Reforms and Food Security — Conceptualizing the Linkages*, Rome, Italy, 2003, p. 202.

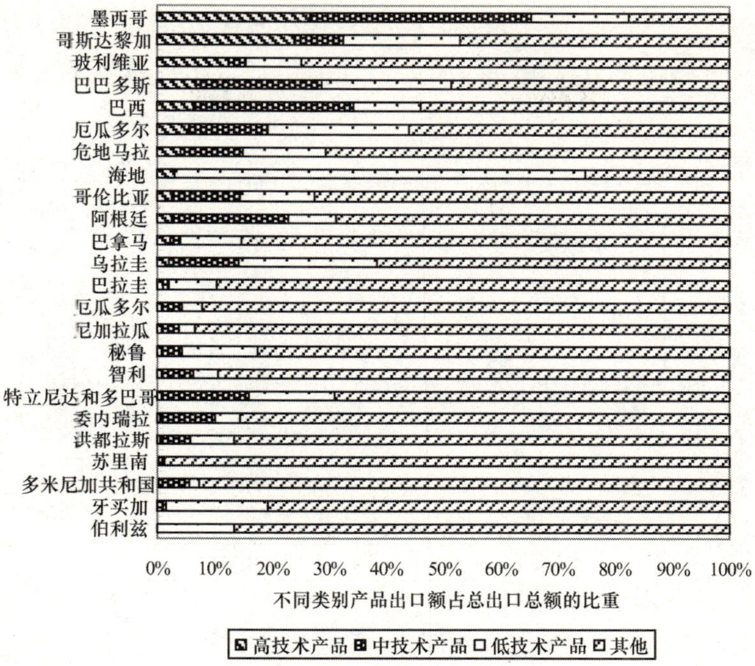

图 4—12　1998 年拉美国家出口结构（按技术含量高低）

说明：高技术产品包括：计算机、电视机、通讯设备、医药产品、航空产品；中等技术产品包括：轿车、卡车、化纤、化工产品和油漆、发动机、工业机械；低技术产品包括：纺织品、皮革、鞋类、餐具、家具、金属部件；其他产品包括：水果、肉类、大米、咖啡等初级产品。

资料来源：Inter-American Development Bank（IDB），"Chapter 4 Exports and Competitiveness"，in *Competiveness：The Business of Growth，the Economic and Social Progress in Latin America* 2001 *Report*，Washington，D. C.，2001，p. 48。

虽然从整体上来看，劳动密集型的低技术产品和初级产品在拉美国家出口中仍占很大比重。但是，从图 4—13 我们可以发现与 20 世纪 80 年代比较起来，拉美国家的高新技术产品的出口增长率是十分迅速的。由 80 年代的 -2. 9% 的负增长转变为 90 年代的 35. 1%，这一增长率仅低于同期的东亚国家。高技术产品出口的快速增长主要得益于拉美国家的贸易、投资自由化改革。贸易投资自由化改革使拉美国家摒弃了进口替代模式下的"出口悲观主义"，大力发展外向型经济，促进了地区一体化和外国直接投资的流入，从而带动了出口贸易的发展。

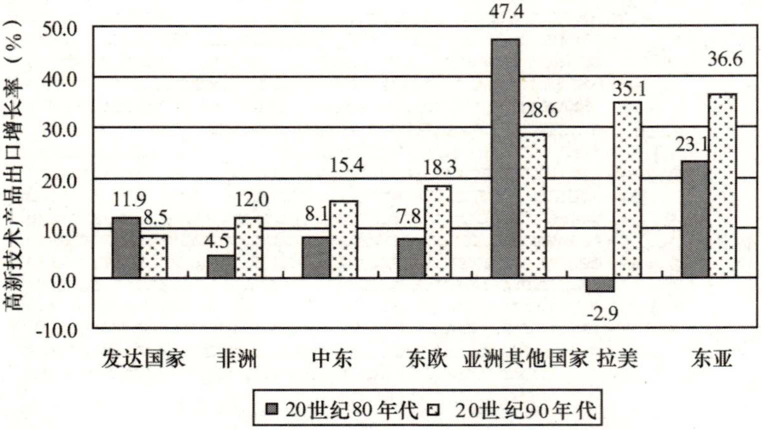

图 4—13　20 世纪 80 年代和 90 年代世界不同地区

高新技术产品出口增长率比较

资料来源：Inter-American Development Bank（IDB），"Chapter 4 Exports and Competitiveness"，in *Competiveness：The Business of Growth*，*the Economic and Social Progress in Latin America* 2001 *Report*，Washington，D. C.，2001，p. 46。

诺拉·莱因哈特（Nola Reinhardt）① 用结构变化指数（Construction Change Index）② 来衡量和比较改革前后拉美国家出口结构变化的程度。从表 4—14 可以看出，南美洲国家出口结构变化最大的时期出现在 1980—1985 年的危机时期（结构变化指数为 0.27），这主要是因为危机期间本币大幅贬值，促进了本地区的产品出口。而在稳定化阶段（1985—1990 年）和改革后阶段（1990—1996 年）南美国家出口结构变化不大，结构变化指数分别为 0.19 和 0.11。

① Nola Reinhardt，Wilson Peres，"Latin America's New Economic Model：Micro Responses and Economic Restructuring"，*World Development*，Vol. 28，No. 9，2000，pp. 1550 – 1551.

② 结构变化指数的数值区间在 0 至 1 之间，数值越大说明结构变化越大。

表 4—14　1980—1996 年拉美国家出口结构变化指数（0—1）

国家＼年份	1980—1996	1980—1990	1980—1985	1985—1990	1990—1996
阿根廷	0. 17	0. 14	0. 13	0. 16	0. 14
巴西	0. 22	0. 22	0. 24	0. 09	0. 05
玻利维亚	0. 34	0. 32	0. 37	0. 21	0. 19
智利	0. 20	0. 11	0. 14	0. 07	0. 11
哥伦比亚	0. 46	0. 41	0. 16	0. 36	0. 12
厄瓜多尔	0. 29	0. 21	0. 14	0. 18	0. 15
巴拉圭	0. 12	0. 20	0. 32	0. 16	0. 14
秘鲁	0. 19	0. 16	0. 39	0. 33	0. 07
乌拉圭	0. 04	0. 08	0. 10	0. 06	0. 08
委内瑞拉	0. 10	0. 15	0. 20	0. 08	0. 05
南美洲	0. 22	0. 21	0. 27	0. 19	0. 11
墨西哥	0. 53	0. 39	0. 15	0. 25	0. 14

资料来源：Nola Reinhardt，Wilson Peres，"Latin America's New Economic Model：Micro Responses and Economic Restructuring"，*World Development*，Vol. 28，No. 9，2000，p. 1552。

与南美洲国家比较起来，墨西哥出口结构变化十分明显，1980—1996 年，墨西哥的出口结构变化指数为 0. 53，远远高于同期南美洲国家 0. 22 的水平。如前所述，墨西哥出口结构变化大，主要是因为墨西哥在贸易和投资自由化改革背景下，发挥劳动力优势，积极发展外向型的来料加工工业和吸引美国直接投资。1994 年北美自由贸易区（NAFTA）的正式建立大大促进了墨西哥上述结构的调整和变化。据诺拉·莱因哈特（Nola Reinhard）估算，1990—1996 年中美洲的出口结构变化指数为 0. 22，高于墨西哥同期 0. 14 的水平。这说明经济改革对中美洲国家出口结构的变化也产生了较大影响。

从上面的分析可以看出，经济改革对南美国家出口结构的影响不大，而对墨西哥和中美洲国家的影响十分明显。

（二）进口商品结构的变化

经济改革特别是贸易自由化改革对拉美国家进口结构产生了显著的影响。从表4—15可以看出，危机期间拉美国家各类进口总额绝对额均下降。中间产品进口额由1980年的603.2亿美元下降到1985年的415.8亿美元，下降了31.1%；消费品进口额由1980年的114.1亿美元下降到1985年的57.2亿美元，下降了将近一半；资本品进口额则由1980年的221.5亿美元下降到1985年的122.9亿美元，下降了44.5%。可见，消费品进口下降幅度最大，主要是因为危机期间消费者收入减少，购买能力下降。

表4—15　1980—1996年拉美国家进口产品结构变化（单位：亿美元）

产品分类＼年份	1980	1985	1990	1996
中间产品	603.2 （64.3%）	415.8 （69.8%）	557.5 （61.1%）	1336.1 （56.9%）
消费品	114.1 （12.2%）	57.2 （9.6%）	138.9 （15.2%）	416.1 （17.7%）
资本品	221.5 （23.6%）	122.9 （20.6%）	215.6 （23.6%）	597.0 （25.4%）

说明：表格中括号内的百分数为各类产品进口额占进口总额的比重。

资料来源：Nola Reinhardt，Wilson Peres，"Latin America's New Economic Model：Micro Responses and Economic Restructuring"，*World Development*，Vol. 28，No. 9，2000，p. 1554。

与1985年比较起来，1990年拉美国家消费品、资本品两类产品在进口产品中的比重都出现了快速增长，而增长幅度最大的是消费品进口，增长了将近1.5倍，其次是资本品，增长幅度为75.4%。两类产品在进口总额中所占的比重都有所上升。1996年，两类产品进口额继续增长，在进口总额中的比重继续增加。

进口替代发展模式下，拉美国家的企业在国家的保护下，无需与国外企业竞争，导致效率低下，产品质差价高，造成国内消费者的福利损失。贸易自由化改革，消除了贸易壁垒，使拉美国家的消费者能购买到国外企业生产的质优价廉的产品，从而导致消费品进口的大幅度增加。同时，一些国内企业因无法适应突如其来的竞争环境而破产倒闭，导致国内供给的减少，也为外国产品进入拉美市场创造了机会。

拉美国家的进口替代经历了日用消费品和耐用消费品进口替代两个阶段，各国对国内企业的机械设备进口给予一定的税收、信贷和汇率方面的优惠，导致这一时期资本品进口额在进口总额中的比重很高。而经济改革中拉美国家资本品进口继续呈上升趋势，表现为资本品进口占资本品总供给的比重呈现出上升趋势。例如，1970 年墨西哥资本品进口在资本品总供给中的比重为 37.8%，而 1994 年这一比重达到 67%，提高了将近 20 个百分点（见表 4—16）。

表 4—16 1970—1996 年拉美国家资本品进口占资本品供给总量的比重（%）

年份＼国家	阿根廷	玻利维亚	巴西	智利	哥伦比亚	厄瓜多尔	墨西哥	巴拉圭	秘鲁	乌拉圭	委内瑞拉
1970	38.7	92.4	20.2	66.1	57.0	77.4	37.8	93.8	66.8	—	78.0
1980	22.3	84.6	13.4	76.5	56.1	80.2	39.9	91.4	56.6	65.9	80.3
1990	18.3	—	12.5	82.7	60.3	73.6	49.2	98.0	53.6	68.1	72.6
1994	51.9	—	18.7	80.5	63.2	—	67.0	98.3	77.9	76.7	—
1996	49.9	—	—	84.5	62.9	—	—	—	79.7	76.9	—

资料来源：Nola Reinhardt, Wilson Peres, "Latin America's New Economic Model: Micro Responses and Economic Restructuring", *World Development*, Vol. 28, No. 9, 2000, p. 1554。

出现这种趋势的主要原因是：(1) 拉美国家的劳工改革明显滞后于其他领域的改革，使得雇佣和解雇正式工人的成本比较高。资本品价格的下降幅度要大于劳动力价格的下降幅度，因此，企业按照成本收益原则更倾向于使用机械设备来替代劳动力，资本投入大幅增加。(2) 贸易自由化改革进一步消除了进口产品的关税和非关税限制，加上这一时期拉美国家采取高估本币的汇率制度来达到抑制通货膨胀的目的，使进口成本进一步下降，这也是促进资本品进口比重在20世纪90年代大幅增加的重要因素。(3) 90年代美国新经济的发展带动了世界经济的发展和其他国家产业结构的梯次升级。拉美国家贸易和投资自由化改革为大量的美国资本流入拉美国家扫清了障碍，美国资本的流入大大促进了墨西哥和中美洲国家来料加工工业的发展，致使这些拉美国家的资本投入大量增加。而其他拉美国家，阿根廷、巴西、智利、哥伦比亚和秘鲁资本密集型产业的比重也呈上升趋势。

但是，资本品的大量进口对拉美国家的就业创造和本国的自主创新能力产生了一些消极影响，不利于本国生产率的提高。这些消极影响将在下面的问题中进行详细的讨论。

三、经济改革对就业结构的影响

从表4—17可以看出，拉美国家农业就业人口和工业就业人口占就业总人口的比重都呈现下降趋势，而农业就业人口比重下降幅度最大，由1970年的40.8%下降到90年代中期的23.6%，下降了17.2%，工业就业人口比重下降幅度较小。服务业就业人口比重大幅增长，90年代中期服务业就业人口占总就业人口的比重达到54.9%，比1970年增加了18.4%，是三个部门中就业人口增长最快的。

表 4—17　拉美国家部门就业结构变化（%）

产业部门 / 年份	农业	工业	服务业
1970	40.8	23.1	36.0
1980	32.2	25.8	42.0
1990—1992	28.3	22.7	49.0
1995—1997	23.6	21.3	54.9

资料来源：Nola Reinhardt，Wilson Peres，“Latin America's New Economic Model：Micro Responses and Economic Restructuring”，*World Development*，Vol. 28，No. 9，2000，p. 1556。

拉美国家就业结构出现上述变化与拉美国家的经济改革有着密切关系。对此可做如下解释：

首先，贸易自由化改革使拉美国家农产品面临来自国外农产品的竞争，一些小农户经营者生产的农产品因无法与国外农产品竞争，纷纷破产，一些土地被兼并，这导致了拉美国家土地的集中和土地用途的改变。一些拥有雄厚资本的大农场，为了提高生产效率，降低成本，纷纷购置农业生产设备，生产具有比较优势的农产品或畜产品用于出口。农业规模化生产，大大降低了农业中就业人口的增长率和比重。从表 4—18 可以看出，20 世纪 90 年代多数拉美国家农业就业人口都呈现出负增长。

其次，在危机期间（1980—1990 年）拉美各国工业部门就业人口的增长率均低于 20 世纪 70 年代的水平。这主要是债务危机的爆发，对本国消费和生产造成了冲击，生产企业纷纷削减投资和人员雇佣，造成就业增长率的下降。90 年代的稳定化和改革政策实施后，拉美国家企业面对着一些不确定性因素采取了减少投资、减少库存、减少产品经营品种等应对措施，来避免经营风险，这势必影响工业企业吸收劳动力的规模。墨西哥和中美洲国家因大力吸引美国投资，发展来料加工工业，发挥本国的劳动力优势，因此这些国家工业部门就业人口的增长率远高于南美洲国家。90 年代，巴拿马工业部门人口增长率达9.7%，洪都拉斯达到6.8%。

表 4—18　1970—1997 年各部门就业人口增长率（%）

产业、年份 / 国家	农业			工业			服务业		
	（1）	（2）	（3）	（1）	（2）	（3）	（1）	（2）	（3）
阿根廷	-1.1	0.1	n. a.	0.8	-1.1	-0.3	1.6	3.5	2.4
玻利维亚	0.9	1.9	n. a.	2.2	1.7	n. a.	4.3	5.4	n. a.
巴西	1.3	1.9	-1.9	7.1	1.0	0.5	7.5	3.7	3.1
智利	-1.1	2.2	-1.6	1.0	3.5	3.2	4.3	1.9	3.4
哥伦比亚	1.9	2.0	-1.1	3.4	3.1	0.3	4.6	6.4	2.8
哥斯达黎加	0.7	1.0	-0.6	5.5	3.4	1.4	6.1	3.0	4.9
厄瓜多尔	0.2	1.2	2.4	2.6	2.4	0.2	6.8	4.4	5.8
萨尔瓦多	-0.6	-0.2	-2.2	5.0	3.0	4.2	4.4	3.1	6.9
危地马拉	1.5	1.6	n. a.	2.2	3.7	n. a.	4.1	3.0	n. a.
洪都拉斯	2.7	-0.8	3.0	4.9	2.3	6.8	4.5	5.0	5.6
牙买加	2.3	-1.6	-2.6	1.9	0.4	3.4	3.7	0.1	1.9
墨西哥	3.1	-4.1	1.6	7.0	0.2	2.7	6.0	3.6	4.6
巴拿马	-0.8	0.8	-2.1	2.3	-0.3	9.7	4.1	2.5	4.9
巴拉圭	2.7	-0.3	2.4	3.8	2.8	0.7	4.9	5.4	13.2
秘鲁	1.8	-2.2	-4.8	3.9	0.4	2.3	5.2	2.2	3.7
多米尼加	1.6	-6.3	1.4	4.4	4.4	3.2	5.8	4.4	4.4
委内瑞拉	0	-0.3	n. a.	6.4	0.4	n. a.	6.2	2.7	n. a.

说明：（1）代表 1970—1980 年；（2）代表 1980—1990 年；（3）代表 1990—1997 年；n. a. 表示无数据来源。

资料来源：Nola Reinhardt，Wilson Peres，“Latin America's New Economic Model：Micro Responses and Economic Restructuring”，*World Development*，Vol. 28，No. 9，2000，p. 1555。

最后，农业和工业部门就业机会的减少使得大量的经济活动人口涌入第三产业。据诺拉·莱因哈特（Nola Reinhardt）估算，20 世纪 90 年代服务业创造的就业岗位占整个地区新增就业岗位总数的 95%。而新增就业中的 70% 由商业、宾馆餐饮、社区和个人服务等低端服务业提供。[①] 也就是说，拉美国家的劳动力越来越多地涌向非正规就业部门。从图 4—14 可以看出，与世界其他国家和地区相比，拉美国家非农业部门中非正规就业人口占部门总就业人口的比重，远高于世界平均水平，略低于非洲国家。经济改革后拉美国家非农业部门中非正规就业人口

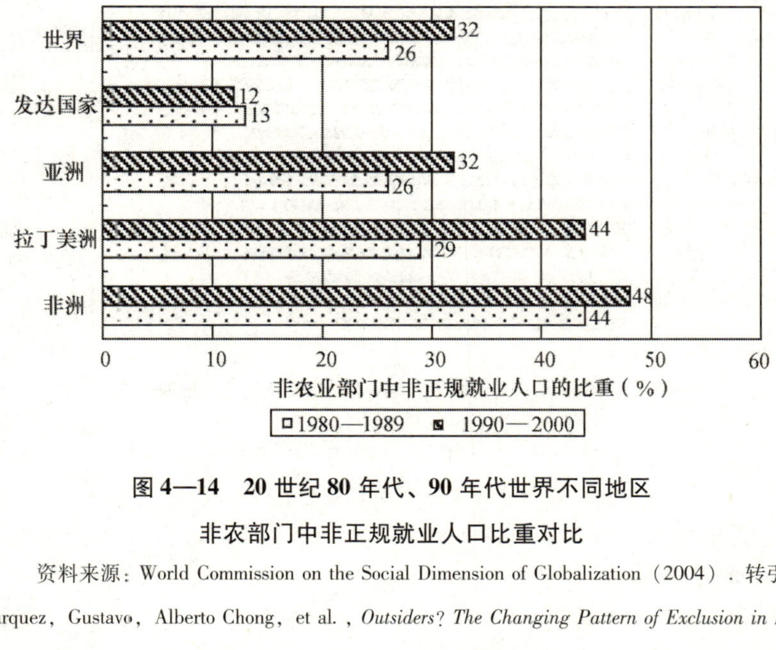

图 4—14　20 世纪 80 年代、90 年代世界不同地区非农部门中非正规就业人口比重对比

资料来源：World Commission on the Social Dimension of Globalization（2004）. 转引自 Márquez, Gustavo, Alberto Chong, et al., *Outsiders? The Changing Pattern of Exclusion in Latin, the Economic and Social Progress in Latin America* 2008 *Report*, Washington, D. C.: Inter-American Development Bank, 2007, p. 58。

---

① Nola Reinhardt, Wilson Peres, "Latin America's New Economic Model: Micro Responses and Economic Restructuring", *World Development*, Vol. 28, No. 9, 2000, p. 1556.

比重增长迅速，由80年代的29%增加到90年代的44%。图4—15对2005年左右拉美国家城市就业人口中非正规就业人口比重进行了比较。拉美国家这一指标的平均水平是46.7%，在所列的17个拉美国家中有11个国家超过这一平均水平。玻利维亚城市非正规就业人口占城市就业人口中的比重最高，达66.7%，智利最低，为38.8%。非正规部门的劳动生产率很低，是造成拉美国家整体劳动生产率低下的重要原因之一。

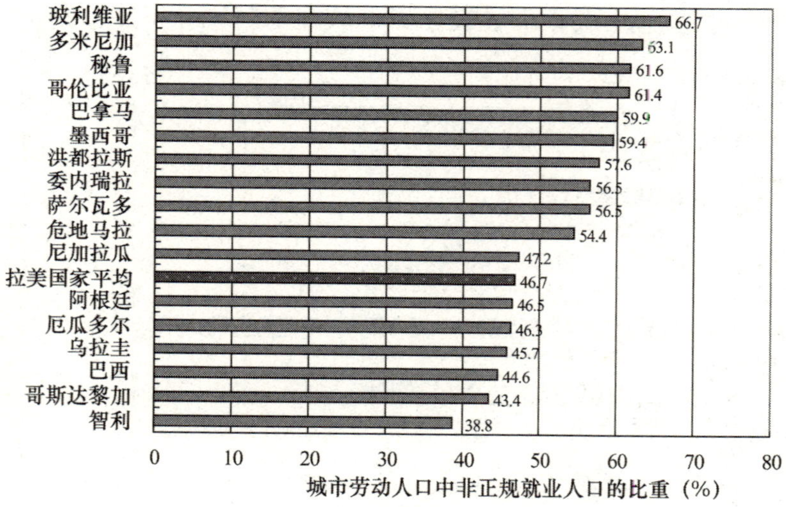

图4—15　2005年左右拉美主要国家城市劳动人口中非正规就业人口比重比较

资料来源：Mario Cimoli，Annalisa Primi and Maurizio Pugno，“A Low-growth Model: Informality as a Structural Constraint”，*CEPAL Review*，No. 66，2006，p. 89.

四、拉美经济改革对生产效率的影响

经济改革加强了市场在资源配置中的作用，提高了经济效率。同时，贸易自由化也使资本品进口成本降低，促进企业进行生产设备的更新，提高企业生产效率。这些因素促进了拉美国家劳动生产率[①]的提高。20 世纪 90 年代拉美国家劳动生产率的增长率为 0. 74%，扭转了危机时期劳动生产率下降的局面。但与世界其他地区比较起来，拉美国家劳动生产率的增长率（0. 74%）显然是比较低的。拉美国家劳动生产率提高的速度远低于亚洲东欧国家（2% 以上）和发达国家（1. 68%），仅比中东（0. 19%）和非洲国家（0. 41%）高一点。（见图 4—16）

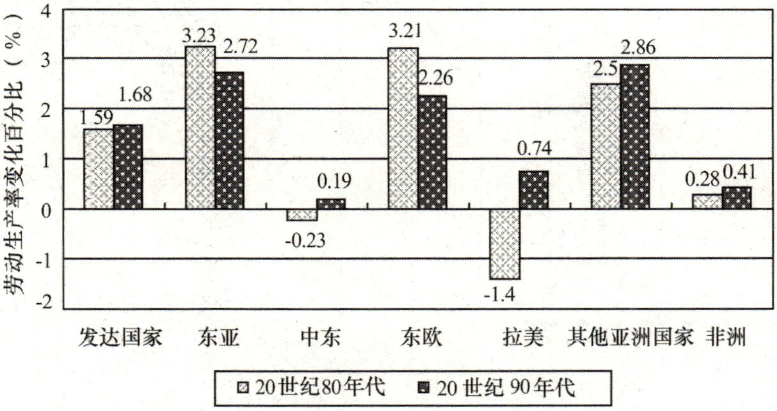

图 4—16　20 世纪 80 年代和 90 年代世界各地区劳动生产率变化比较

资料来源：Inter-American Development Bank（IDB），"Chapter 1 Growth，Productivity and Competitiveness in Latin America"，in *Competiveness：The Business of Growth*，*the Economic and Social Progress in Latin America* 2001 *Report*，Washington，D. C.，2001，p. 12。

从图 4—17 可以看出，20 世纪 90 年代，大多数拉美国家的全

---

① 劳动生产率的衡量有两种方法，一种是以单位劳动力创造的国内生产总值来衡量，另一种方法是以单位国内生产总值需要的劳动力人数来衡量。图 4—16 中使用的是第一种方法，是以单位劳动力创造的国内生产总值的增长率来衡量和比较世界不同地区劳动生产率的变化和差别。

要素生产率增长率（Total Factor Productivity，TFP）[①] 均为负数，只有智利、阿根廷、乌拉圭、多米尼加、秘鲁、巴巴多斯等国家的全要素生产率有所提高。这说明的科技进步和创新滞后。90 年代，拉美国家年均全要素生产率对经济增长的贡献率下降了 0.62%，而同期发达国家全要素生产率对经济增长的贡献率为 0.56%，除东亚外的亚洲国家为 0.69%。[②] 这说明技术进步缓慢和技术创新不足阻碍了拉美经济的发展。

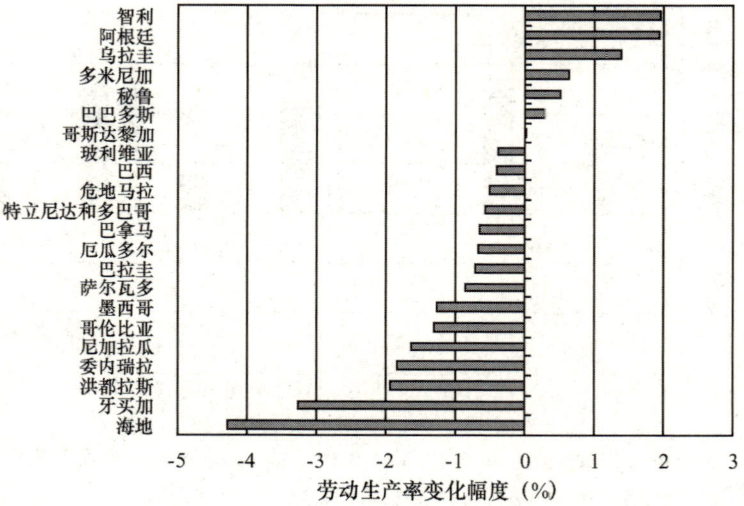

图 4—17　20 世纪 90 年代拉美主要国家的全要素生产率变化幅度比较

资料来源：Inter-American Development Bank（IDB），“Chapter 1 Growth，Productivity and Competitiveness in Latin America”，in *Competiveness*：*The Business of Growth*，*the Economic and Social Progress in Latin America* 2001 *Report*，Washington，D. C.，2001，p. 13。

---

① 全要素生产率是指除劳动、资本等生产要素投入之外的技术进步导致的产出增加，是剔除要素投入贡献后所得到的“余值”，该定义最早由索洛（Solow）于 1957 年提出，所以它也被称作索洛余值。全要素生产率的来源包括技术进步、组织创新、专业化和生产创新等。全要素生产率的增长率常常被视为科技进步的指标。

② Inter-American Development Bank（IDB），“Chapter 1 Growth，Productivity and Competitiveness in Latin America”，in *Competiveness*：*The Business of Growth*，*the Economic and Social Progress in Latin America* 2001 *Report*，Washington，D. C.，2001，p. 13.

拉美国家技术创新和发展滞后，导致生产率增长缓慢和下降，这与其推行的市场化自由化改革有着一定的关系。（1）经济改革使政府“过度退出”，不利于技术创新。经济改革的一项重要目标就是减少政府干预，充分发挥市场的作用，但是拉美国家走向了另一极端，在本不该完全由市场或市场根本无法有效配置资源的领域也放弃了政府干预。技术创新需要雄厚的人力和物力资本，而且投资回报期限长，但是对国家和社会发展具有重大意义，也就是说技术创新具有很强的正外部性。个人或单个企业不愿意或无力进行投资，这是市场无法调节，即市场失灵的领域。拉美国家“没有认识到在知识生产和诀窍吸收上需要国家干预，不应该把技术发展和结构升级完全交付于市场支配”。[①] 拉美国家研发支出占 GDP 的比重远远低于发达国家的水平，美国研发支出占 GDP 的比重为 2.58%，比比重最高的拉美国家巴西高出 1.63 个百分点（见图 4—18）。（2）贸易自由化改革使资本品进口成本下降，拉美国家企业通过进口机械设备提高生产效率，减少非熟练劳动力投入量。这使得拉美本土企业失去了技术创新和研发的动力，从而“破坏了当地生产活动中通过‘干中学’积累技术能力的机制”。[②]（3）私有化改革，使拉美国家失去了技术创新和研发的平台。私有化改革使大量外国直接投资进入拉美国家，它们或收购国有企业或投资兴建新的企业。跨国公司在拉美国家的投资和经营，其技术和工程服务均来自公司总部，零部件和资本品供给来自海外供应商。因此，这些外国公司与当地经济和技术联系

---

① 贾根良、于占东：《自主创新与国家体系：对拉美教训的理论分析》，《天津社会科学》，2006 年第 6 期，第 84 页。

② 同上。

不大，使得当地的技术创新和研发活动失去了平台。（4）拉美国家的研究机构因缺乏政府资金支持而放松了基础研究，为了赚钱维持运转把大量的精力放在了计量、质量控制和其他标准化服务等低层次的技术服务活动上。①

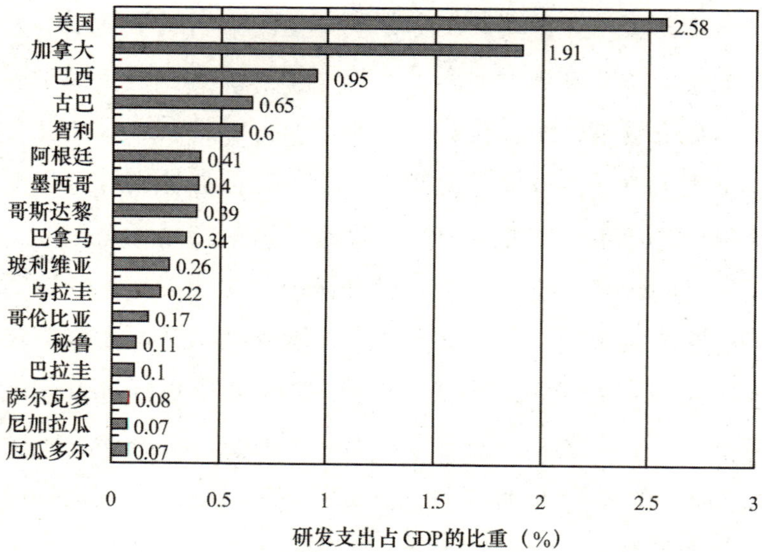

图 4—18　部分拉美国家研发支出占 GDP 比重

说明：玻利维亚、墨西哥、尼加拉瓜为 2002 年的数据；哥伦比亚为 2001 年数据；哥斯达黎加为 2000 年数据；萨尔瓦多为 1998 年数据；其余国家为 2003 年数据。

资料来源：Scott Tiffin and Isabel Bortagaray，"Chapter 6 Fostering Innovation：Technological Innovation in Urban Cluster"，in *Can Latin America Compete? Confronting the Challenges of Globalization*，New York，NY：Palgrave Macmillan，2008，p. 122。

由此可见，经济改革使拉美国家过度"放弃了国家对经济的干预，外国资本和市场的力量使大部分拉丁美洲国家又重新

① Jorge Katz，"Market-oriented Reforms，Globalization and the Recent Transformation of Latin American Innovation systems"，*Oxford Development Studies*，Vol. 32，No. 13，2004，p. 384.

走向了静态比较优势的发展道路，这一模式依靠非熟练劳动力和自然资源，严重地忽视甚至放弃了国内技术能力和本土基础性 R&D 努力等‘知识密集型’的活动”,[①] 严重阻碍了拉美国家生产率的提高。当然，不可否认，生产率提高还与教育水平的高低、人力资本情况、制度质量等多种因素相关，不能完全将其归咎于经济改革。

第五节　经济改革对社会指标的影响

经济改革后，拉美国家面临的诸多社会问题并未解决或缓解，在某些方面甚至恶化了。但是，贫富差距、失业、生活质量、贫困这些一直困扰拉美国家的社会问题，既有历史原因也有现实原因，既有经济原因也有政治原因，是多种因素作用的结果。因此，我们不能简单地说是经济改革导致社会问题恶化，但是从下面的分析我们可以看出经过改革，拉美国家上述社会指标并未出现明显改善。

一、经济改革对收入分配的影响

从图 4—19 可以看出，不同时期拉美国家的收入不平等状况都明显高于世界其他地区，而且 20 世纪 90 年代个人收入分配的不平等状况与 60—80 年代比较起来变化不大。90 年代拉美国家个人收入的基尼系数是 0. 493，比 70 年代还略有上升。

① 贾根良、于占东：《自主创新与国家体系：对拉美教训的理论分析》，《天津社会科学》，2006 年第 6 期，第 84 页。

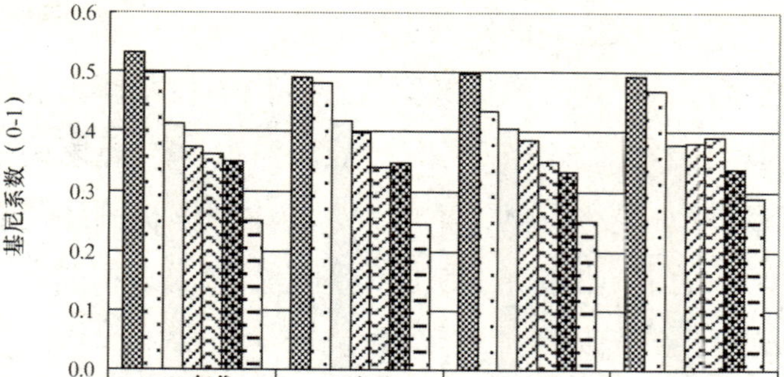

	60 年代	70年代	80年代	90年代
拉美和加勒比	0.532	0.491	0.498	0.493
撒哈拉以南非洲	0.499	0.482	0.435	0.470
中东和北非	0.414	0.419	0.405	0.380
东亚	0.374	0.399	0.387	0.381
南亚	0.362	0.340	0.350	0.391
工业化国家	0.350	0.348	0.332	0.333
东欧	0.251	0.246	0.250	0.289

图 4—19　20 世纪 60—90 年代世界不同地区不平等程度比较

资料来源：Nancy Birdsall, Carol Graham, and Richard H. Sabot, eds., *Beyond Tradeoffs—Market Reforms and Equitable Growth in Latin America*, Washington, D. C.: Brookings Institution Press, 1998, p. 31。

表 4—19 列出了 1990 年和 2005 年一些拉美国家最贫穷 20% 人口和最富有 20% 人口占有财富比重及其变化。表中所列 13 个国家最贫穷的 20% 人口占有社会财富的平均水平两个年份都只有 3% 左右，2005 年甚至比 1990 年还略有下降；而最富有的 20% 人口占有社会财富的比重两个年份都在接近 60% 的水平，2005 年比 1990 年还略有上升。从各国的具体情况来看，2005 年最贫穷的 20% 人口占有社会财富的比重，与 1990 年相比出现下降的有 6 个国家，其他 7 个国家虽然出现上升，但上升幅度不大，多数在 0.2% 和 0.3% 之间。虽然有 8 个国家最富有的 20% 人口占有社会财富的比重下降，但下降的幅度很小，下降幅度最小的国家是智利，仅下降了 0.2%，下降幅度最大的国家危地马拉，也只不过下降了 3.4%，而在哥伦比

亚和厄瓜多尔这一比重分别上涨了5.2%和4.4%。

表4—19　1990年和2005年拉美13国个人财富集中度比较及变化

国家	最穷20%人口占有社会总财富的比重（%）			最富20%人口占有社会总财富的比重（%）		
	1990年	2005年	变化幅度	1990年	2005年	变化幅度
阿根廷[a]	4.1	3.5	-0.6	54.9	57.2	2.3
玻利维亚	1.3	1.5	0.2	61.2	64.4	3.2
巴西	2.1	2.4	0.3	66.8	65.5	-1.3
智利	3.5	3.7	0.2	60.6	60.4	-0.2
哥伦比亚	3.7	2.9	-0.8	57.8	63.0	5.2
厄瓜多尔[a]	4.8	3.8	-1.0	51.9	56.3	4.4
危地马拉[b]	2.7	3.7	1.0	62.7	59.3	-3.4
洪都拉斯	2.4	2.0	0.0	65.7	62.4	-3.3
墨西哥	3.9	3.7	-0.2	58.7	57.6	-1.1
尼加拉瓜	2.1	2.5	0.4	61.3	61.7	0.4
巴拿马	2.8	2.5	-0.3	60.0	58.2	-1.8
秘鲁[c]	3.0	3.8	0.8	57.9	55.2	-2.7
乌拉圭[a]	5.1	4.8	-0.3	51.9	50.7	-1.2
简单平均	3.19	3.14	-0.02	59.34	59.38	0.04

说明：a. 城市地区；b. 1990年和2002年的数据；c. 1997年和2003年的数据。

资料来源：Fernando Calderón，“A Historic Turning Point—Political Change and the Socio-institutional Situation in Latin America”，*SEPAL Review*，No. 96，2008，p. 128。

从上面的分析可以看出，拉美国家的财富集中现象很严重，经过经济改革拉美国家的财富集中程度不仅没有减轻，反而加剧了。这主要与经济改革忽视社会问题，社会支出缺乏公平性有关。这一问题将在下面做出详细阐述。

二、经济改革对就业的影响

从图 4—20 可以看出，1990—1997 年经济改革期间，拉美国家平均就业增长率仅为 2.2%，不仅低于 20 世纪 60、70 年代就业增长率的水平，甚至比 80 年代危机时期的就业增长率还要低。

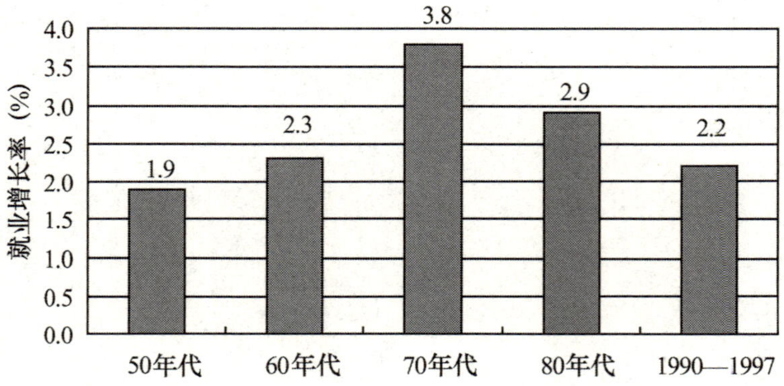

图 4—20　20 世纪 50—90 年代拉美国家就业增长率变化

说明：20 世纪 50—80 年代的数据包括 20 个国家；1990—1997 年的数据包括 17 个国家。

资料来源：［美］芭芭拉·斯托林斯、威尔逊·佩雷斯著，江时学等译：《经济增长、就业与公正——拉美国家改革开放的影响及其经验教训》，中国社会科学出版社 2002 年版，第 128 页。

就业增长率的下降，必然导致失业率的上升。从拉美地区的平均水平来看，从 20 世纪 90 年代中期开始，拉美国家的失业率开始上升，至 1999 年上升到 8.7%，比 90 年代初上升了 3 个百分点。1995 年，阿根廷、墨西哥两国的失业率骤然上升，分别为 17.5% 和 6.2%。这主要是由于 1994 年墨西哥爆发金融危机，对两国经济造成一定程度的冲击。（见表 4—20）

表 4—20　1991—1999 年拉美和加勒比国家的失业率（%）

年份 / 国家	1991	1992	1993	1994	1995	1996	1997	1998	1999
阿根廷	6.5	7	9.6	11.5	17.5	17.2	14.9	12.9	14.3
玻利维亚	5.8	5.4	5.8	3.1	3.6	3.8	4.4	4.1	6.1
巴西	4.8	5.8	5.4	5.1	4.6	5.4	5.7	7.6	7.6
智利	8.2	6.7	6.5	7.8	7.4	6.4	6.1	6.4	9.8
哥伦比亚	10.2	10.2	8.6	8.9	8.8	11.2	12.4	15.3	19.4
哥斯达黎加	6.0	4.3	4.0	4.3	5.7	6.6	5.9	5.4	6.2
厄瓜多尔	7.7	8.9	8.9	7.8	7.7	10.4	9.3	11.5	15.1
萨尔瓦多	7.9	8.2	8.1	7.0	7.0	7.5	7.5	7.6	6.9
洪都拉斯	7.4	6.0	7.0	4.0	5.6	6.5	5.8	5.2	5.3
牙买加	15.4	15.7	16.3	15.4	16.2	16	16.5	15.5	15.7
墨西哥	2.7	2.8	3.4	3.7	6.2	5.5	3.7	3.2	2.5
尼加拉瓜	11.5	14.4	17.8	17.1	16.9	16	14.3	13.2	10.7
巴拿马	19.3	17.5	15.6	16	16.6	16.9	15.5	15.2	14
巴拉圭	5.1	5.3	5.1	4.4	5.3	8.2	7.1	6.6	9.4
秘鲁	5.9	9.4	9.9	8.8	8.2	8.0	9.2	8.4	9.1
多米尼加	19.6	20.3	19.9	16.0	15.8	16.5	15.9	14.3	13.8
乌拉圭	8.9	9	8.3	9.2	10.3	11.9	11.5	10.1	11.3
委内瑞拉	9.5	7.8	6.6	8.7	10.3	11.8	11.4	11.3	14.9
拉美和加勒比平均值	5.7	6.5	6.5	6.6	7.5	7.9	7.5	8.1	8.7

说明：（1）表中各国失业率有的是首都地区失业率，有的是城市地区失业率，有的是全国范围的失业率；（2）拉美和加勒比国家平均失业率 1991 年的数据不包括加勒比国家。

资料来源：ECLAC，*Preliminary Overview of the Economies of Latin America and the Caribbean*，2000，p. 89。

三、经济改革与人类发展指标的变化

人类发展指数（Human Development Index，HDI）是由联合国开发计划署在《1990年人类发展报告》中提出和设计的一个衡量发展的综合性指标。人类发展指数由人均寿命、成人识字率和人均GDP构成，分别反映了人的健康状况、知识水平和生活水平。该指标克服了GDP指标单纯强调经济增长的局限性。较高的人均收入并不意味着更好的生活，生活水平是以健康和教育水平来衡量的，收入水平低的国家也可能比一些收入高的国家提供更好的健康和教育条件。人类发展指数的基本计算公式是：①

人类发展指数 = 1/3 × 人均寿命指数 + 1/3 × 教育指数 + 1/3 × GDP 指数

人均寿命指数、教育指数和GDP指数三项分指标的计算公式分别是：

（1）$人均寿命指数 = \frac{人均寿命 - 25}{85 - 25}$

（2）教育指数 = 2/3 × 成人识字率指数 + 1/3 × 入学率指数

（$成人识字率指数 = \frac{成人识字率 - 0}{100 - 0}$；$入学率指数 = \frac{入学率 - 0}{100 - 0}$）

（3）$GDP 指数 = \frac{\log（人均 GDP） - \log（100）}{\log（40000） - \log（100）}$

联合国开发计划署按照人类发展指数的高低把人类发展水平分为非常高、较高、一般、很低四个层次。拉美国家人类发展水平没有处于非常高和很低层次的。在表4—21中所列的18个拉美国家中，有十个国家的人类发展水平处于较高的层次，其他八个国家处于一般水平层次上。智利是拉美国家中人类发

① 此为2009年以前的旧计算方法，2010年开始使用新的计算方法。

展指数最高的国家，在世界排名44，智利的人均GDP水平也较高，以购买力平价计算为13238美元，仅次于墨西哥。

表4—21　2007年拉美18个国家的人类发展指数比较

发展指标 / 国家	人类发展指数（HDI）		人均寿命		成人识字率（≥15岁）		人均GDP（PPP美元）		GDP－HDI*
	数值	排名	年龄	排名	识字率	排名	数额	排名	
人类发展水平较高的国家									
智利	0.878	44	78.5	31	96.5	40	13880	59	15
阿根廷	0.866	49	75.2	50	97.6	31	13238	62	13
乌拉圭	0.865	50	76.1	40	97.9	28	11216	70	20
墨西哥	0.854	53	76.0	43	92.8	58	14104	58	5
哥斯达黎加	0.854	54	78.7	28	95.9	44	10842	73	19
委内瑞拉	0.844	58	73.6	63	95.2	45	12156	65	7
巴西	0.813	75	72.2	81	90.0	71	9567	79	4
哥伦比亚	0.807	77	72.7	73	92.7	59	8587	81	4
秘鲁	0.806	78	73.0	70	89.6	74	7836	85	7
厄瓜多尔	0.806	80	75.0	52	91.0	65	7449	91	11
人类发展水平一般的国家									
多米尼加	0.777	90	72.4	78	89.1	75	6706	97	7
牙买加	0.766	100	71.7	89	86.0	87	6079	98	-2
巴拉圭	0.761	101	71.7	88	94.6	49	4433	114	13
萨尔瓦多	0.747	106	71.3	94	82.0	96	5804	99	-7
洪都拉斯	0.732	112	72.0	83	83.6	91	3796	119	7
玻利维亚	0.729	113	65.4	123	90.7	67	4206	117	4
危地马拉	0.704	122	70.1	100	73.2	109	4562	111	11
尼加拉瓜	0.699	124	72.7	74	78.0	100	2570	130	6

说明：* 表示人均GDP的排名减去HDI的排名，正值代表一国的人文发展水平优于收入表现，负值代表一国的收入表现优于人文发展水平。

资料来源：The United Nations Development Programme, *Human Development Report* 2009—*Overcoming Barriers: HumanMmobility and Development*, New York, NY: Palgrave Macmillan, 2009, pp. 171－174。

四、经济改革与贫困问题

一般认为贫困人口是指其收入无法满足自身的基本生活需要，如食物、医疗、教育和住房等。关于满足基本生活需要的收入水平是多少，即贫困线的界定，是一个很复杂的问题。因为不同国家、相同国家的不同地区、城市和农村所确定的这个代表贫困线的最低收入标准是不同的。世界银行所确定的贫困线标准是每天生活费用为 2 美元为一般贫困，每天生活费用不足 1 美元为赤贫。

在表 4—22 中所列的年份中，拉美国家的贫困人口数逐渐增加。与 1970 年相比，1994 年拉美国家的贫困人口总数由 1 亿 1000 多万增加到 2 亿多，增加了将近 9000 万人。农村中的贫困人口的绝对数和农村贫困人口占农村总人口的比重两项指标比较稳定，变化不大。而城市贫困人口由 1970 年的 4420 万人，增加到 1994 年的 1 亿 3000 多万人，增加了 67. 4% 。赤贫人口的变化也呈现出类似特征。赤贫人口总数由 1970 年的 6370 万增加到 1994 年的 9830 万，增加了 3460 万，增加幅度为 35. 2% 。农村中赤贫人口总数和赤贫人口占农村总人口比重两项指标变化不大。而城市中的赤贫人口总数由 1970 年的不到 2000 万人，增加到 1994 年的 5000 多万人，增加了 3000 多万人。从上面的分析可以看出，拉美国家贫困问题的两个明显特征是：（1）贫困人口和赤贫人口总数都在不断增加，贫困问题日益严峻；（2）贫困人口和赤贫人口日益向城市集中，城市贫困问题日益严重。

表 4—22　1970—1994 年拉美国家贫困及赤贫人口数量和比重的变化

年份＼人口	贫困人口（千人）及占地区人口比重（%）			赤贫人口（千人）及占地区人口比重（%）		
	城市	农村	总计	城市	农村	总计
1970	44200（29）	75600（67）	119800（45）	19900（13）	43800（40）	63700（24）
1980	63900（30）	72000（60）	135900（41）	22500（11）	39900（33）	62400（19）
1986	94400（36）	75800（60）	170200（43）	35800（14）	45600（36）	81400（21）
1990	115500（39）	80400（61）	195900（46）	44900（15）	48600（40）	93500（22）
1994	135400（39）	73900（65）	209300（48）	51900（14）	46400（41）	98300（21）

说明：此处根据世界银行对贫困线和赤贫线的界定，贫困线收入 = 60 美元/月，赤贫线收入 = 30 美元/月。

资料来源：Patrice M. Franko，*The Puzzle of Latin American Economic Development*，Oxford：Rowman & Littlefield Publishers，Inc.，1999，p. 313。

上述分析掩盖了拉美国家贫困问题的差别，从图 4—21 可以看出各国的差异。贫困问题最严重的国家有洪都拉斯、尼加拉瓜、玻利维亚、巴拉圭、危地马拉，这些国家的贫困人口占总人口的比重都超过了 60%，洪都拉斯甚至超过了 70%；而且这些国家赤贫人口占总人口的比重也都在 30% 以上，洪都拉斯甚至接近 50%。智利、乌拉圭、哥斯达黎加、阿根廷的贫困率和赤贫率较低，除阿根廷贫困率略高于 20% 外，其他三国的贫困率均低于 20%，智利的贫困率最低为 13.7%；四国的赤贫率均低于 10%，智利的赤贫率仅为 3.2%。其他国家的贫困问题程度介于上述两类国家之间。

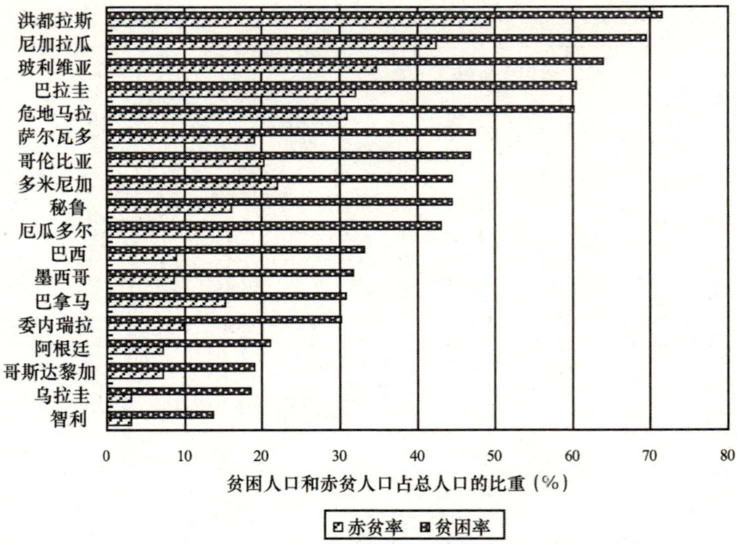

图 4—21　拉美国家贫困率和赤贫率比较

说明：尼加拉瓜为 2001 年的数据，危地马拉为 2002 年的数据，萨尔瓦多、玻利维亚为 2004 年的数据，哥伦比亚为 2005 年的数据，其他国家为 2006 年的数据。

资料来源：ECLAC，Social Panorama of Latin America，2007。

贫困人口总数和贫困率是衡量一国贫困问题的两项重要指标，但是，通过这两项指标无法看出各国贫困人口之间贫困程度的差别。从贫困人口收入与贫困线收入（60 美元/月）的差距来看，拉美各国贫困人口的贫困程度是不同的。例如，1999 年左右危地马拉、玻利维亚、洪都拉斯三国贫困人口收入的平均水平比贫困线收入分别为 39.3%、24.4%、24.2%。而哥斯达黎加、乌拉圭、巴拉圭贫困人口收入的平均水平比贫困线低不到 2%，阿根廷、智利的则不到 3%。[①] 也就是说，危地马拉、玻利维亚、洪都拉斯这些国家的贫困人口比其他国家的贫困人口还要贫困，贫困问题更加严重。

① Patrice M. Franko, *The Puzzle of Latin American Economic Development*, Oxford: Rowman & Littlefield Publishers, Inc., 1999, p. 314.

五、经济改革与拉美国家社会问题恶化的关系

虽然不能把拉美国家社会问题的恶化完全归咎于经济改革，但不能说与经济改革没有关系，可以从以下几个方面解释二者之间存在的关系。

（一）经济改革理论对社会问题的漠视

拉美经济改革是以新自由主义理论为指导的，新自由主义认为市场经济体制建立后，市场在配置资源中起主导作用，经济会快速增长，经济增长反过来会促进就业增加，就业增加，工人收入就会增加，这样经济增长的好处就会“渗透”到整个社会，这就是所谓的经济增长会使全社会自动受益的滴漏理论。作为指导拉美经济改革的“华盛顿共识”十条政策建议中仅有一条是涉及到社会政策的，即“重新分配公共支出，更多地向教育、医疗保健和基础设施投资”。由此可见，指导拉美经济改革的新自由主义理论严重忽视社会问题，这是拉美国家在改革中过于强调效率而忽视社会公平的一个重要原因。

（二）片面强调“无形之手”的作用，缺乏对中小企业和农民的政策扶持

市场化改革使拉美国家的就业形势恶化，失业率的上升，进一步导致贫富差距和贫困问题的加剧。经济改革之所以会造成这种消极影响主要是因为：（1）贸易自由化改革使国内企业失去原有的保护，在激烈的竞争中，大批国内企业破产倒闭，这些企业的工人失去工作。也就是说，拉美国家市场开放步子过快，国内企业，特别是中小企业在突如其来的外部激烈竞争中陷于破产或困境，创造就业的能力下降。[①]（2）

---

① 苏振兴:《改革与发展失调——对拉美国家经济改革的整体评估》,《拉丁美洲研究》, 2003 年第 6 期，第 6 页。

私有化改革中，国有企业被私人资本收购后大多采取减员增效的做法，而且外国资本多采取并购办法，并未产生新的投资，因此对创造新的就业岗位贡献有限。（3）汇率高估相对降低了资本品的进口价格，劳工市场灵活化改革的滞后，使得劳动力成本较高，于是，企业采取更新机械设备，提高生产率的办法，减少劳动力投入，这也对就业增长产生消极影响。（4）面对国外农产品的有力竞争，拉美国家的小农经营者纷纷破产，大农场为参与国际市场竞争纷纷采取集约化经营策略，使得农村劳动力的投入大幅度下降，农业部门的就业机会减少。

（三）工资增长缓慢，生活成本却不断上升

从表4—23中所列拉美九个国家平均实际工资的简单平均数来看，1991—1998年实际工资水平甚至未超过20世纪80年代的水平。1991年的平均实际工资比1980年下降了将近20%，此后实际工资水平虽有提高，但都没有达到80年代的水平。从具体国家来看，秘鲁的实际工资水平下降幅度最大，1998年实际工资水平比1980年下降了65%。90年代初，玻利维亚、巴西、哥伦比亚、哥斯达黎加和牙买加的实际工资呈现出先降后升的趋势，秘鲁和墨西哥则呈现出先降后升再降的趋势。只有智利在90年代的实际工资水平在不断上升。实际工资水平的走低加上经常性的通货膨胀增加了工薪阶层的生活成本。非正规就业部门的工资水平更低，从事非正规部门工作的人口的生活更加艰辛。这必然使拉美国家的收入差距和贫困问题更加严重。

表 4—23 拉美国家正规部门的平均实际工资指数变化（1990 =100）

国家 \ 年份	1980	1991	1992	1993	1994	1995	1996	1997	1998
阿根廷	130. 0	101. 4	102. 7	101. 3	102. 0	100. 9	100. 7	100. 2	99. 1
玻利维亚	64. 9	93. 4	97. 1	103. 6	111. 8	112. 6	113. 9	123. 1	127. 5
巴西	91. 3	85. 2	83. 3	91. 5	92. 2	95. 7	103. 3	106. 0	106. 1
智利	95. 1	104. 9	109. 6	113. 5	118. 8	123. 6	128. 7	131. 8	135. 3
哥伦比亚	85. 0	97. 4	98. 6	103. 2	104. 1	105. 4	107. 0	109. 8	108. 4
哥斯达黎加	115. 8	95. 4	99. 3	109. 5	113. 6	111. 4	109. 1	110. 0	117. 6
牙买加	103. 4	71. 4	75. 4	91. 6	108. 4	105. 0	106. 7	117. 5	120. 9
墨西哥	128. 3	106. 5	114. 3	124. 5	130. 4	113. 5	102. 3	101. 1	103. 9
秘鲁	309. 3	115. 2	111. 1	110. 2	127. 4	116. 7	111. 2	110. 4	108. 2
简单平均	124. 8	96. 8	99. 0	105. 4	112. 1	109. 4	109. 2	112. 2	114. 1

资料来源：芭芭拉·斯托林斯、威尔逊·佩雷斯著，江时学等译：《经济增长、就业与公正——拉美国家改革开放的影响及其经验教训》，社会科学文献出版社 2002 年版，第 133 页。

此外，拉美收入差距拉大还与经济改革忽视农村生产关系的调整、农村土地集中问题依然严重和社会支出分配不公等因素有关。这些因素将在第六章第二节中详细论述。

第五章

拉美经济改革绩效差异的制度分析

在拉美国家，为什么类似的改革却带来了不同的结果？本章将从改革的初始条件和路径依赖效应、各国政府的政府治理质量、意识形态变化及改革的制度依附程度等方面对这个问题做出解答。

第一节　拉美国家经济改革的初始条件与模式选择

制度变迁过程中遇到的一个障碍就是路径依赖效应，即一项旧制度不会轻易退出，总会对新制度产生影响甚至阻碍新制度的成长。一国制度变迁时的初始条件对路径依赖效应的大小和制度变迁的模式选择具有重要影响，路径依赖效应和模式选择又会影响制度变迁的效果。拉美国家经济改革前的国情和初始条件不同，这是各国改革模式选择和改革效果存在差异的重要原因之一。

一、制度变迁中的路径依赖

20 世纪 80 年代，美国经济学家道格拉斯·诺思提出“路径依赖”（path dependence）理论，用以解释现实中制度变迁的轨迹。诺思认为，制度变迁的路径依赖效应类似于物理学中的“惯性”，制度主体（个人、组织、国家）在发展中一旦进入某一路径（无论是“好”的还是“坏”的）就可能对这种路径产生依赖，并在以后的发展中得到强化，人们过去做出的选择决定了他们现在及未来可能的选择。“好”的路径会对人们起到正反馈的作用，通过惯性和冲力，使规模收益普遍发生，使制度主体进入良性发展的轨道，称为“路径依赖I”；不好的路径会对人们起到负反馈的作用，形成恶性循环，规模收益不能普遍发生，制度主体可能会被锁定在某种无效率的状态下而导致发展的停滞，一旦进入锁定状态，想要脱身就会变得十分困难，称为“路径依赖II”。

路径依赖的产生，主要是制度主体对制度变迁成本和收益考量的结果。对组织或国家而言，一种制度形成后，会形成既得利益集团，它们对现存的对维护自身利益有利的制度有强烈的需求。尽管新制度更有效率，既得利益集团也会千方百计地巩固和强化现有制度，以便于它们继续获得利益。也就是说，制度变迁对既得利益集团来说成本大于收益。对个人而言，一旦人们做出某一选择后，就会不断地投入精力、金钱及各种物资，如果哪天发现自己选择的道路不合适也不会轻易改变，因为这样会使得自己在前期的巨大投入变得一文不值，这在经济学上叫“沉没成本”。

尽管制度存在“惯性”，既得利益者会千方百计地维护原有制度，但是当旧制度下的状况不断恶化，利益集团力量对比发生变化的时候，发生制度变迁的可能性就会越来越大。也就是说，制度变迁前的初始条件会影响旧制度发生变化的速度、时序和模式。

二、拉美国家经济改革初始条件

经济改革的初始条件，是影响经济改革模式、改革路径和改革程度的重要因素，而改革的路径和模式的差异又导致了改革结果的差异。初始条件主要包括经济改革开始时，改革国家的宏观经济状况、经济扭曲程度和政府治理能力。初始条件越恶劣，进行改革的阻力越小，制度变迁的制度依赖效应越小。初始条件较好的国家，进行变革的动力不大，原有利益集团会竭力维护现有体制，改革阻力较大，制度变迁的路径依赖效应较大。

表5—1是拉美七国经济改革的初始条件对照表，从中可以看出，改革前的拉美国家均面临着宏观经济不稳定、进口替代模式弊端暴露、经济增长缓慢甚至停滞、社会不平等加剧等问题。但这些问题的严重程度在各个国家是不同的。改革前，阿根廷、玻利维亚、智利和秘鲁四国的初始条件极差。改革前五年，四国的年通货膨胀率非常高，经济增长几乎停滞，经济扭曲程度很高（只有阿根廷的扭曲程度较小）[①]。在进口替代发展模式下，阿根廷、乌拉圭、智利等国经济增长率较慢。同时，改革前四国政府管理水平很低，政治动荡；表现为：智利阿连德人民团结阵线执政时几乎要发生内战、玻利维亚的一个省挑起叛乱、阿根廷阿方辛总统执政期未满而下台、秘鲁发生了“光辉道路”游击战。[②] 由此可见，四国改革的初始条件极差，进行制度变革的阻力较小，制度变迁的路径依赖效应小，这些国家更容易在较短时间内推行多项改革，采取比较激进的改革方式。

---

① 阿根廷的改革指数较高是因为20世纪70年代，阿根廷在经济领域的许多方面，尤其是贸易和金融方面进行了改革并且开放了资本项目。后来，各项改革进程中断，一直到90年代初才重新进行市场化改革。

② 芭芭拉·斯托林斯、威尔逊·佩雷斯著，江时学等译：《经济增长、就业与公正——拉美国家改革开放的影响及其经验教训》，社会科学文献出版社2002年版，第58页。

表 5—1　拉美 17 国经济改革的初始条件比较

国家		改革开始年份	改革前五年年均经济增长率（%）	进口替代下的经济增长率（%）	通货膨胀率（%）	经济扭曲程度
初始条件较好的国家	巴西	1994	1.4	7.2	1331.8	0.795
	墨西哥	1988	2.8	6.6	87.9	0.668
	哥斯达黎加	1988	2.8	6.5	17.1	0.760
	厄瓜多尔	1992	4.4	6.2	59.7	0.782
	多米尼加	1990	2.8	6.1	39.5	0.466
	巴拉圭	1989	2.7	5.4	24.9	0.589
	委内瑞拉	1989	2.7	5.2	35.7	0.493
	哥伦比亚	1991	3.8	5.1	27.6	0.797
	危地马拉	1988	2.8	5.0	16.7	0.694
	洪都拉斯	1990	2.8	4.6	12.1	0.624
	萨尔瓦多	1988	2.8	4.4	21.9	0.547
	牙买加	1987	1.8	3.9	18.0	0.536
	乌拉圭（II）	1991	2.6	2.3	85.2	0.861
初始条件较差的国家	秘鲁	1990	2.8	4.8	2464.9	0.537
	智利（I）	1974	1.8	3.7	228.0	0.409
	智利（II）	1985	0.0	3.7	21.5	0.578
	阿根廷（II）	1991	0.8	3.4	1382.8	0.864
	玻利维亚	1985	0.0	3.4	2199.4	0.445

说明：

（1）改革前经济增长率为各国改革前五年国内生产总值年平均增长率，以 1980 年美元不变价格衡量；

（2）进口替代下的经济增长率为 1951—1980 年的年平均增长率；

（3）通货膨胀率为各国改革前五年（前一年 12 月至下一年 12 月）消费价格指数的平均数；

（4）经济扭曲程度以改革指数来衡量，经济改革指数在 0 到 1 之间，指数值越大经济扭曲程度越小。

资料来源：Igor Paunovic，"Growth and Reforms in Latin America and the Caribbean in the 1990s"，*ECLAC Serie Reformas Económicas* 70，Santiago：United Nations Economic Commission on Latin America and the Caribbean（ECLAC），2000，p. 10，21。

而巴西、墨西哥、哥斯达黎加、厄瓜多尔、巴拉圭等国的初始条件要好得多。一方面，这些国家在进口替代模式下的经济增长率是令人满意的。特别是巴西，在进口替代模式下，其年均经济增长率高达 7.2%。在 1968—1974 年巴西经济实现高速增长，GDP 年均增长率在 11% 以上，跃居为世界第十的工业大国。巴西的高速增长被世界誉为“巴西奇迹”。虽然巴西的通货膨胀率较高，但是进口替代下的较好业绩，使巴西面对债务危机有更强的应对能力。进口替代模式下受到国家保护和支持的个人、企业、银行等利益集团也竭力反对进行市场化改革，巴西的初始条件使其进行制度变革的阻力更大，制度变迁的路径依赖效应更强。

三、拉美国家经济改革的模式和时序选择

经济改革的初始条件是影响原有制度惯性的重要因素，对拉美各国经济改革的模式选择和改革进程具有重要影响。初始条件较好的国家，利益集团力量强大，制度惯性大，因此，这些国家更倾向于采取渐进的改革方式；而初始条件较差的国家，制度变革的呼声较大，利益集团难以维护原有制度关系，这些国家更倾向于激进式的制度改革。

从表 5—2 可以看出，初始条件较差的国家秘鲁、智利、阿根廷、玻利维亚等国进行激进改革的项目数在 3—4 项之间，四国都进行了激进的贸易自由化和私有化改革。而初始条件较好的国家，如巴西、墨西哥、哥伦比亚、哥斯达黎加、乌拉圭等国采取了较为谨慎的改革模式。巴西、哥斯达黎加的改革没有一项是采取激进改革的模式。

表 5—2　拉美国家各项改革的改革模式比较

国家＼内容	税制改革	贸易改革	金融改革	私有化	劳工改革	养老金改革	激进改革项数
秘鲁	△	△	△	△			4
智利		△		△		△	3
阿根廷	△	△		△			3
玻利维亚		△	△	△			3
墨西哥		△	△			△	3
委内瑞拉		△	△	△			3
萨尔瓦多	△	△	△				3
尼加拉瓜	△		△	△			3
牙买加	△			△			2
哥伦比亚		△					1
乌拉圭		△					1
巴拉圭	△						1
危地马拉			△				1
巴西							0
厄瓜多尔							0
哥斯达黎加							0
洪都拉斯							0

说明：△表示该项改革采取的是激进改革方式。

（1）激进型的贸易改革是指在两年时间内将平均关税至少降低 50%，而且必须使平均关税水平降低到 20% 以下；

（2）激进型税制改革是指在税收中性化、横向公正方面对整个税制进行调整的改革；

（3）激进型的金融改革是指在不超过两年的时间内，放开过去受到管制的利率和信贷，同时在金融机构私有化、中央银行独立化、资本市场资本化、银行管理和监督制度现代化领域进行至少一方面的大规模改革；

（4）某一年份私有化收入占国内生产总值的比重超过 1% 视为积极私有化；

（5）激进的养老金改革被界定为在规定时间内完成取消或修改原有的缴纳制度。

资料来源：根据美洲开发银行著，江时学等译：《拉美改革的得与失——美洲开发银行论拉丁美洲经济改革》，社会科学文献出版社 1999 年版，第 13—15 页整理而得。

渐进改革和激进改革两种方式各有利弊。激进改革速度快、力度大，可以减少变革的“阵痛”时间和利益集团的破坏和寻租行为。但是，激进改革破坏性大，容易引起社会动荡。渐进改革在原有制度基础上，不断补充新制度，渐渐以新制度取代旧制度，使改革中的矛盾不易全面爆发，这是渐进改革的优点。但是，渐进改革耗时耗力，最终可能会因利益集团的反对而使改革停滞不前。可见，两种改革模式并无优劣之分，关键要看哪种模式更适合于本国实际情况。模式选择与改革的初始条件有密切关系，就这一点而言，拉美国家基本上是根据本国的初始条件选择改革模式的。

值得一提的是，20 世纪 70 年代智利是主动采取措施，以经济改革来应对日益严峻的经济社会问题。而其他拉美国家是在 80 年代债务危机爆发后被动采取改革的。这种危机引致型的被动改革，不是根据本国需要和本国国情，大多缺乏理性，政策措施的质量和科学性难以保证，改革的效果要比主动改革差。

另外，不同改革措施的实施顺序对改革效果也有重要影响。拉美国家经济改革措施的实施顺序存在很大差别，这也是各国改革效果不同的一个重要原因。改革的正常顺序应该是，首先实现国内经济的平衡和稳定，然后再进行金融和资本自由化方面的改革。这样，可以增强改革国家应对外部冲击的能力。智利先把改革的重点放在贸易政策的根本性改革上，在解除价格控制和解决财政赤字方面，步子迈得最快，在完成这些改革后，开始了资本账户交易的自由化改革。阿根廷和乌拉圭实现资本账户交易自由化的时间相对早一些，而自由贸易改革的步伐却较为迟缓。[①]先内后外的改革顺序是智利改革成功的一

① 贾根良主编:《拉丁美洲市场经济体制》，兰州大学出版社 1994 年版，第 19 页。

个重要因素。另外，就金融改革本身而言，拉美多数国家是在不具备充分的银行法和有效监管的条件下进行金融自由化改革的，这为20世纪90年代中期拉美国家银行和金融危机的爆发埋下了祸根。为此，拉美国家付出了巨大的代价。从表5—3可以看出，90年代中期后，多数拉美国家相继爆发了银行危机，危机影响了资金流动和投融资活动，对经济增长造成了消极影响，并且各国为应对危机也付出了沉重代价，例如，墨西哥为应对银行危机损失的财政收入占GDP的比重高达15%—21%。

表5—3　20世纪90年代中期拉美和加勒比国家的银行问题和银行危机

国家	危机年份	银行危机的程度和表现	应对危机所付出的代价（损失占GDP的比重）
阿根廷	1995	银行危机 1995年205家金融机构中有45家倒闭或被兼并	0.3%
玻利维亚	1994	严重的银行问题 1994年两家资产总额之和占全部银行资产11%的银行倒闭	4.2%
巴西	1994	严重的银行问题 1994年271家银行中有76家被审计、兼并或清算；1998年底，银行不良投资组合占全部信贷的比重达到10%	9.3%
哥伦比亚	1998	严重的银行问题 1999年，银行不良投资组合占全部存款的比重达到13%	4%—5%
哥斯达黎加	1994	严重的银行问题 1994年底，一家大型国有银行关闭；1995年，国有商业银行的不良投资组合超过资本金	—

续表

国家	危机年份	银行危机的程度和表现	应对危机所付出的代价（损失占 GDP 的比重）
厄瓜多尔	1995	1995—1996 年一系列的银行问题出现后，1999 年爆发全面银行危机；1998 年 12 月—1999 年 6 月，40 家银行中有 11 家由政府接管和控制；1999 年 3 月实施银行存款冻结	10%—15%
圭亚那	1993	严重的银行问题 大型国有银行被清算和兼并	7%
海地	1994	严重的银行问题 1994 年因政治形势而导致银行挤兑，从此，金融不稳定性一直持续	—
牙买加	1994	严重的银行问题 1994 年一家投资银行集团倒闭	—
墨西哥	1994	银行危机 1995 年 12 月，银行不良投资组合达到银行资产的 12%	15%—21%
多米尼加	1992	严重的银行问题 5% 以上的银行投资组合被评为不良资产	—
巴拉圭	1995	银行危机 1995 年全部银行存款中的大约 10% 被审计，6 家国有银行被审计	8%
委内瑞拉	1994	银行危机 1994—1995 年 47 家银行中有 18 家进行账目审计	17%—18%

资料来源：Joseé Antonio Ocampo and Juan Martin（eds.），*A Decade of Light and Shadow*：*Latin America and the Caribbean in the* 1990*s*，Santiago：Economic Commission for Latin America and the Caribbean，2003，p. 125。

四、拉美国家经济改革初始条件及模式选择的案例分析

下面针对拉美几个主要国家经济改革初始条件差异，及各国据此采取的不同改革模式进行案例分析。

（一）阿根廷激进式的经济改革

阿根廷市场化改革（1989—2000 年）的显著特征是将私有化和放松市场管制的政策与稳定政策（如货币局制度）结合到一起。从长期来看阿根廷的经济改革取得的成就是显著的：（1）经过十几年的改革，阿根廷的通货膨胀率已经降到一位数。（2）经济改革在促进阿根廷经济增长，摆脱债务危机方面成果显著。（3）贸易自由化很成功。（4）财政状况得到改善。80 年代阿根廷财政赤字占 GDP 的 6%，90 年代阿根廷财政收支基本平衡。同时，税率大幅降低，企业税收负担降低。（5）失业率在企业私有化改革过程中大大提高。1995 年阿根廷失业率高达 12%，但从 2002 年开始，由于经济增长率的提高，阿根廷失业率逐年下降。2005 年阿根廷失业率降到 8%。

阿根廷市场化改革失败的几点启示：（1）危机引致型的被动改革难以成功。1989 年阿根廷的恶性通货膨胀促使梅内姆总统进行市场化改革，但是由危机引致的被动改革政策质量不高，改革三要是针对由危机导致的制度上、分配上、宏观经济上和政治上的混乱做出的应对之策。（2）政治机制对改革成败具有巨大影响。在梅内姆执政期间（1989—1999 年），主要实行的是代理人政治机制（clientelistic political machinery），政治权力分散在不同利益集团手中。实力较强的地方省、一些工会领导和大企业集团为维护自身利益往往阻碍改革的进行和深化。（3）西方国家的处方不是包治百病的灵丹妙药，改革需要符合本国国情。阿根廷曾被认为是“华盛顿共识”的招贴画

(the poster child of Washington Consensus)。阿根廷经济改革得到了国际货币基金组织和世界银行国际多边机构的大力支持。而2001年阿根廷经济危机爆发后，阿根廷政府和国际货币基金组织国际多边机构的威望受到严峻挑战。

（二）巴西渐进式实用主义的经济改革

巴西进口替代模式（1951—1980年）下的年均经济增长率为7.2%，远远高于其他拉美国家，甚至在60年代创造了高增长的所谓巴西经济奇迹。经济改革前巴西的年均经济增长仍然达到1.4%。可见，巴西经济改革的初始条件比其他拉美国家要好，因此，巴西进行制度变革的动力不是很大，制度变迁的路径依赖效应较大。这就决定了巴西改革不是激进式，而是渐进式。改革前巴西所面临的主要问题是高通货膨胀率，[①] 因此，巴西改革的主要目标是消除宏观经济的不稳定性。1993年开始担任巴西财政部长的卡多佐（Fernando Henrique Silva Cardoso）开始组织其经济班子制订“雷亚尔计划”（Plano Real）。“雷亚尔计划”在遏制通货膨胀方面取得了良好效果，1998年即“雷亚尔计划”实施后的第四年，巴西通货膨胀率降到2.5%。此后，巴西进行了渐进缓慢的市场化改革。

巴西改革有如下几个特点：(1) 巴西市场化改革是实用主义的渐进式改革。以财政改革为例，巴西的财政紧缩是在改革20多年中逐渐削减的，不是一下子削减的。(2) 市场化改革是在民主政府的领导下进行的。经过20年军政府的威权主义统治，1985年巴西重新建立了民主政府。民主政府的建立使巴西经济改革进程受利益集团的影响比其他拉美国家要小得多。(3) 改革成果显著，但社会问题有恶化之势。巴西经济改革成

---

① 1980—1984年，巴西通货膨胀率上升到148%，1985—1989年高达707.4%，1993年巴西出现恶性通货膨胀，通胀率达2489.1%。

功地扩大了私有经济在国民经济中的份额，一些部门的生产率得到了极大提高，通胀率大大降低，同时，贸易和金融自由化程度也极大提高。但是改革并未能促进经济增长率的提高，却加剧了个人收入分配的不平等程度。

（三）政治不稳定下的墨西哥和秘鲁经济改革

墨西哥的经济改革开始于1982年，改革模式属于渐进式改革。墨西哥经济改革成果不显著的主要原因是革命制度党力量的削弱以及腐败问题日益严重，造成国内政治环境的不稳定。

秘鲁的经济改革起步较晚，开始于90年代初，改革的背景是国内宏观经济的高度失衡，恶性通货膨胀爆发，政治上政府面临着“光辉道路”的挑战。秘鲁改革的模式属于激进式的改革。秘鲁经济改革的成果并不显著的主要原因是腐败问题较为严重，国内政治不稳定。

（四）乌拉圭的渐进式改革

乌拉圭的市场化改革是在20世纪80年代中期的民主化浪潮下开始的，政治多元化是当时乌拉圭政治体制的一个显著特点，其改革模式属渐进式改革。乌拉圭的贸易和金融自由化改革速度较快，而在劳动力市场改革和私有化改革方面进展较慢。因为劳工制度和私有化改革涉及个人利益重分配，涉及的利益方较多，改革阻力大。正是由于政治多元化体制下各方利益都能得到体现，使得乌拉圭在改革过程中没有出现较大的社会和政治动荡。渐进式改革降低了改革的速度和广度，但是这种改革的持久性是很强的。

（五）归于失败的委内瑞拉经济改革

委内瑞拉的经济改革始于佩雷斯（Carlos Andrés Pérez）总统第二任期内（1989—1993年）。其改革模式属于激进式改革。委内瑞拉的市场化改革归于失败，原因是丰富的石油资源导致了与石油行业有关的利益集团的产生。为了维持自身的既得利益，这部分人往往阻碍改革的进行，阻碍新制度的建立和形成。

第二节　拉美经济改革前各国政府治理质量的差异

国家是制度的供给者，在制度变迁中起重要作用，政府的治理能力和治理质量对制度变迁效果具有重要影响。拉美各国的政府治理水平差异很大，这是各国改革效果不同的另一重要原因。

一、制度变迁中国家的作用

制度作为一系列“规范个人行为的规则”，界定了现存制度下不同主体的利益状态。经济改革作为一种制度变迁，必然会引起现存利益分配格局的变化。因此，经济改革从本质上讲就是利益的再分配。特别是国家主导的强制性制度变迁，涉及到许多利益因素和不同利益集团。由于参与制度变迁的每个主体都希望被分配到的利益最大化，分摊的成本最小化，当某项改革措施使一部分人收益多，而另一部分人受益少甚至利益损失时，必然会导致冲突，甚至社会动荡，使改革停滞。因此，国家在制度变迁中要扮演调和利益冲突的角色，减少改革的阻力，推进改革的顺利进行。这就对政府的治理水平和治理能力提出了很高的要求。一个有威信、有信用的政府所推行的改革措施，遇到的阻力相对要小。尽管有时这种政府威信是用集权和高压政策取得的。政府的信用问题很重要，一个具有广泛诚心、受到大力支持的政府可以缓慢进行改革尤其是在那些改革会影响一部分人利益的领域，否则改革则会招致大量的反对并导致改革的最终失败。[①]

国家在制度变迁中的作用表现在以下几个方面：（1）国家是正式制度的供给者。作为正式制度的法律规则对于社会经济的正常运行具有十分重要的意义。但是由于制度具有公共产品（产生“搭便车”问题）的特点和创新成本的巨大，尽管某种制度安排的社会收益大于社会成本，即对整个社会是有益的，个人或组织也不愿意或没有能力推动该项制度创新，导致制度供给不足。国家作为在暴力方面具有规模经济的组织，可以为自己提供的服务强制性收费，有效克服了“搭便车”问题，成为制度供给和创新的供给者。（2）国家是产权的界定和保护者。[②] 明晰的产权和对产权的有效保护是现代市场经济的一个重要前提。没有国家权力及其代理人的介入，财产权利就无法得到有效的界定、保护和实施，因此国家权力就构成有效产权安排和经济发展的一个必要条件。[③]（3）国家是强制性制度变迁的主要推动者。在政府以法令形式推行的强制性变迁中，国家发挥暴力[④]优势，可以打破无效率制度下形成的利益分配格局，瓦解阻碍制度变迁向高效率方向演进的利益集团，推动制

① ［美］斯图亚特·R. 林恩著，王乃辉等译：《发展经济学》，格致出版社、上海三联书店、上海人民出版社 2009 年版，第 518 页。

② 著名的制度经济学学家诺思在肯定国家在产权保护方面的积极作用的同时，也发现了国家又可以凭借权力侵蚀个人权力和产权，造成效率不高的现象。这就是有名的“诺斯悖论”。用诺斯自己的话解释，“诺斯悖论”就是说没有国家办不成的事，有了国家又有很多麻烦。

③ 卢现祥主编：《新制度经济学》，武汉大学出版社 2004 年版，第 209 页。

④ 这里诺思所讲的暴力具有丰富内涵，既包括军队、警察、法院、监狱等暴力工具，也包括权威、特权和垄断权等，是一种对付非法暴力的合法暴力。

度变迁进入良性循环。[①]

二、经济改革中拉美国家公共治理质量的衡量与比较

拉美国家经济改革前各国政府的治理水平存在很大差异，政府治理水平和公信力的差异对改革政策的制定和执行有重要影响。政府治理质量高的国家，政府不那么腐败、审批程序简单、司法制度较为有效，良好的制度环境有利于改革的合理推进，改革成效较大。智利是拉美地区公共部门最优秀的国家，那么同样一个改革计划，它对经济增长产生的效果可以比在该地区一般国家产生的效果大50%。[②] 公共制度改革也是市场改革的重要组成部分。因为市场作为现代经济发展所依赖的一种体制安排，其有效运行必须得到法律的保障，政府机构必须有效执行保护公共利益和私人产权的法律制度。因此，如果在经济改革中，不同时完善公共治理，纠正政府机构的缺陷，经济改革的成效会大打折扣。

世界银行世界政府治理指数项目（The Worldwide Governance Indicators Project）对世界上200多个国家的政府治理水平进行衡量。该项目对政府治理的定义是：从广义上讲，政府治理可以定义为一国政府借以实施统治的一整套传统和制度。这些传统和制度包括：选举、监督和更迭政府的程序；政府有效地制定和执行正确政策的能力；公民和国家对支配人们经济和社会交往制度的尊重。

该项目用六大指标：言论自由与政府责任、政治稳定、政

① 刘文革、刘婷婷：《以诺思为代表的制度变迁理论评析》，《学术交流》，2007年第3期，第64页。

② 美洲开发银行著，江时学等译：《拉美改革的得与失——美洲开发银行论拉丁美洲经济改革》，社会科学文献出版社1999年版，第227页。

府有效性、监管质量、法律规则、腐败控制来衡量和评估各国政府的治理质量。六大指标的数值在－2.5 与 2.5 之间，指数值越大，该项指标越优。六项指标的简单平均数即为制度指数或称政府治理综合指数，一国的制度指数值越大，说明该国的政府治理质量越高。六大指标衡量的内容如下：（1）言论自由与政府责任指标衡量一国居民言论、集会和媒体自由的程度以及公民能够参与选举政府的程度。（2）政治稳定指标衡量政府因违反宪法或暴力活动（包括国内暴力活动和恐怖主义行为）出现动荡或被推翻的可能性大小。（3）政府效能指标衡量公共服务质量及其不受政治压力影响的独立性大小、政策制定和执行质量和政府对政策承诺的公信力。（4）监管质量指标衡量政府制定和执行允许和促进私人部门发展的良好政策和规则的能力。（5）法律规则指标衡量当事人信任和遵守社会法规的程度，特别是对合同执行、警察法院的信任和遵守相应规则的程度。（6）腐败控制指标衡量公共权力用于谋求个人私利的程度。

表 5—4 根据世界银行世界政府治理指数项目发布的各国政府治理指数，比较和衡量了 1996 年即拉美和加勒比国家各国广泛开展经济改革时期的政府治理质量和水平。从下表中可以看出，智利的制度指数值为 1.01，是本地区制度指数值最高的国家，说明智利是拉美地区政府治理质量最高的国家，这也是智利经济改革成功的一个重要因素。而其他国家的政府治理水平远低于智利。

表 5—4　1996 年拉美和加勒比国家的制度指数比较

国家	言论自由与政府责任	政治稳定	政府效能	监管质量	法律规则	腐败控制	政府治理综合指数
智利	0.78	0.56	0.87	1.29	1.28	1.30	1.01
巴哈马	1.18	1.01	0.43	0.45	0.76	0.37	0.70
哥斯达黎加	1.13	0.76	0.08	0.62	0.51	0.69	0.63
特立尼达和多巴哥	0.81	0.44	0	0.73	0.52	0.87	0.56
乌拉圭	0.94	0.67	-0.21	0.86	0.54	0.41	0.54
阿根廷	0.39	0.15	0.32	0.79	0.15	-0.15	0.28
圭亚那	0.83	0	-0.16	0.21	0.06	-0.34	0.10
牙买加	0.78	0.04	-0.35	0.61	-0.31	-0.37	0.07
巴拿马	0.24	0.08	-0.40	0.61	-0.18	-0.62	-0.05
玻利维亚	0.34	-0.18	-0.19	0.81	-0.29	-0.96	-0.08
巴西	0.18	-0.51	-0.24	0.31	-0.18	-0.15	-0.10
巴拉圭	0.06	-0.32	-0.49	0.83	-0.38	-0.46	-0.13
墨西哥	-0.16	-0.87	-0.03	0.64	-0.47	-0.33	-0.20
萨尔瓦多	-0.01	-0.40	-0.19	0.52	-0.77	-0.69	-0.26
多米尼加	0.23	-0.43	-0.71	0	-0.64	-0.4	-0.33
秘鲁	-0.27	-1.26	-0.35	0.57	-0.56	-0.08	-0.33
尼加拉瓜	0.17	-0.68	-0.81	-0.17	-0.33	-0.21	-0.34
哥伦比亚	-0.43	-1.29	0.27	0.52	-0.70	-0.49	-0.35
厄瓜多尔	0.14	-0.90	-0.77	0.16	-0.40	-0.85	-0.44
委内瑞拉	0.08	-0.78	-0.76	-0.10	-0.64	-0.80	-0.50
洪都拉斯	-0.13	-0.54	-0.72	-0.36	-0.71	-1.01	-0.58
危地马拉	-0.20	-1.38	-0.54	0.16	-0.88	-1.06	-0.65
古巴	-1.78	-0.33	-0.39	-0.87	-1.06	0.01	-0.74
海地	-0.51	-0.44	-1.12	-1.1	-1.46	-1.05	-0.95

说明：

（1）制度指数值是言论自由与政府责任、政治稳定、政府有效性、监管质量、法律规则、腐败控制六项指标值的简单平均数；

（2）每项指标的值均在 -2.5 到 2.5 之间，数值越高说明该项指标越好，政府治理质量越高。

资料来源：www.worldbank.org/wbi/governance。

三、经济改革中拉美国家政府体制类型的差异及影响

20 世纪 60 年代早期，罗伯特・海伯纳（Robert Heilbroner）提出了发展需要扭曲的社会变革理论。[①] 东亚和拉美一些在集权政府统治下的威权主义国家经济的快速增长，使得越来越多的经济学家接受这种观点。他们开始相信成功的发展至少暂时是需要集权的，经济改革尤其如此。虽然欧美等发达国家的发展历史证明了民主是有利于经济增长的因素，[②] 但是在利益格局发生重大调整的经济改革中，民主政体就显得有些力不从心。民主体制下，各种经济政策的实施要通过多数投票表决，由于不同阶层的利益诉求不同，达成一致意见的过程较长，大大降低了改革措施推行的效率，增加了改革的政治成本。多数拉美国家正是在民主化过程中推行经济改革的，不同利益集团的相互斗争大大增加了改革的政治成本。

表 5—5 总结了独立战争以来拉美国家政治结构和政治制度的演变轨迹，独立以来的 200 年间，拉美国家的政治制度一直处在民主化与专制统治的交替震荡之中。在经济改革的过程中，拉美国家大多处在第三次民主化浪潮中，军人统治的威权主义政府通过不同方式"还政于民"，通过选举由民选总统上台执政。只有智利的经济改革是在威权主义政府的统治下进行的。政府统治类型的差异对经济改革的推行力度、模式和效果

---

① ［美］斯图亚特・R. 林恩著，王乃辉等译：《发展经济学》，格致出版社、上海三联书店、上海人民出版社 2009 年版，第 518 页。

② 民主有利于经济增长基于以下几个方面的原因：（1）民主政府是通过选举产生的，拥有无可辩驳的合法性。合法性政府能够实行相对稳定的社会经济政策，如英美两国上百年来的基本经济政策是稳定的，经济增长也是基本稳定的。（2）民主制度的核心是法制，独立的司法体制是成功的自由市场经济的重要保证。（3）民主制度实行的是"三权分立"制度，各种力量相互制衡，可以有效遏制寻租行为，有利于社会冲突的合理解决。

具有重要影响。

表 5—5　拉美国家独立以来政治结构和制度的变迁轨迹

变迁轨迹	变迁时间	政治变迁的核心内容	主要国家
第一次民主化浪潮	独立战争后	民族解放、建立民主共和政体	拉美 17 个独立国家
考迪罗	19 世纪独立后至 20 世纪前期	暴力夺权、军阀、地主和教会的“三元寡头”独裁统治	墨西哥、阿根廷、智利、巴拉圭、秘鲁、委内瑞拉、厄瓜多尔
第二次民主化浪潮	20 世纪 20—60 年代	民粹主义兴起	1959 年 14 个军政府仅剩下 4 个
官僚威权主义	20 世纪 60 年代中期—70 年代后期	政治专制、强调经济发展	巴西（1964）、玻利维亚（1964）、阿根廷（1966）、秘鲁（1968）、巴拿马（1968）、厄瓜多尔（1972）、智利（1973）、乌拉圭（1973）
第三次民主化浪潮	20 世纪 70 年代末—90 年代初	军人政府“还政于民”	巴拿马（1978）、厄瓜多尔（1979）、秘鲁（1980）、玻利维亚（1982）、阿根廷（1982）、巴西（1985）、乌拉圭（1985）、智利（1990）、巴拉圭（1993）、海地（1994）
左派崛起	20 世纪 90 年代末	对内注重社会公平、对外主张建立国际新秩序	委内瑞拉（1998）、玻利维亚（2002）、巴西（2002）、乌拉圭（2004）

资料来源：笔者自制。

一般认为，与民主政府相比，威权主义政府在促进经济发展和经济关系调整方面更具有优势。（1）官僚威权主义政府大多是通过军事政变上台执政，实行专制统治的，为了证明自身执政的合法性，威权主义政府在经济上实施自由主义政策，启用经济学家、科学家、技术专家，实施所谓精英治国，大力发展经济。（2）采取专制统治形式的威权主义政府可以通过强有力的手段动员全社会的经济资源促进经济增长，把大量的资源引导到主导产业，实现由传统产业向现代产业的转型。（3）威权主义政府的高压统治也有利于经济改革的顺利进行。实施威权统治的政府可以凭借手中相对集中的权利，对原有的路线方针政策进行较大幅度的调整，赋予改革以合法性。同时，对改革中出现的各种利益纠纷以强制手段压制下去，人为地为经济改革和发展创造出表面的稳定和秩序，减少制度变革中的成本。东亚经济的腾飞和拉美国家进口替代模式下经济的高速增长都证明了威权主义政府在促进经济快速增长和调节社会经济方面所具有的优势。

正是由于威权主义政府在推动经济增长和经济改革方面的优势，始于 1974 年皮诺切特军政府时期的智利经济改革取得令人瞩目的成就。在债务危机困扰的 80 年代，智利经济保持了 3% 的增长率，比拉美地区的平均增长率（1.2%）高出 1.5 倍。1991—2000 年，智利经济保持了年均 6.6% 的增长率，比同期拉美地区的平均增长率高出一倍，可谓在拉美“一枝独秀”。[①] 1990 年智利实现了从军人威权主义政府向文人民主政府的过渡，文人政府肯定了军政权经济政策的积极方面和成就，同时，在继承和延续自由市场经济模式的框架下，加强了社会政策方面的改革。[②]

---

① 苏振兴：“第五章 新自由主义指导下的拉美经济改革与影响”，见李若谷主编：《世界经济发展模式比较》，社会科学文献出版社 2009 年版，第 183、185 页。

② 韩琦：《智利经济一社会转型的特点和经验》，《拉丁美洲研究》，2005 年第 8 期，第 37 页。

但是，应该指出威权主义体制不会长久持续下去，具有转轨或过渡的性质。当威权统治下的国家获得高速的经济增长，社会结构和价值观念随之变化，新兴中产阶级就会要求更多的民主，威权体制可能面临退出的压力。威权统治是“特定国家在获得快速增长的关键历史时刻的工具，一旦达到预期的发展水平，就会被抛弃”。[①] 也就是说这种体制就像火箭助推器一样，一旦完成助推任务就退出舞台。

第三节　制度变迁中的意识形态变化：拉美经济改革疲劳症

西方正统经济学理论一直忽视或排除意识形态在经济增长和制度变迁中的作用。后来，马克思主义理论家对意识形态的作用进行了大量研究，得到了足够的重视。美国经济学家诺思在吸收新古典主义和马克思主义两种理论精华的基础上，发展了自己的具有意识形态成分的制度变迁理论，阐述了意识形态在制度变迁中的作用。本节将运用诺思制度变迁中的意识形态理论对拉美民众对经济改革态度的变化及影响做出分析。

一、意识形态在制度变迁中的作用

根据诺思的解释，意识形态是由互相关联的、包罗万象的世界观构成，包括道德和伦理法则。意识形态是降低交易成本和维持现存秩序成本的一种非正式制度安排。正如诺思所说：如果每个人都相信私人家庭“神圣不可侵犯”，那么，可以在

---

① 青木昌彦、吴敬琏编：《从威权到民主——可持续发展的政治经济学》，中信出版社2008年版，第76页。

室内无人而门不闭户的情况下不用担心房屋会被毁或被盗。如果一个美丽的乡村被认为是公共“物品”，个人就不会随便扔抛杂物。如果人们相信政治民主的价值，他们就会把投票当作一项公民的义务来履行。为了所有者的利益，劳动会勤勤恳恳，管理会兢兢业业；契约就会像在法律上那样，同样在精神上受到尊重。[①]也就是说，在社会成员相信现存制度是公平的时候，个人就不会违反规则和侵犯产权，规则和产权的执行费用就会大大降低，秩序就相对稳定。

诺思认为，相对价格[②]的变化会改变个人对制度公平性的原有看法，导致人们意识形态方面的改变。诺思把这种导致意识形态变化的因素归结为四个方面[③]：（1）产权的改变，即否定了个人对其过去一直拥有的资源的权利，而这些权利已被人们作为习惯或公正予以承认。（2）在要素市场或产品市场上，交换的条件偏离了已为人们认为是公平交换的比率。（3）在劳动力中，一个特殊的集团的相对收入状况发生了偏离。（4）信息成本降低的结果是，人们相信不同的或更优惠的交换条件可能在别处占优势。

人们态度和意识形态的变化不是短时间内发生的，是在相对价格发生变化的过程中，逐渐改变的。对此，诺思论述道：

---

① ［美］道格拉斯·C. 诺思著，陈郁、罗华平译：《经济史中的结构与变迁》，上海三联书店、上海人民出版社 1999 年版，第 59 页。

② 要素价格比率的变化（即土地—劳动、劳动—资本或资本—土地等比率的变化），信息成本的改变，技术的变化（包括重大的、重要的军事技术）等，皆属于相对价格的变化（引自［美］道格拉斯·C. 诺思著，杭行译：《制度、制度变迁与经济绩效》，格致出版社、上海三联书店、上海人民出版社 2009 年版，第 115 页）。引起相对价格变化可以是自然灾害、疫病等外生因素，但大多是政治、经济发展等内生因素引起的。经济改革、发展中的利益再分配和生产关系的再调整，必然引起相对价格的变化，从而引起人们对制度公平性观点的变化，即意识形态的变化。

③ ［美］道格拉斯·C. 诺思著，陈郁、罗华平译：《经济史中的结构与变迁》，上海三联书店、上海人民出版社 1999 年版，第 55 页。

人们在改变其意识形态之前，其经验与意识之间的矛盾必须有一定的积累。相对价格的一个单独变化本身可能不会改变人们的观念及据此做出的决策，但有悖于人们理性的持续的变化或影响人们幸福的根本性变化，将迫使人们改变其意识形态。[①]

拉美经济改革使相对价格发生了明显变化，人们对待改革的态度也逐渐由支持转变为失去信心甚至反对。就产权改变而言，拉美国家的私有化改革使原先大量的国有资产变为私有财产，产权结构发生重大变化，当私有企业为了提高效率而解雇原国有企业的职工时，利益受损的人对待私有化改革会持反对态度。就市场交换条件变化而言，拉美国家价格自由化改革使产品和要素价格按照供求规律由市场决定。价格自由化使产品价格上涨和实际工资水平下降，使人们的利益格局发生变化，拉美人对待改革的态度必然是由积极转向消极。就收入状况发生变化而言，经济改革使拉美国家个人收入差距拉大，不平等程度加深，贫困问题突出，这使得民众对改革支持的声音越来越小。随着信息技术的发展，人们获取信息的成本下降，人们可以比较不同地区、国家的交换条件。信息技术和全球化的发展，使拉美人很容易了解本地区国家（如智利）和世界其他地区发展中国家（如中国）改革的成就，从而与本国改革的成效进行对比，并对本国经济改革做出判断和评价。拉美民众对经济改革态度的变化使拉美国家的经济改革步伐放慢，一些国家的改革甚至出现逆转，表现出明显的改革疲劳症。

---

① ［美］道格拉斯·C. 诺思著，陈郁、罗华平译：《经济史中的结构与变迁》，上海三联书店、上海人民出版社 1999 年版，第 54 页。

二、拉美经济改革疲劳症的表现及影响

拉美国家市场经济的历史很长，独立之初拉美国家就标榜亚当·斯密的自由市场经济理论和比较优势理论，建立起了市场经济体制和实施了出口导向的发展模式。因此，拉美人对市场经济观念并不陌生。但是，经过长达30多年的进口替代发展模式，国家干预经济、社会福利和工人权利等观念在拉美人心目中也已根深蒂固。此外，拉美国家的不平等问题一直很严重，拉美人对社会平等和公正的追求和渴望一刻也没有停止。因此，市场化经济改革过程出现的失业增加、贫富差距拉大、社会不平等加剧等问题，与拉美人的固有意识形态形成强烈冲突，拉美国家表现出明显的改革疲劳症（Reform Fatigue）。拉美经济改革疲劳症主要表现在以下几个方面：

首先，拉美民众对自身社会经济状况的评价发生变化。从图5—1调查结果可见，认为自身社会经济状况非常差和较差人数占接受调查总人数的比重却在不断上升。1998年只有3%的被调查者认为自己的社会经济状况非常差，2000年上升到3.5%，2002年接近5%。1998年有接近12%的被调查者认为自身社会经济状况比较差，这一比重在2000年和2002年分别上升了3个和6个百分点。与此相反，认为自身社会经济状况较好和非常好的民众比重在逐年下降。1998年认为自身社会经济状况较好的民众占36%以上，2002年下降到不到31%的水平。认为自身社会经济状况一般的民众始终占多数，比重较为稳定。概括起来说，接受调查的拉美民众认为自身社会经济状况差的比重在增加，认为状况好的比重在下降。

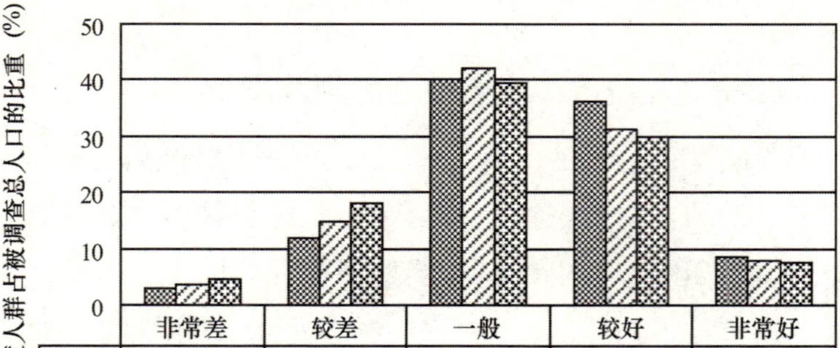

	非常差	较差	一般	较好	非常好
1998	3	11.99	40.28	36.13	8.61
2000	3.5	14.87	42.15	31.36	7.92
2002	4.59	18.16	39.53	30.07	7.66

图 5—1 拉美人对自身社会经济状况的评价

资料来源：Daniele Checchi，Massimo Florio and Jorge Carrera，"Privatization Discontent and Its Determinants：Evidence from Latin America"，IZA Discussion Paper，No. 1587，2005，p. 38。

其次，公众对市场化改革态度发生变化，支持市场化改革的人在减少。表 5—6 是拉美晴雨公司（Latinobarómetro）对拉美民众对待经济改革态度的调查结果。1998 年 50% 以上的被调查者支持私有化，而 2003 年这一比例下降为 25%。1998 年 77% 的拉美人认为市场经济对国家有利，而 2003 年持这种观点的人仅为 18%。此外，支持经济一体化和价格自由化的拉美人所占比重也在下降。2001 年阿根廷危机中，阿根廷的"新贫困"阶级[①]形成强大的"锅碗瓢盆力量"（the power of pots and pans），他们敲打着锅碗瓢盆，走上街头举行示威游行。在民众的抗议声中，在短短的半个月内，阿根廷先后更换了四位总统。阿根廷危机中的游行抗议和流血事件是拉美民众反对市场化改革的极端表现。

① 新贫困者指由于经济危机而陷入贫困的阿根廷中产阶级，他们大多接受过高等教育，危机使他们陷入失业状态，像贫困人口一样生活无保障。

表 5—6　拉美人对经济改革的态度变化（%）

调查内容	1998	2001	2003
支持经济一体化	88	84	–
支持外国直接投资	77	–	–
支持私有化	52	31	25
支持市场经济	77	–	18
支持价格自由化	63	59	–

资料来源：Latinobarómetro annual surveys，转引自 Eduardo Lora，Ugo Panizza and Myriam Quispe-Agnoli，“Reform Fatigue：Symptoms，Reasons，and Implications”，*Federal Reserve Bank of Atlanta Economic Review*，2004，p. 2。

最后，拉美经济改革疲劳症还表现在政治意识形态的变化，拉美政坛出现左派重新崛起的现象。近来，拉美一些国家政治领导人在竞选中纷纷批判新自由主义改革弊端，主张是要对新自由主义改革进行修正，通过积极的社会政策把失业、贫困化、两极分化降到最低限度，并以此赢得了民众的投票。例如，在2002年赢得大选的玻利维亚总统莫拉莱斯，在竞选中把自己比喻成“新自由主义受害人的代表”。厄瓜多尔前总统在2002年11月的总统大选中宣称新自由主义政策给国家带来了“灾难”。2002年巴西左派政党劳工党领袖卢拉当选为巴西总统，卢拉在竞选中宣称要改变使巴西经济陷入恶性循环的新自由主义政策，建立以推动社会发展为核心的发展模式。卢拉的当选被加拿大《全国邮报》（*National Post*）称为“华盛顿共识的解体”。尽管一些左派领导人上台后，仍然实施的是市场经济政策，但是他们抨击新自由主义改革弊端，主张注重社会公平的宣传口号确实获得了选民的投票，赢得了大选。这从另一个侧面说明了拉美民众对待改革的态度影响到了政治领域的意识形态。

民众和政治领域意识形态的变化，使拉美国家的经济改革步伐和速度慢下来，有些国家的改革还出现了逆转。爱德华多·劳拉（Eduardo Lora）等学者按照2000年以来市场化改革的速度和力度把拉美国家分为三类：改革继续进行的国家（10个）、改革停滞的国家（7个）和改革逆转的国家（2个）（见表5—7）。此外，劳拉还用改革指数衡量改革的进展速度。1999—2002年间，拉美国家平均改革指数仅为0.58或0.61（排除阿根廷和委内瑞拉的指数值）；[①] 而1995年拉美国家平均改革指数为0.821。

表5—7　2000年以来拉美国家市场化改革的进展

改革继续进行的国家	巴西、智利、哥伦比亚、萨尔瓦多、危地马拉、洪都拉斯、牙买加、墨西哥、尼加拉瓜、秘鲁
改革停滞的国家	玻利维亚、哥斯达黎加、多米尼加、厄瓜多尔、巴拉圭、特立尼达和多巴哥、乌拉圭
改革出现逆转的国家	阿根廷、委内瑞拉

资料来源：Eduardo Lora, Ugo Panizza, and Myriam Quispe-Agnoli, "Reform Fatigue: Symptoms, Reasons, and Implications", *Federal Reserve Bank of Atlanta Economic Review*, 2004, p.5。

三、经济改革疲劳症的处方——经济改革的补充性政策

拉美国家越来越多的民众对经济改革持反对态度的重要原因是，以市场化为导向的新自由主义改革严重忽视社会问题。失业率居高不下、贫困现象加剧、贫富差距进一步拉大，拉美国家的社会问题不断恶化。指导拉美经济改革的新自由主义理

① Eduardo Lora, Ugo Panizza, and Myriam Quispe-Agnoli, "Reform Fatigue: Symptoms, Reasons, and Implications", *Federal Reserve Bank of Atlanta Economic Review*, 2004, p. 6.

论认为，市场化改革会带来经济的快速增长，而经济增长会创造更多的就业，劳动者收入就会提高，社会问题自然就会解决。可见，新自由主义经济学信奉经济增长会自动惠及广大民众的涓滴理论（Trickle-down theory）[①] 和收入分配“先恶化，后改进”的库兹涅茨假说[②]。指导拉美国家进入全面经济改革的“华盛顿共识”与新自由主义经济学是一脉相承的，对社会问题也是鲜有论述。[③]

现实情况是，拉美经济改革并没有使拉美国家出现新自由主义经济学家所说的“利益均沾”的快速增长也没有出现库兹涅茨所说的收入分配的拐点。社会问题的恶化使拉美国家的经济改革出现了严重的疲劳症。威权统治模式下的智利运用高压政策推行经济改革和解决经济改革中出现的不平等加剧和社会紧张问题，保证了经济改革在一段时间内的顺利进行和经济增长的启动。但是，当社会不满程度达到一定程度，高压政策难以为继，威权统治必将结束。但是，民主政府把经济利益分配

---

① 经济发展过程中不必给与贫困阶层、弱势群体或贫困地区特别的优待，而是由优先发展起来的群体或地区通过消费、就业等方面惠及贫困阶层或地区，带动其发展和富裕，也被称作是“涓滴效应”。

② “库兹涅茨假说”是美国经济学家、1971 年诺贝尔经济学奖得主西蒙·库兹涅茨在 1955 年的美国经济协会的演讲中提出的。他经过对 18 个国家经济增长与收入差距实证资料的分析，认为收入分配的长期变动趋势是：收入分配不平等程度在前工业文明向工业文明过渡的经济增长早期阶段迅速扩大，尔后是短暂的稳定，然后在增长的后期阶段逐渐缩小。用横轴表示人均收入，纵轴表示不平等程度的曲线来表示二者关系，这条曲线状如倒 U 字形，所以该理论也被称为倒 U 字假说。该理论提出后，在经济理论界引起了激烈的讨论，有人赞成有人反对。但现实情况表明：库兹涅茨曲线不符合第三世界国家的实际情况。随着经济的发展，第三世界国家的收入不平等越来越悬殊，并没有向平等方向转变。

③ “华盛顿共识”的 10 条政策中仅有一条说到要“重新分配公共支出，更多地向教育、医疗保健和基础设施投资”。威廉姆森 1996 年发表《修改“华盛顿共识”》一文，其中的一项修改就是表示要增加社会政策的内容，于是，在所谓“新 10 条”中就有“公共开支向社会计划再投资”和“加大中小学教育开支”这样两条。仔细对照一下，这两条似乎就是把原来那一条的内容拆开了（引自苏振兴：《对拉美国家经济改革的回顾与评估》，《拉丁美洲研究》，2008 年第 4 期，第 10 页）。

给自己的支持者的做法，影响了经济的高速增长。因此，缓解经济改革疲劳症，推进经济改革的处方就是增加社会投入，实施经济改革的补充性政策（complementary policies）[①]，解决日益严重的社会问题。所谓补充性政策就是指那些应对经济增长和改革过程中出现的社会问题，如贫富差距拉大、社会不平等问题、失业、环境污染、城市化、人口迁移、腐败、传统价值观和习俗沦落等，而采取的措施，补充性政策是经济增长和改革政策的必要和有益的补充，是经济持续增长和经济改革深入进行的重要保证。

第四节　拉美经济改革的制度依附性

除智利外，拉美国家的经济改革大多是在债务危机爆发后，为了获得债权国的债务减免和新的贷款，在债权国和国际机构的压力下被迫进行的。同时，进口替代发展模式的弊端也日益暴露。发达国家正是利用危机的到来向拉美国家全面推行自由市场经济模式的，拉美国家不顾本国国情，盲目照搬自由市场经济模式，有些国家还进行了激进式的改革，具有明显的制度依附性，这也是拉美经济改革效果不佳的一个重要原因。

一、发展经济学各流派及演变

第二次世界大战后广大亚非拉国家人民掀起了民族解放运动的高潮，建立了许多拥有独立主权的民族国家。但是，这些独立国家经过长时间的殖民统治和掠夺，面临的主要问题就是

① “补充性政策”这个术语最早来自日本经济学家村上泰亮，他认为合适的社会政策是产业政策的必要补充，可以避免发展带来的消极影响。

经济社会发展的落后。如何发展经济、实现现代化是这些国家面临的主要问题。以发展中国家经济发展为研究对象的经济发展理论成为这一时期的研究热点，出现了从不同角度解释发展中国家不发达及如何发展的发展经济学流派。

20 世纪 40 年代末至 60 年代中期是发展经济学发展的第一阶段。以强调物质资本积累、工业化、计划化的结构主义成为这一阶段发展经济学的正统。60 年代初、特别是 60 年代中期，按照结构主义实施工业化和进口替代政策、经济计划和政府多方干预的国家，遭受了诸如国际收支逆差、通货膨胀、国内市场狭小和外汇短缺等问题。相反，东亚一些奉行比较优势和自由贸易而实行出口导向战略的国家，在劳动密集型工业品生产和出口方面取得了巨大成功，并带来了经济的快速增长和普遍繁荣。[①] 于是，强调市场和外向发展的新古典主义对结构主义进行抨击，新古典主义学派由此勃兴，这是发展经济学发展的第二阶段。同时，依附论对结构主义和新古典学派均进行了批判，认为发展中国家落后和不发达的主要原因是帝国主义的剥削和压榨，既反对结构主义的发展内因论，也反对新古典学派的自由市场经济理论。80 年代后，发展经济学出现多学派融合的趋势，发展经济学进入第三个发展阶段。如何实现经济的发展是一个极其复杂的问题，迄今为止还没有哪一个理论能够回答和解决所有关于经济发展的问题。影响经济发展的因素涉及到政治、社会、文化乃至自然地理等多方面的因素。因此，经济发展理论在 20 世纪 80 年代后期出现主流经济学、社会学、政治学、法学、伦理学等学科融合和经济发展理论内部各学派之间的融合的趋势是人们在实践中深化认识的结果（见表 5—8）。

---

① 谭崇台：《译者序》，见杰拉尔德·迈耶、达德利·西尔斯编：《发展经济学的先驱》，经济科学出版社 1988 年版，第 6 页。

表 5—8 发展经济学流派及拉美本土发展理论的地位

发展经济学理论	结构主义学派	1. 兴起年代：40 年代末—60 年代中期 2. 主要代表人物及理论： (1) 拉美结构主义 (2) 刘易斯二元结构模型 (3) 罗斯托线性阶段模式 (4) 罗森斯坦－罗丹“大推进”理论 (5) 纳克斯“贫困恶性循环”理论 (6) 缪尔达尔“循环累积因果关系”理论 3. 理论特点：反对完全自由贸易、反对完全市场化、以工业化为中心，忽视农业 (1) 唯资本论（Capital Fundamentalism） (2) 唯工业化论（Industrialization Fundamentalism） (3) 唯计划论（Planning Fundamentalism）
	新古典主义学派	兴起年代：60 年代中期—80 年代中期 主要代表人物及理论： (1) 舒尔茨人力资本理论 (2) 瓦伊纳自由贸易理论 (3) 库兹涅茨收入再分配论 (4) 加里·贝克尔市场机制论 理论特点： (1) 强调外向发展和对外贸易 (2) 重视农业发展和人力资本投资 (3) 强调经济私有化和市场机制
	激进主义学派	兴起年代：60 年代中期—70 年代初 主要代表人物及理论： (1) 依附论 (2) 正统主流依附理论：多斯桑多斯《帝国主义与依附》 (3) 激进主义依附论：弗兰克《依附性积累与不发达》

续表

发展经济学理论	激进主义学派	(4) 改良主义依附论：卡多佐《拉丁美洲的依附与发展》 (5) 不平等交换论：埃曼努尔 (6) 阶级斗争国际化论：萨米尔·阿明 (7) 世界体系理论：伊曼纽尔·沃勒斯坦 理论特点： (1) 大量地吸收了马克思主义的经济思想，运用马克思主义的历史唯物主义方法论和社会主义理论揭示发达国家对发展中国家的国际剥削关系 (2) 认为帝国主义和殖民主义的存在是不发达国家不发展的根源，只有挣脱帝国主义、殖民主义统治的枷锁，才能真正为其发展创造必要的条件
	多学派融合	兴起年代：80 年代后 主要代表人物及理论： (1) 新制度经济学： 道格拉斯·诺斯（Douglas · North）、科斯（Coase）、德姆塞茨（Demsetz）、威廉姆森（Williamson） (2) 新增长理论： 罗默（Romer）、卢卡斯（Lucas） 可持续发展观： 梅多斯（Meadows）、安德森（Anderson）、皮尔斯（Pearce） (3) 拉美新结构主义： 奥斯瓦尔多·松克尔《从内部发展》 理论特点： 发展经济学呈现了融合的趋势，包括发展经济学与主流经济学、社会学、政治学、法学、伦理学等学科的融合和经济发展理论内部各学派之间的融合

资料来源：笔者自制。

二、传统依附理论对拉美国家经济不发达的解释

20 世纪 60 年代，在民族主义思潮不断高涨和发展中国家经济上遭受国际收支逆差、通货膨胀、外汇短缺、收入分配日益恶化等问题的双重背景下，依附论从不平等的国际政治经济关系视角探讨了发展中国家特别是拉美国家不发达的原因及解决对策，在发展经济学领域独树一帜，产生了广泛的影响。

（一）普雷维什的中心—外围论对拉美国家不发达的揭示

普雷维什认为，传统的国际劳动分工格局使世界经济分化成了两个部分：一个部分是“大的工业中心”；另一个部分则是“为大的工业中心生产粮食和原材料”的“外围”。中心—外围结构形成的原因是技术进步及其成果在资本主义世界经济体系中不平衡地发生和传播，技术进步的不平衡导致“中心”国家和“外围”国家经济结构产生巨大差别：（1）“中心”国家的经济结构具有同质性（现代生产技术贯穿于整个经济体系）和多样性（生产结构包括资本品、中间产品和最终消费品部门）的特点。（2）“外围”国家和地区经济结构具有专业化（绝大部分的生产资源被用来不断扩大初级产品生产）和异质性（生产技术落后、劳动生产率极低的生计型农业与使用现代化生产技术、具有较高劳动生产率的初级产品出口部门同时存在）的特点。

经济结构的差异导致了中心—外围体系的不平等性，造成外围国家的不发达和对中心国家的依附：（1）技术进步利益分配的不平等性。技术进步及其成果在资本主义世界经济体系中不平衡地发生和传播。技术进步首先发生在“中心”，并且迅速而均衡地传播到它的整个经济体系，这进一步加强了中心国家经济结构的同质性和多样性。对外围国家来说，技术进步只是渗透到初级产品生产部门，结果造成外围国家经济结构的进

一步扭曲。（2）贸易利益分配的不平等性。“中心”与“外围”之间形成了不平等的国际分工，“中心”国家以生产和出口工业制成品为主，而“外围”国家则以生产和出口初级产品为主，所需工业制成品从中心国家进口。而初级产品的贸易条件与工业品相比存在长期恶化的趋势，这进一步加深了“中心”与“外围”之间的不平等和外围国家收入水平的下降。

普雷维什据此认为，外围国家要打破这种依附性格局，就要发展本国工业，实现工业化，走进口替代工业化道路。普雷维什的中心—外围论成为指导拉美国家实施进口替代工业化战略的重要理论。

（二）依附论对拉美国家不发达的解释

依附理论包括多个流派，观点分歧和差异很大，没有形成一种统一的理论。从各流派基本理论价值倾向角度进行分析，可以将依附论分为激进主义的依附理论和改良主义的依附理论。前者较有影响的代表人物有安德烈·冈德·弗兰克（Andre Gunder Frank）和特奥托尼奥·多斯桑托斯（Dos Santos），后者的主要代表人物是费尔南多·恩里克·卡多佐（Fernando Henrique Silva Cardoso）。

1. 弗兰克的激进主义依附论

德裔美籍经济史学家、社会学家，依附论的主要创始人之一弗兰克在《依附性积累与不发达》（1978）等著作中，运用历史和现实资料揭示了资本主义吸纳殖民地经济剩余是造成发展中国家不发达和依附性的主要原因。弗兰克勾画出外围国家对宗主国依附关系的形成和发展的历史过程，把这种依附关系的形成划分为三个阶段：商业资本阶段的依附（1500—1770年）、工业资本主义阶段的依附（1770—1870年）、帝国主义阶段的依附（1870—1930年）。发展中国家摆脱这种依附关系的方法就是同世界市场“脱钩”，以达到“自我中心的发展”。

2. 多斯桑托斯的新依附论

多斯桑托斯在其主要著作《帝国主义与依附》中，提出了一个被学界所普遍接受的关于依附的定义：所谓依附，我们指的是某些国家的经济受到它们所依从的一些国家经济的发展和扩大的影响。当有些国家（主导国）能够扩展和自我发展，而另一些国家（依附国）只是这种经济扩展的一种反映，而这种扩展对依附国的发展或产生积极的影响，或产生消极的影响，这时两种或两种以上经济形式之间以及这些国家和世界贸易之间相互依存的关系，就采取了依附的形式。多斯桑托斯把依附结构分为三种历史形态：商业—出口依附、金融—工业依附和技术—工业依附。在紧密依附状态下，依附性国家想独立发展民族经济是相当困难的；而在松散依附状态下，依附性国家存在独立发展民族经济的可能性。

3. 卡多佐的改良主义依附论

改良主义依附论的主要代表人物巴西社会学家卡多佐（后成为巴西第34任总统），其代表作是《拉美的依附性及发展》。从理论倾向来看，他既反对西方经济学中的新古典派的现代化理论把不发达国家落后的原因完全归结为其内部因素，也对弗兰克的外因论持批评意见。

从20世纪70年代以来，所谓的依附性国家，如巴西及一些东亚国家引进外资，参与国际分工，在经济发展上取得了巨大成就。卡多佐根据这些新的现实情况将发展和依附联系起来，指出发展和依附是同时发生、并存的一个过程，而不是相互对立、相互排斥的两个范畴，发展中国家要利用与资本主义世界经济体系的联系来为本国的发展服务，而不是简单地脱离资本主义的世界体系，即提出了“依附性发展”的著名论断。

三、制度依附——拉美经济不发达的新解释

从上面对传统依附论的简单分析可以发现，传统依附论把“外围”国家落后和不发达的原因归结为生产力和技术方面对“中心”国家的依附，即落后国家在资本、技术、出口等方面对发达国家的依赖，其产业发展和技术进步完全取决于中心地区的辐射程度和中心国家的需要。但是应该指出，依附论者强调生产力依附的同时，也触及到了制度层面的内容。制度依附理论开始逐渐受到人们重视。

（一）富尔塔多和松克尔对制度依附性的初步认识

20 世纪 60 年代拉美经济委员会成员塞尔索·富尔塔多（巴西）和奥斯瓦尔多·松克尔（智利）两位较为激进的学者认识到了“外围”国家制度依附的问题及危害。富尔塔多认为构成拉美进口替代发展战略主要市场出路的中高收入群体，在消费标准方面往往与发达资本主义国家相似，并且模仿其消费方法和模式。生产这些产品所需要的进口技术具有向资金密集型生产发展的倾向。工业增长的资本特征越来越明显，从而加剧了收入的集中，限制了资本向其他经济部门的扩散，并且导致大部分人口的边缘化。这些消费方式及其严格的社会结构（建立于殖民主义统治时期）确定了进口替代工业化的整个进程并构成了“中心依附机制”。[①] 松克尔区分了依附的四种机制[②]。为

① ［美］C. P. 欧曼、G. 韦格纳加拉著，吴正章、张琦译：《战后发展理论》，中国发展出版社 2000 年版，第 124 页。

② 松克尔在 1966 年的一次演讲中区分了四种依附机制：一是保留传统社会结构使传统农业停滞，不得不大量进口粮食及出口增值缓慢，导致贸易失衡。二是出口商品持续高度集中。三是进口替代工业化进程对外国技术和资本的严重依赖。四是政府部门的赤字财政导致对外债的依赖（引自 C. P. 欧曼、G. 韦格纳加拉著，吴正章、张琦译：《战后发展理论》，中国发展出版社 2000 年版，第 125 页）。

了摆脱依附关系松克尔既反对社会主义革命路线，也反对“发展主义”的政策，而是主张实行一种把大众包括在发展进程中的、并与拉美文化、传统、制度和历史相一致的战略。两位学者都强调了内部因素对发展的重要性，认为“实施一项民族发展政策的可能性主要取决于国内形势”。[①] 由此可见，依附论者已经意识到“外围”国家制度依附的存在及危害，并提出了根据自身国情采取发展政策，实现制度上的独立。

（二）普雷维什晚年对制度依附的认识

70 年代后期，普利维什针对“外围”国家经济发展中出现的实际情况，对自己的发展理论进行了修正，提出了“体制变革论”。普雷维什认为，“中心”把它的技术、消费方式与生活方式、制度、思想和意识形态向“外围”扩散和辐射，由此形成了与“中心”创新的资本主义相对应的模仿性资本主义。就技术而言，模仿是有利于发展的，但“外围”对“中心”消费模式的模仿则直接阻碍了它们的发展。由此可见，普雷维什意识到了“外围”落后国家在政治经济制度、意识形态和消费观念上日益受到中心国家的影响，甚至对这些正式和非正式制度进行盲目模仿的问题。

四、拉美经济改革制度依附的表现和危害

在经济全球化趋势日益加强的今天，一国的制度选择与变迁越来越受到“中心”国家及国际规则的影响和制约，使一些发展中国家的制度变迁更易缺乏自主性，导致制度上对“中心”国家的依附。制度依附是指一个国家的制度设计与变迁主要受制于所依附的国家、地区及国际规则，这种依附对其经济

---

① ［美］C. P. 欧曼、G. 韦格纳加拉著，吴正章、张琦译：《战后发展理论》，中国发展出版社 2000 年版，第 126 页。

和社会发展会带来不利影响。对形成制度依附的国家来说，制度的选择与演进不再仅仅取决于国内生产力的发展水平，在开放经济条件下，更多受到外部因素的影响，其最直接的表现就是制度变迁缺乏自主性。[①] 运用制度依附理论来分析，以新自由主义为指导的拉美国家的经济改革具有明显的制度依附性，主要表现在以下几个方面：

（一）政策调整缺乏自主性

拉美国家为摆脱债务危机，获得由发达国家控制的世界银行和国际货币基金组织的贷款，实行了削减财政支出和提高利率等紧缩性政策，而这对处于萧条中的拉美国家来说无疑是雪上加霜。从这个意义上讲，拉美国家的经济改革是由危机引致，并在发达国家和国际机构的要求下，被迫进行的改革，缺乏改革的自主性。

（二）制度变革缺乏理性

随着债务危机的爆发，进口替代发展模式弊端全面暴露出来，这使拉美国家普遍感到进口替代模式下政府干预体制一无是处，导致拉美国家不顾本国国情，盲目照搬西方自由市场经济模式。有些国家极度崇拜自由市场经济模式，采取了激进的改革模式，走向了市场原教旨主义的极端。金融自由化改革就是一个典型例子，在缺乏有效的金融监管和法律法规的情况下，拉美国家盲目实施金融自由化，结果不仅没有为经济发展提供良好的投融资环境，反而导致了拉美国家银行和金融危机的爆发，造成了巨大损失。可见，拉美国家的改革是在一定的外力作用下展开的，缺乏对本国国情的分析和思考。

---

① 赵光瑞：《论开放经济条件下的制度依附——对当今国际经济关系的新解读》，《经济纵横》，2009 年第 5 期，第 22 页。

（三）盲目移植发达国家的市场价值观，忽视社会问题

新自由主义经济学以经济增长和效率为中心，认为经济增长的好处会自然惠及所有民众，收入分配状况在经过库兹涅茨曲线的拐点后会不断改善。在这种效率优先的理念指导下，拉美国家在经济改革中严重忽视了社会问题，使得业已严重的收入分配差距和不平等问题更加恶化。

（四）制度依附加深了生产力和技术依附

生产力发展水平决定了落后国家在世界体系中的从属地位，发展中国家在资金、技术和贸易方面都形成了对发达国家的依附，即生产力依附。生产力上的依附使落后国家不得不顺从发达国家制定的国际规则，并对本国的制度和价值取向产生影响，形成制度上的依附。制度依附又使落后国家丧失制度创新的动力和能力，不利于本国经济的发展，从而进一步加深本国的生产力依附，形成一种恶性循环。

第六章

拉美国家经济改革未来的方向

最先进行经济改革的国家——智利开始改革到现在已将近40年，从拉美国家全面经济改革算起，拉美经济改革也有20多年的历史。对经济改革效应的发挥需要时间来检验，由美国次贷危机引发的全球性金融危机对拉美国家来说是一个新的考验。拉美国家在全球金融危机中的良好表现和沉着应对，[①] 不能说与20世纪90年代广泛开展的市场化改革没有关系。但是，应该看到，拉美国家的经济改革还存在很多缺陷，除智利外其他国家都缺乏制度层面的改革。因此，拉美国家第二代改革的中心应该是以完善和强化制度为中心。经济改革作为制度变迁的一种表现形式，应该随着经济社会状况的变化做出调整，因此，拉美经济改革并没有结束，还需随着社会经济的发展进一步深化。拉美经济改革今后的方向是改革向制度化和法制化迈进、增加人力资本投资、注重农村生产关系的调整和进行制度创新。

---

① 关于全球金融危机对拉美国家的影响和传导机制及拉美国家采取的对策参见李罡、许维力：《拉美能逃过此劫吗？——论全球金融危机对拉美国家的影响》，《拉丁美洲研究》，2009年第4期，第49—55页。

一、使改革向制度化与法制化方向迈进

（一）拉美经济改革制度化的必要性

制度经济学家认为，制度具有降低交易费用、促进市场交易正常进行、促进人们在经济活动中的合作与协调、为个人选择提供激励系统、约束主体的机会主义行为、减少外部性等功能。[①] 实证研究也证明制度与经济增长之间呈正相关关系。“制度是重要的”（institutions matter）越来越成为经济学家的共识。

智利经济改革的成功向我们证明了制度建设在改革和经济增长中的积极作用。如前所述，智利的经济改革始于20世纪70年代初，在完成第一代改革后，智利推行了以制度建设为中心的第二代改革。到90年代中期，智利就已成为拉美地区政府治理质量最高的国家。目前，智利仍然是拉美地区政府治理质量最高的国家。有效的政府治理巩固了第一代改革的成果，促进了智利经济的持续增长，是智利经济改革取得成功的关键。而90年代拉美其他国家的经济改革主要集中于贸易自由化、金融自由化、私有化等方面的改革，很少涉及制度方面的改革，这就导致了这些国家改革缺少制度上的支持。缺少制度支持的改革过程，不仅不会促进经济的持续增长，有时还会产生消极作用。[②] 典型的例子就是拉美国家的金融自由化改革，在缺乏有效的银行监管制度的条件下，拉美国家就推行了激进的金融自由化改革，结果银行信贷的急剧扩张，导致了90年代中后期拉美国家银行危机和金融危机的爆发，加上亚洲金融

---

① 卢现祥主编：《新制度经济学》，武汉大学出版社2004年版，第136—141页。

② Leonardo Hernández and Fernando Parro, “Economic Reforms, Financial Development and Growth: Lessons from the Chilean Experience”, *Cuadernos de Economía*, Vol. 45 (Mayo), 2008, p. 71.

危机的冲击，拉美经济从1998年起又出现了“失去的五年”[①]。

在1989年出台的“华盛顿共识”的旧10条中虽然提及了制度建设的内容，但仅涉及到产权法律保护方面，并且这一条被放在了最后，而其他制度层面的改革并未提及。事实也证明制度建设在拉美国家经济改革中未受到足够重视。“华盛顿共识”的提出者威廉姆森也看到了拉美国家经济改革中制度建设的缺失。在1996年发表的《修改华盛顿共识》一文中，威廉姆森提出了新10条。新10条充分体现了对制度建设的重视，有三条涉及到制度建设——强化银行监管、重新界定产权并使全社会都有可能获得产权、创建战略性机构（详见表6—1），而且三条内容放在了靠前的位置，说明制度建设在新10条中受到了重视。

表6—1 威廉姆森“华盛顿共识”新旧10条对比

“华盛顿共识”的旧10条（1989）	“华盛顿共识”的新10条（1996）
1. 财政纪律	1. 通过恢复财政纪律增加储蓄
2. 重新分配公共支出，更多向教育、医疗保健和基础设施投资	2. 公共开支向社会计划再投资
3. 扩大税基，降低边际税率	3. 开征土地使用税
4. 利率由市场决定	4. 强化银行监管
5. 具有竞争性的汇率	5. 保持竞争性汇率
6. 贸易自由化	6. 继续地区内部贸易自由化
7. 向外国直接投资开放	7. 通过私有化和自由化建立竞争性市场经济
8. 国有企业私有化	8. 重新界定产权并使全社会都有可能获得产权
9. 放松管制	9. 创建诸如自主的中央银行、强有力的预算委员会、独立和廉洁的司法部门等战略性机构
10. 产权的法律保护	10. 从加大中小学教育开始

① 苏振兴：《新自由主义指导下的拉美经济改革与影响》，见李若谷主编：《世界经济发展模式比较》，社会科学文献出版社2009年版，第179页。

说明：表中的划线条目为制度建设的内容。

（二）拉美经济改革制度化的迫切性

上文论述了拉美经济改革中制度建设的必要性，下面简单论述一下拉美国家制度建设的迫切性。

1. 法律制度不完善，民众对司法制度的公信力弱

虽然拉美国家的政府治理质量和司法制度完善程度存在很大差别，但总体来看，拉美国家的政府治理的法制化程度和公信力不高。图6—1是拉美晴雨公司对就本国司法制度的信任程度进行调查的结果。在接受调查的拉美人中，有66%以上的人对本国的司法制度持不信任态度，其中根本不信任和基本不信任的人各占33%。司法制度受行政权力影响和执法不公，使民众失去对本国司法制度的信任，不利于产权保护和新的改革

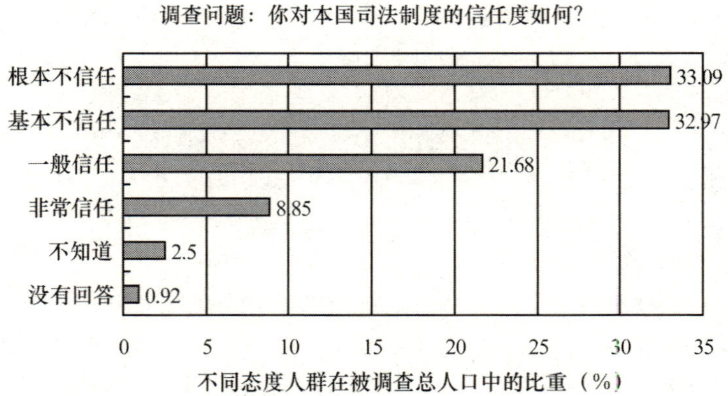

图6—1　拉美人对本国司法制度信任程度调查

资料来源：Latinobarometer（2005），转引自Márquez，Gustavo，Alberto Chong，et al.，*Outsiders? The Changing Pattern of Exclusion in Latin*，*the Economic and Social Progress in Latin America* 2008 *Report*，Washington，D. C.，Inter-American Development Bank，2007，p. 176。

措施的推行，增加了信贷风险。[1] 不利于本国市场经济的正常运行和经济的发展。

2. 政府治理水平低，政府效能有待提高

我们使用世界银行世界政府治理指数[2]来衡量和比较拉美国家的政府治理水平。从图 6—2 可以看出，2008 年拉美国家的政府治理综合指数为 -0. 22，不仅与 OECD 国家政府治理综合指数的平均水平（1. 39）相差悬殊，而且也比东亚国家的政府治理综合指数（ -0. 04）低。这说明拉美国家的政府治理水平有待提高。提高政府治理的有效途径就是推进法治化进程，提高政府效能，加强制度建设。

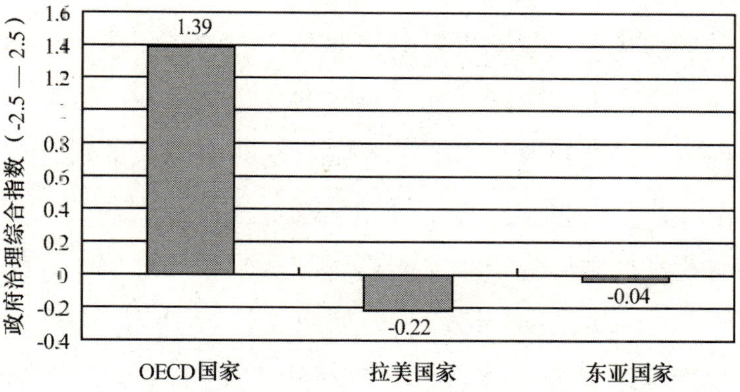

图 6—2　2008 年拉美国家与 OECD 国家及东亚地区政府治理综合指数比较

说明：政府治理综合指数的值区间在 2. 5 至 -2. 5 之间，该值越大说明政府治理质量越高。

资料来源：The World Bank Worldwide Governance Research Indicators Dataset。

---

① Anoop Singh, Agnés Belaisch, Charles Collyns, etc., *Stabilization and Reform in Latin America: A Macroeconomic Perspective on the Experience Since the Early* 1990*s*, Washinton, D. C.: International Monetary Fund, 2005, p. 19.

② 政府治理综合指数的含义和包含的六个分指标在第五章第二节中有详细论述。

3. 腐败问题严重

在经济学领域，腐败被定义为一种寻租活动（rent-seeking activities）。寻租活动就是指维护既得的经济利益或是对既得利益进行再分配的非生产性活动。例如，某个人或某组织为了谋取自身经济利益，通过行贿、“走后门”等手段对政府官员施加影响，这往往涉及到钱权交易。寻租活动白白浪费了社会资源，不仅不能增加社会财富，反而有损于社会福利，造成经济资源配置的扭曲和效率的损失。

一些发展中国家，对于不完善的市场制度政府不是设法去完善它，而是以此为依据强调政府干预的必要性。因此，发展中国家政府对经济的干预要比发达国家严重得多，政府不仅可以通过各种法令、规章来影响企业和个人的经济决策，政府本身还拥有相当大的资产，拥有直接的经济决策权，因此为寻租活动创造的机会也就较多。[①] 再加上发展中国家的法治化水平和政府治理质量低，降低了寻租活动的成本。因此，发展中国家的寻租和腐败问题严重，阻碍了经济改革和发展。根据“透明国际”公布的数据，表6—2列出了拉美16国2009年的政府腐败指数的得分和排名。除智利和乌拉圭两国的得分较高，排名靠前外，其他拉美国家的腐败问题都很严重。表中所列16个拉美国家中有7个排名在100以后，委内瑞拉甚至是世界倒数第6位。

治理寻租和腐败的根本之策是增加寻租成本，使寻租者通过寻租活动获得的收益小于其为此付出的代价。这就要提高政府治理水平，增加社会经济信息的透明度，增强社会监督，同时完善法律法规，增强司法独立性，严格执法。即通过制度建

---

① 张培刚主编：《发展经济学（修订版）》，经济科学出版社2007年版，第127页。

设增加寻租者的寻租成本，使其在衡量成本和收益后，放弃寻租活动。

表 6—2　2009 年拉美 16 国政府腐败指数（CPI）得分及排名

国家	得分	排名	国家	得分	排名
智利	6.7	25	墨西哥	3.3	89
乌拉圭	6.7	25	阿根廷	2.9	106
哥伦比亚	3.7	75	玻利维亚	2.7	120
巴西	3.7	75	洪都拉斯	2.5	130
秘鲁	3.7	75	尼加拉瓜	2.5	130
巴拿马	3.4	84	厄瓜多尔	2.2	146
危地马拉	3.4	84	巴拉圭	2.1	154
萨尔瓦多	3.4	84	委内瑞拉	1.9	162

说明：参评国家为 168 个国家。

资料来源：根据“透明国际”Transparency International 网站公布数据整理而得。

二、增加人力资本投资，加快教育制度改革

（一）人力资本形成和教育的重要性

美国经济学家西奥多·W. 舒尔茨（1979 年度诺贝尔经济学奖得主）在 1960 年美国经济学年会的演说中，系统阐述了人力资本理论。[①] 人力资本在经济发展中的作用日益受到人们的重视。教育作为人力资本形成的主要形式，在经济社会发展中具有重要作用，对发展中国家来说尤其如此。

首先，发展中国家教育回报率高。从表 6—3 可以看出，

① 舒尔茨的人力资本理论内容主要包括：（1）人力资源是一切资源中最主要的资源；（2）在经济增长中，人力资本的作用大于物质资本的作用，即对人力资本进行投资，对 GDP 的增长具有更高的贡献率；（3）人力资本的核心是提高人口质量，教育投资是人力投资的主要部分；（4）教育投资应以市场供求关系为依据，以人力价格的浮动为衡量符号。

高等教育在低收入国家的社会回报率和私人回报率均高于高收入国家。低收入国家高等教育的私人回报率甚至比高收入国家还高一倍。这主要是因为教育在发展中国家属于稀缺商品，边际收益高。

表 6—3 1986 年左右高收入国家和低收入国家高等教育回报率比较

	社会回报率	私人回报率
低收入国家	13%	22%
高收入国家	8%	11%

资料来源：张培刚主编：《发展经济学教程（修订版）》，经济科学出版社 2007 年，第 203 页。

其次，教育是缩小收入分配差距的有效途径。教育能够提高劳动者素质和技能，是导致工资差别的重要因素。因此，缩小受教育水平的差异，提供公平的受教育机会是缩小收入差距的重要措施。据国外学者估算，居民的平均受教育年限增加一年，基尼系数就下降两个百分点。[①]

再次，教育还能产生许多非经济效益。有人曾做过研究，教育水平高的母亲抚养婴儿的死亡率要比教育水平低的母亲抚养婴儿的死亡率低。教育产生的这种积极效应会延续到下一代。

（二）拉美国家的人力资本缺乏和教育不公问题

从图 6—3 可以看出，拉美国家劳动人口的平均受教育年限明显低于发达国家和东欧国家。与东亚国家相比，1960 年拉

① Nancy Birdsall, Carol Graham, and Richard H. Sabot, eds., *Beyond Tradeoffs—Market Reforms and Equitable Growth in Latin America*, Washington, D. C.: Inter-American Development Bank, 1998, p. 77.

美国家劳动人口的平均受教育年限（3.2）略高于东亚国家的水平（3.1）。从1965年开始，差距逐渐拉大，到1999年拉美国家劳动人口的平均受教育年限（5.9）比东亚国家（7.8）低了将近两年。拉美国家劳动人口的平均受教育年限虽然比中东、亚洲其他国家和非洲地区的高，但是，其增长速度缓慢，而中东国家的这一指标上升速度非常快，到1999年几乎赶上了拉美国家的水平。

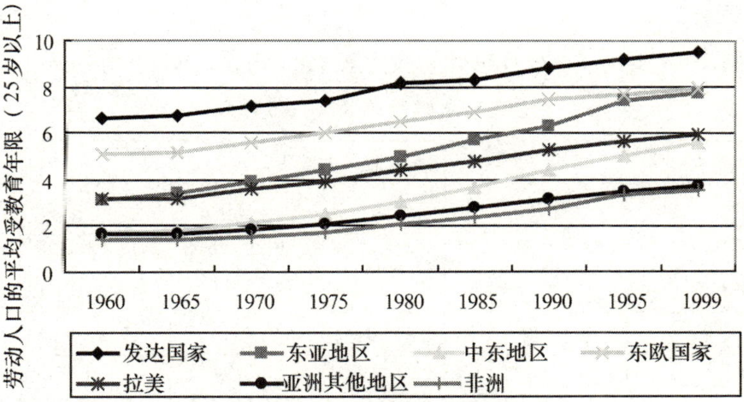

图6—3　拉美国家劳动人口的平均受教育年限与其他地区比较（单位：年）

资料来源：Inter-American Development Bank（IDB），Chapter 1 Growth，Productivity and Competitiveness in *Competiveness*：*The Business of Growth*，*the Economic and Social Progress in Latin America* 2001 *Report*，Washington，D. C.，2001，p. 14。

从劳动力人口的教育层次结构来看，拉美国家劳动人口中，初等教育以下的占42.6%，比台湾地区高7.4%，而美国这一比重不到3%。拉美国家劳动人口中接受中等教育人口的比重与台湾地区和美国也存在一定差距。接受过高等教育劳动力人口比重与台湾地区相差不大，均为19%以上，与美国差距很大，相差30%以上（见表6—4）。

表 6—4　2000 年左右拉美国家人力资本情况与美国和台湾地区的比较（%）

	未受教育	初等教育	中等教育	高等教育
拉美 19 国平均水平	6. 7	35. 9	37. 9	19. 4
台湾地区	6. 5	28. 7	45. 2	19. 6
美国	0. 4	2. 5	44. 9	52. 2

资料来源：Inter-American Development Bank（IDB），“Chapter 10 Removing Barriers to Improved Labor Productivity”，in *Competiveness：The Business of Growth，the Economic and Social Progress in Latin America* 2001 *Report*，Washington，D. C.，2001，p. 123。

表 6—5　20 世纪 90 年代拉美国家不同收入群体平均受教育年限比较（25—65 岁）

收入群体 / 国家	按个人收入由低到高平分成 10 组										
	I	II	III	IV	V	VI	VII	VIII	IX	X	X/I
阿根廷	7. 10	7. 70	7. 84	8. 28	8. 84	9. 39	9. 65	11. 28	11. 73	14. 24	2. 0
玻利维亚	6. 44	7. 31	7. 73	8. 15	8. 14	8. 58	9. 2	9. 61	10. 83	12. 12	1. 9
巴西	2. 41	3. 2	3. 38	3. 82	4. 32	7. 84	5. 68	6. 37	7. 5	10. 33	4. 3
哥伦比亚	4. 86	5. 62	5. 93	6. 37	6. 63	6. 96	7. 18	7. 73	7. 75	6. 68	1. 4
哥斯达黎加	4. 51	5. 01	5. 61	6. 01	6. 33	6. 67	7. 37	7. 83	9. 01	11. 85	2. 6
智利	6. 31	7. 16	7. 64	8. 02	8. 45	8. 91	9. 43	10. 3	11. 3	13. 12	2. 1
厄瓜多尔	3. 92	4. 77	5. 39	5. 67	6. 63	7. 36	8. 1	8. 37	9. 44	11. 76	3. 0
萨尔瓦多	2. 10	2. 4	2. 78	3. 17	3. 53	4. 1	5. 2	6. 19	7. 58	11. 02	5. 3
洪都拉斯	2. 73	2. 95	3. 25	3. 71	4. 21	4. 46	4. 88	5. 92	6. 74	8. 98	3. 3
墨西哥	3. 08	3. 52	4. 39	5. 43	5. 93	6. 53	7. 31	7. 83	8. 66	11. 24	3. 7
巴拉圭	3. 62	3. 8	4. 33	4. 93	5. 15	5. 69	6. 67	7. 35	8. 19	10. 75	3. 0
秘鲁	5. 85	6. 31	6. 47	6. 19	6. 29	6. 83	7. 4	8. 27	9. 06	10. 84	1. 9
乌拉圭	6. 30	6. 83	7. 22	7. 49	7. 81	8. 28	8. 99	9. 53	10. 64	12. 68	2. 0
委内瑞拉	5. 85	6. 31	6. 6	6. 86	6. 76	7. 32	7. 17	7. 72	8. 21	9. 93	1. 7

资料来源：Suzanne Duryea and Miguel Székely，“The Determinants of Schooling in Latin America：A Micro-Macro Approach”，转引自 Victor Bulmer-Thomas，John H. Coatsworth and Roberto Cortés Conde，*The Cambrtidge Economic History of Latin America*，Cambridge：Cambridge University Press，2008，p. 614。

从表6—5可以看出，拉美国家的教育不平等现象非常普遍。萨尔瓦多收入最高的10%人口平均受教育年限是收入最低的10%人口平均受教育年限的5.3倍，巴西是4.3倍，墨西哥、洪都拉斯、巴拉圭、厄瓜多尔超过3倍，哥斯达黎加、智利、阿根廷、乌拉圭在2倍以上，只有哥伦比亚教育不平等程度比较轻。高收入群体有机会获得更好的教育，从而更容易找到收入较高的工作。而对低收入群体来说教育是一种奢侈品，无法获得良好的教育，使他们很难获得正规就业的机会，结果是收入差距越拉越大，形成恶性循环。要打破这种恶性循环，政府需要增加教育投入，为低收入者提供更多受教育的机会，增加教育的公平性。

三、重视并加大对农村生产关系的调整

拉美国家的经济改革忽视农村生产关系的调整，片面强调城市和工业的发展。缺少对小农经济的保护和支持，导致大量的小农破产，被迫涌入城市，成为城市贫民。农村土地的集中程度进一步增强，农村失地农民和家庭数量和比重增加，加剧了农村贫困问题和收入差距的进一步拉大。

关于土地集中问题我们可以用土地基尼系数来衡量，该系数数值在0至1之间，数值越大表示土地集中程度越大。从表6—6中可以看出，除墨西哥外拉美多数国家的土地集中程度非常高，秘鲁、委内瑞拉的土地基尼系数一直在0.9以上，阿根廷、巴西、危地马拉、乌拉圭等国的土地基尼系数虽未超过0.9，但都在0.8以上。墨西哥土地集中程度的降低与1918—1968年间的墨西哥土地改革有着密切关系。此外，从表6—6中我们还可以看出从20世纪40年代到80年代，土地集中程度的变化不大，只有哥伦比亚和尼加拉瓜的土地集中程度有所

下降。从世界范围来看，拉美是土地集中程度最严重的地区，远远高于中国、日本、韩国等东亚国家。美国和加拿大的农业集约化程度很高，大农场比较多，即便这样其土地集中程度仍未达到拉美国家的水平。

表6—6　拉美国家土地基尼系数与其他国家的对比

国家＼年份	1941—1950	1951—1960	1961—1970	1971—1980	1981—1990
阿根廷	—	0.8625	0.8730	—	0.8598
玻利维亚	—	—	—	—	0.7677
巴西	0.8329	0.8347	0.8370	0.8521	—
智利	—	0.9330	—	—	—
哥伦比亚	—	0.8598	—	0.8592	0.7742
哥斯达黎加	0.8072	0.7820	0.7913	0.8133	—
古巴	—	—	—	0.6061	0.6339
多米尼加	0.7962	0.7999	0.7900	0.8197	—
厄瓜多尔	—	0.8642	—	0.8155	—
危地马拉	0.8588	0.8280	—	0.8484	—
洪都拉斯	—	0.7512	—	0.7788	—
墨西哥	0.5915	0.6216	0.7470	—	—
尼加拉瓜	—	0.8009	—	0.3177	—
巴拿马	0.7129	0.7326	—	0.7778	0.8712
巴拉圭	—	0.8583	—	0.9281	0.9390
秘鲁	—	0.9350	0.9355	0.9105	—
乌拉圭	—	0.8200	0.8147	0.8034	0.8400
委内瑞拉	—	0.9270	0.9244	0.9096	—
美国	0.7035	0.7152	0.7165	0.7455	0.7536
加拿大	—	0.534	0.5449	0.5119	—
中国	—	—	—	0.211	0.190
日本	0.3904	0.4114	0.4238	0.5212	0.3821
韩国	0.729	0.195	0.384	0.301	—

资料来源：Ricardo Gottschalk and Patricia Hustino，*Overcoming Inequality in Latin America—Issues and Challenges for the Twenty-first Century*，London and New York：Routledege，2006，p. 19。

土地集中造成了拉美国家无地农民和家庭的增加。表6—7中所列十个拉美国家无地农民家庭占全部农民家庭的比重，最低的也在50%以上（哥斯达黎加），最高达到85%（玻利维亚和危地马拉）。

表6—7　90年代初拉美10国无地农民家庭占全部农民家庭的比重（%）

玻利维亚	巴西	哥伦比亚	哥斯达黎加	厄瓜多尔
85	70	66	55	75
萨尔瓦多	危地马拉	墨西哥	秘鲁	多米尼加
80	85	60	75	68

资料来源：Patrice M. Franko, *The Puzzle of Latin American Economic Development*, Oxford: Rowman & Littlefield Publishers, Inc., 1999, p. 324。

土地是农民赖以生存的基本生产资料，失去土地的农民要么成为衣食无着的农村贫困人口，要么被迫涌入城市寻找工作。但是由于文化水平低和缺乏劳动技能，这些贫苦农民很难在城市的正规部门就业，他们被迫在城市街头从事摆摊零售或在建筑部门从事临时性体力工作，收入很低，生活无保障。[①] 此外，失地农民涌入城市是拉美城市贫民窟不断扩展的重要原因之一。因此，拉美国家在今后的改革中要注重农村生产关系的调整，加大土地改革的力度，减轻土地集中程度，使农民能够获得土地这一基本生产资料。这将是减轻农村贫困问题的根本之策。

四、注重社会公平，增加社会政策的公平性

在90年代的经济改革中，拉美国家的收入差距拉大，贫困

---

① 苏振兴主编：《拉美国家现代化进程研究》，社会科学文献出版社2006年版，第511页。

问题突出。面对不断恶化的社会问题，拉美各国政府普遍采取了增加社会开支的政策。1990—1991 年至 2002—2003 年，人均社会开支增长了 39%，由人均 440 美元增加到 610 美元（按 2000 年美元价格计算）。[①] 但是，拉美国家的社会开支分配政策本身就存在严重的不平等问题，因此，很难起到调节社会分配、减少贫困的目标。从表 6—8 可以看出，拉美一些国家用于教育和医疗保健的社会支出在不同收入群体之间的分配是不平等的。

表 6—8　拉美国家用于教育和医疗的社会支出在不同收入群体之间的分配

（不同收入群体获得教育和医疗社会支出所占比重）

国家及年份 \ 不同收入群体		按个人收入由低到高分组				
		最贫穷的 20%	20%	20%	20%	最富有的 20%
累退分配	阿根廷（1998）	24	21	21	19	16
	智利（2003）	33	26	19	15	7
	哥斯达黎加（2000）	25	23	19	18	15
	乌拉圭（1998）	26	21	20	18	16
几乎平均分配	哥伦比亚（2003）	21	20	19	21	19
	危地马拉（2000）	17	20	22	22	19
	墨西哥（2002）	18	19	20	23	20
累进分配	玻利维亚（2002）	15	17	19	23	26
	巴西（1997）	17	19	20	21	23
	尼加拉瓜（1998）	14	18	21	20	27
	秘鲁（2000）	15	17	18	22	27

资料来源：Márquez，Gustavo，Alberto Chong，Suzanne Duryea，etc.，*Outsiders? The Changing Pattern of Exclusion in Latin*，*the Economic and Social Progress in Latin America* 2008 *Report*，Washington，D. C.：the Inter-American Development Bank，2007，p. 68。

只有阿根廷、智利、哥斯达黎加、乌拉圭采取了累退的分配方式，即越贫穷的人口分配到的社会支出比重越大，越富有

---

① 苏振兴：《对拉美国家经济改革的回顾与评估》，《拉丁美洲研究》，2008 年第 4 期，第 10 页。

的人口分配到的社会支出比重越小。这种分配方式是合理的，对于缩小收入差距，缓解贫困问题是有意义的。但是表中所列其他国家教育和医疗社会支出在不同收入群体之间的分配是不合理的。哥伦比亚、危地马拉和墨西哥的社会支出几乎是在不同收入群体之间平均分配，玻利维亚、巴西、尼加拉瓜和秘鲁甚至是累进的分配方式，即越富有的人口占有的社会支出越多，这种分配方式不仅不能调节收入分配和解决贫困问题，反而扩大了收入差距。

养老金支出在拉美国家不同收入群体之间的分配极端不平等，这也大大削弱了社会支出政策调节收入分配的作用。从表6—9可见，一个极端的国家是哥伦比亚，2003年用于最贫穷的20%人口的养老金支出为0，而最富有的20%人口占据了养老金支出的80%。

表6—9　拉美国家养老金支出在不同收入群体之间的分配

（不同收入群体获得养老金支出的比重）

不同收入群体 / 国家及年份	按个人收入由低到高分组				
	最贫穷的20%	20%	20%	20%	最富有的20%
阿根廷（1998）	10	14	20	27	30
玻利维亚（2002）	10	13	14	24	39
巴西（1997）	7	8	15	19	51
哥伦比亚（2003）	0	2	5	13	80
哥斯达黎加（2000）	12	12	12	18	45
厄瓜多尔（1999）	4	7	21	22	46
危地马拉（2000）	1	3	5	15	76
墨西哥（2002）	3	11	17	28	42
乌拉圭（1998）	3	7	15	24	52

资料来源：Márquez，Gustavo，Alberto Chong，Suzanne Duryea，etc.，*Outsiders? The Changing Pattern of Exclusion in Latin*，*the Economic and Social Progress in Latin America* 2008 *Report*，Washington，D. C.：the Inter-American Development Bank，2007，p. 68。

由此可见，重视社会问题，增加社会支出是解决社会问题的重要措施，但是，增强社会支出分配的公平性更为重要，使有限的社会支出真正用到穷人身上。只有这样，才能对缓解收入差距和贫困问题有所助益，否则只能使差距越来越大。

五、根据本国国情进行制度创新

如前所述，在债务危机和债权国及国际机构的双重压力下，拉美国家完全照搬了新自由主义经济理论的政策处方，忽视了本国国情和政策的自主性。结果，经济增长未能达到预期目标，收入分配失衡、失业率上升、贫困问题恶化。而且，随着经济全球化和国际分工趋势的加强，发达国家更容易把发展中国家纳入到由其主导的国际规则中。正是从这个意义上讲，拉美经济改革具有明显的制度依附性。因此，在今后的改革和发展中，拉美国家应该根据本国的文化、政治和经济情况，进行制度上的创新，自主选择发展模式，摆脱制度依附和经济依附的怪圈。

智利虽然是拉美国家中第一个按照新自由主义经济理论改革的国家，但是智利能够根据本国的经济形势，灵活制定对策，而不是完全照搬新自由主义的不干预经济的政策。智利在养老金改革和短期资本管制方面的制度创新值得拉美其他国家甚至改革中的其他地区发展中国家学习。

参考文献

（一）中文参考文献

1. ［美］C. P. 欧曼、G. 韦格纳加拉著，吴正章、张琦译：《战后发展理论》，中国发展出版社 2000 年版。

2. ［美］E. 布拉德福德·伯恩斯著，王宁坤译：《简明拉丁美洲史》，湖南教育出版社 1989 年版。

3. ［美］芭芭拉·斯托林斯、威尔逊·佩雷斯著，江时学等译：《经济增长、就业与公正——拉美国家改革开放的影响其经验教训》，中国社会科学出版社 2002 年版。

4. 查灿长：《腓力二世与西班牙帝国的衰败》，《烟台师范学院报（哲社版）》，1989 年第 4 期。

5. 程恩富、胡乐明主编：《新制度主义经济学》，经济日报出版社 2005 年版。

6. ［美］戴维·S. 兰德斯著，门洪华等译：《国富国穷》，新华出版社 2007 年版。

7. ［美］道格拉斯·C. 诺思、罗伯斯·托马斯著，厉以平、蔡磊译：《西方世界的兴起》，华夏出版社 1999 年版。

8. ［美］道格拉斯·C. 诺思著，陈郁、罗华平译：《经济史中的结构与变迁》，上海三联书店、上海人民出版社 1999 年版。

9. ［美］道格拉斯·C. 诺思著，杭行译：《制度、制度变迁与经济绩效》，格致出版社、上海三联书店、上海人民出版社 2009 年版。

10. ［美］道格拉斯·C. 诺思著，钟正声、邢华译：《理解经济变迁过程》，中国人民大学出版社 2008 年版。

11. 丁冰主编：《现代西方经济学说》，中国经济出版社 1999 年版。

12. ［巴西］费尔南多·恩里克·卡多佐、恩佐·法勒托著，单楚译：《拉美的依附性及发展》，世界知识出版社 2002 年版。

13. 高鸿业主编：《西方经济学》，中国经济出版社 1997 年版。

14. 高利荣：《浅析西班牙君主专制国家衰落的原因》，《川东学刊（社会科学版）》，1995 年第 1 期。

15. 韩琦：《拉美的新结构理论——转型时期现代化道路的新思考》，《拉丁美洲研究》，2008 年第 6 期。

16. 韩琦：《拉美结构主义研究中的几个问题》，《世界历史》，2008 年第 2 期。

17. 韩琦：《试探拉美经济落后于北美的根源》，《世界历史》，1997 年第 3 期。

18. 韩琦：《智利经济——社会转型的特点和经验》，《拉丁美洲研究》，2005 年第 8 期。

19. ［美］霍华德·威亚尔达：《拉丁美洲对发展模式和发展理论的探索》，［美］霍华德·威亚尔达主编，董正华等译：《非西方发展理论——地区模式与全球趋势》，北京大学出版社 2006 年版。

20. 贾根良、于占东：《自主创新与国家体系：对拉美教训的理论分析》，《天津社会科学》，2006 年第 6 期。

21. 贾根良主编：《拉丁美洲市场经济体制》，兰州大学出版社 1994 年版。

22. 江时学：《拉美国家的收入分配为什么如此不公》，《拉丁美洲研究》，2005 年第 5 期。

23. 江时学：《拉美国家重视强化社会凝聚力》，《求是杂志》，2008 年第 23 期。

24. 江时学：《论拉美国家的金融自由化》，《拉丁美洲研究》，2003 年第 2 期。

25. 江时学：《新自由主义、“华盛顿共识”与拉美国家的改革》，《当代世界与社会主义》，2003 年第 6 期。

26. 江时学等：《拉美与东亚发展模式比较研究》，世界知识出版社 2001 年版。

27. 江时学主编：《阿根廷危机反思》，社会科学文献出版社 2004 年版。

28. 江时学主编：《发展中国家的发展问题》，方志出版社 2008 年版。

29. 江时学主编：《拉美国家的经济改革》，经济管理出版社 1998 年版。

30. 江时学：《金融全球化与发展中国家的经济安全——拉美国家的经验教训》，社会科学文献出版社 2004 年版。

31. 江时学：《拉美发展模式研究》，经济管理出版社 1996 年版。

32. ［美］杰拉尔德·迈耶、达德利·西尔斯主编，谭崇台等译：《发展经济学的先驱》，经济科学出版社 1988 年版。

33. ［美］克里斯托弗·克拉克主编，余劲松等译：《制度与经济发展——欠发达和后社会主义国家的增长与治理》，法律出版社 2006 年版。

34. 李春辉：《拉丁美洲史稿（上册）》，商务印书馆 1983 年版。

35. 李罡：《拉美经济改革理论基础辨析——新自由主义经济学与拉美经济改革》，《拉丁美洲研究》，2008 年第 6 期。

36. 李罡、许维力：《拉美能逃过此劫吗？——论全球金融危机对拉美国家的影响》，《拉丁美洲研究》，2009 年第 4 期。

37. 李俊江、及扬：《拉美国家国有企业改革及对中国的启示》，《东北亚论坛》，2002 年第 4 期。

38. 李若谷：《制度适宜与经济发展——基于中国实践的发展经济学》，人民出版社 2008 年版。

39. 李若谷主编：《世界经济发展模式比较》，社会科学文献出版社 2009 年版。

40. 李小云主编：《普通发展学》，社会科学文献出版社 2005 年版。

41. 刘文革、刘婷婷：《以诺思为代表的制度变迁理论评析》，《学术交流》，2007 年第 3 期。

42. 刘文革：《经济转轨与制度变迁方式比较——以中俄改革战略演变为背景分析》，经济科学出版社 2007 年版。

43. 刘文龙、朱鸿博：《西半球的裂变——近代拉美与美国发展模式比较研究》，上海辞书出版社 2005 年版。

44. 卢现祥主编：《新制度经济学》，武汉大学出版社 2004 年版。

45. ［美］罗伯特·吉尔平：《全球政治经济学——解读国际经济秩序》，上海人民出版社 2006 年版。

46. ［美］迈克尔·P. 托达罗著，黄卫平、彭刚等译：

《经济发展》（第六版），中国经济出版社 1999 年版。

47. 美洲开发银行著，江时学等译：《拉美经济改革的得与失——美洲开发银行论拉丁美洲经济改革》，社会科学文献出版社 1999 年版。

48. 彭刚、黄卫平主编：《发展经济学教程》，中国人民大学出版社 2007 年版。

49. 青木昌彦、吴敬琏编：《从威权到民主——可持续发展的政治经济学》，中信出版社 2008 年版。

50. ［巴西］塞尔索·富尔塔多：《拉丁美洲的经济发展》，上海译文出版社 1981 年版。

51. ［美］史蒂文·普雷斯曼著，陈海燕等译：《五十位经济学家》，江苏人民出版社 2005 年版。

52. ［美］斯塔夫里亚诺斯著，迟越、王红生等译：《全球分裂——第三世界的历史进程（上册）》，商务印书馆 1993 年版。

53. ［美］斯塔夫里亚诺斯著，迟越、王红生等译：《全球分裂——第三世界的历史进程（下册）》，商务印书馆 1993 年版。

54. ［美］斯图亚特·R. 林恩著，王乃辉等译：《发展经济学》，格致出版社、上海三联书店、上海人民出版社 2009 年版。

55. 宋则行等：《后发经济学》，上海财经大学出版社 2004 年版。

56. 苏振兴、徐文渊主编：《拉丁美洲国家经济发展战略研究》，北京大学出版社 1987 年版。

57. 苏振兴：《对拉美国家经济改革的回顾与评估》，《拉丁美洲研究》，2008 年第 4 期。

58. 苏振兴：《拉丁美洲：新自由主义“退潮”，本土发展理论复兴》，《红旗文稿》，2008 年第 6 期。

59. 苏振兴：《拉美国家制造业的结构调整》，《拉丁美洲研究》，2002 年第 6 期。

60. 苏振兴：《增长、分配与社会分化——对拉美国家社会贫富分化问题的考察》，《拉丁美洲研究》，2005 年第 1 期。

61. 苏振兴：《改革与发展失调——对拉美国家经济改革的整体评估》，《拉丁美洲研究》，2003 年第 6 期。

62. 苏振兴主编：《拉美国家现代化进程研究》，社会科学文献出版社 2006 年版。

63. 覃翠柏：《西班牙何以成为“黄金漏斗”——兼谈16—17 世纪西班牙的衰落》，《玉林师范高等专科学校学报》，2000 年第 2 期。

64. 王德祥：《经济全球化条件下的世界金融危机研究》，武汉大学出版社 2002 年版。

65. 王松亭：《16 世纪西班牙殖民统治体制探微》，《史学集刊》，1993 年第 1 期。

66. 王晓蓉：《东亚和拉美创新体系的比较及其对我国的启示》，《当代亚太》，2006 年第 9 期。

67. ［英］维克托·布尔默－托马斯著，王乃辉等译：《独立以来拉丁美洲的经济发展》，中国经济出版社 2000 年版。

68. ［德］魏伯乐、［美］奥兰·扬等主编：《私有化的局限》，上海三联书店、上海人民出版社 2006 年版。

69. 吴斌：《智利养老金制度改革简介》，《保险研究》，2003 年第 7 期。

70. 徐世澄：《拉丁美洲政治》，中国社会科学出版社 2006 年版。

71. 杨冬云：《印度经济改革与发展的制度分析》，经济科学出版社 2006 年版。

72. 杨永华：《发展经济学流派研究》，人民出版社 2007 年版。

73. ［美］约瑟夫·熊彼特著，李默译：《财富增长论》，陕西师范大学出版社 2007 年版。

74. ［美］詹姆斯·A. 道，史迪夫·H. 汉科等编著，黄祖辉、蒋文华译：《发展经济学的革命》，上海三联书店、上海人民出版社 2000 年版。

75. 张雷声：《发展中国家的新自由主义经济改革及其理论反思》，《高校理论战线》，2003 年第 5 期。

76. 张培刚主编：《发展经济学（修订版）》，经济科学出版社 2007 年版。

77. 张卫良：《试论 15—16 世纪西班牙君主专制制度的特点》，《杭州师范学院学报》，1993 年第 5 期，第 28 页。

78. 赵光瑞：《论开放经济条件下的制度依附——对当今国际经济关系的新解读》，《经济纵横》，2009 年第 5 期。

79. 中国社会科学院课题组：《新自由主义研究》，《经济学家》，2004 年第 2 期。

（二）英文参考文献

80. Armijo, Leslie Elliott and Philippe Faucher, "We Have a Consensus: Explaining Political Support for Market Reforms in Latin America", *Latin American Poitics and Society*, Vol. 44, No. 2, 2002.

81. Behrman, Jere R., Nancy Birdsall and Miguel Székely, "Economic Reform and Wage Differentials in Latin America", In-

ter-American Development Bank, Research department Working Paper #435, 2000.

82. Bethell, Leslie (ed.), *Latin America Economy and Society since* 1930, Cambridge, UK: Cambridge University Press, 1998.

83. Birdsall, Nancy, Carol Graham and Richard H. Sabot (eds.), *Beyond Tradeoffs—Market Reform and Equitable Growth in Latin America*, Washington, D. C.: Inter-American Development Bank, 1998.

84. Borner, Silvio, *Institutional Obstacles to Latin American Growth*, San Francisco: An International Center for Economic Growth, 1992.

85. Bulmer-Thomas, Victor, John H. Coatsworth and Roberto Cortés Conde (eds.), *The Cambrtidge Economic History of Latin America*, New York, NY: Cambridge University Press, 2008.

86. Calderón, Fernando, "A Historic Turning Point—Political Change and the Socio-institutional Situation in Latin America", *SEPAL Review*, No. 96, 2008.

87. Cardaoso, Eliana, and Ann Helwege, *Latin America's Economy: Diversity, Trends, and Conflicts.* Cambridge, Mass.: The MIT Press, 1999.

88. Carrera, Jorge, Massimo Florio and Daniele Checchi, "Privatization Discontent and Its Determinant: Evidence from Latin America", IZA Discussion Paper, No. 1587, May 2005.

89. Chong, Alberto, Florencio López-de-Silanes (eds.), *Privatization in Latin America—Myths and Reality*, Palo Alto, CA and Washington, D. C.: Stanford University Press and the World Bank, 2000.

90. Cimoli, Mario, Annalisa Primi and Maurizio Pugno, "A Low-growth Model: Informality as a Structural Constraint", *SEPAL Review*, No. 66, 2006.

91. Costin, Harry, and Hector Vanolli (eds.), *Economic Reform in Latin America*, Orlando, FL: The Dryden Press, 1998.

92. Cypher, James M., and James L. Dietz, *The Process of Economic Development*, London: Routledge, 1997.

93. David, M. Beartiz De A., Martine Dirven and Frank Vogelgesang, "The Impact of the New Economic Model on Latin America's Agricultue", *World Development*, Vol. 28, No. 9, 2000.

94. ECLAC, *Preliminary Overview of the Economies of Latin America and the Caribbean*, 1999.

95. ECLAC, *Preliminary Overview of the Economies of Latin America and the Caribbean*, 2000.

96. ECLAC, *Preliminary Overview of the Economies of Latin America and the Caribbean*, 2008.

97. ECLAC, *Social Panorama of Latin America*, 2007.

98. ECLAC, *StatisticalYearbook for Latin America and the Caribbean*, 2009.

99. Fanelli, José Mariá (ed.), *Understanding Market Reforms in Latin America—Similar Reforms, Diverse Constituencies, Varied Results*, New York, NY: Palgrave Macmillan, 2007.

100. Fernández-Arias, Eduardo, and Peter Montiel, "Reform and Growth in Latin America: All Pain, No Gain?", Inter-American Development Bank Office of the Chief Economist Working Paper #351, 1997.

101. FitzGerald, Valpy, and Rosemary Thorp (eds.), *Eco-*

nomic Doctrines in Latin America - Origins, *Embedding and Evolution*, New York, NY: Palgrave Macmillan, 2005.

102. Food and Agriculture Organization of the United Nations (FAQ), *Trade Reforms and Food Security—Conceptualizing the Linkages*, Rome, Italy, 2003.

103. Glade, William P., *The Latin American Economics — A Study of Their Institutional Evolution*, New York, NY: American Book Company, 1969.

104. Glade, William, and Rossana Corona (eds.), *Bigger Economies*, *Smaller Governments— Privatization in Latin America*, Boulder: Westview Press, 1996.

105. Gottschalk, Ricardo, and Patricia Hustino (eds.), *O-vercoming Inequality in Latin America—Issues and Challenges for the Twenty-first Century*, London and New York: Routledege, 2006.

106. Gupta, S. P., "Economic Reform and Its Impact on Poor", *Economic and Political Weekly*, Vol. 30, No. 22, 1995.

107. Hernóndez, Leonardo, and Fernando Parro, "Economic Reforms, Financial Development and Growth: Lessons from the Chilean Experience", *Cuadernos de Ecomomia*, Vol. 45 (Mayo), 2008.

108. Hofman, André A., "Economic Growth and Performance in Latin America", *ECLAC Serie Reformas Económicas* 54, Santiago: United Nations Economic Commission on Latin America and the Caribbean (ECLAC), 2000.

109. Hofman, André A., "Long Run Economic Development in Latin America in a Comparative Perspective: Proximate and Ultimate Causes", ECLAC, Economic Development Division, 2001.

110. Hofman, André A., *The Economic Development of Latin*

America in the Twentieth Century, Cheltenham, UK and Northampton, Mass. : Edward Elgar Publishing, Inc. , 2000.

111. Holmes, Kim R. , Edwin J. Feulner, Mary Anastasia O'Grady, 2008 *Index of Economic Freedom*, Washington, D. C. : The Heritage Foundation and Dow Jones & Company, Inc. , 2008.

112. Inter-American Development Bank (IDB), *Competiveness: The Business of Growth, the Economic and Social Progress in Latin America* 2001 *Report*, Washington, D. C. , 2001.

113. Inter-American Development Bank (IDB), *Development Beyond Economics, the Economic and Social Progress in Latin America* 2000 *Report*, Baltimore: The Hopkins University Press, 2000.

114. Inter-American Development Bank (IDB), *Unlocking Credit: The Quest for Deep and Stable Bank Lending, the Economic and Social Progress in Latin America* 2005 *Report*, Washington, D. C. , 2005.

115. Katz, Jorge, "Market-oriented Reforms, Globalization and the Recent Transformation of Latin American Innovation systems", *Oxford Development Studies*, Vol. 32, No. 13, 2004.

116. Katz, Jorge, "Structural Change and Domestic Technological Capabilities", *SEPAL Review* , No. 89, 2006.

117. Kirby, Peadar, *Introduction to Latin America — Twenty-First Century Challenges*, London: SAGE Publication Ltd. , 2003.

118. Livacic, Ernesto, and Sebastián Sáez, "The Banking Supervision Agenda in Latin America", *SEPAL Review*, No. 74, 2001.

119. Loayza, Norman, Pablo Fajnzylber and César Calderón, *Economic Growth in Latin America and the Caribbean — Stylized Facts, Explanations , and Forecasts*, Washington, D. C. : the

World Bank, 2005.

120. Lora, Eduardo (ed.), *The State of State Reform in Latin America*, Redwood City: Stcnford University Press, 2006.

121. Lora, Eduardo and Gustavo Márques, "The Employment Problem in Latin America: Perceptions and Stylized Facts", Inter-American Development Bank, Office of the Chief Economist Working Paper 71, 1998.

122. Lora, Eduardo, "Structural Reforms in Latin America: What Has Been Reformed and How to Measure it", Inter-American Development Bank Research Department Working Paper # 466, 2001.

123. Lora, Eduardo, "What Makes Reforms Likely? Timing and Sequencing of Structural Reforms in Latin America", Inter-American Development Bank Research Department, Working Paper # 424, August 1998.

124. Lora, Eduardo, and Mauricio Olivra, "What Makes Reforms Likely: Political Economy Determinants of Reforms in Latin America", *Journal of Applied Economics*, Vol. VII, No. I May 2004.

125. Lora, Eduardo, and Ugo Panizza, "Structural Reforms in Latin America under Scrutiny", Inter-American Development Bank Research Department Working Paper #470, 2002.

126. Lora, Eduardo, Ugo Panizza, and Myriam Quispe-Agnoli, "Reform Fatigue: Symptoms, Reasons, and Implications", *Federal Reserve Bank of Atlanta Economic Review*, 2004.

127. Macario, Carla, "The Behavior of Manufaturing Firms Under the New Economic Model", *World Development*, Vol. 28,

No. 9, 2000.

128. Manuel Sanchez and Rossana Corona (eds.), *Privatisation in Latin America*, Washington, D. C.: Inter-American Development Bank, 1993.

129. Manzetti, Luigi and Charles H. Blake, "Market Reforms and Corruption in Latin America: New Means for Old Ways", *Review of International Political Economy*, Vol. 3, No. 4, 1996.

130. Márquez, Gustavo, Alberto Chong, et al., *Outsiders? The Changing Pattern of Exclusion in Latin, the Economic and Social Progress in Latin America* 2008 *Report*, Washington, D. C.: Inter-American Development Bank, 2007.

131. Melo, Alberto andAndrés Rodriguez-Clare, "Productive Develpment Policies and Supporting Institutions in Latin America and the Caribbean", Inter-American Development Bank, Research Department Working Paper C-106, 2006.

132. Middlebrook, Kevin J., and Eduardo Zepeda (eds.), *Confronting Development—Assessing Mexico's Economic and Social Policy Challenges*, Stanford: Stanford University Press, 2003.

133. Moguillansky, Graciela, Rogerio Studart and Sebastián Vergara, "Foreign Banks in Latin America: a Paradoxical Result", *CPEAL Review*, No. 82, 2004.

134. Morley, Samuel A., and Roberto Machado and Stefano Pettinato, "Indexes of Structural Reform in Latin America", *ECLAC Serie Reformas Económicas* 12, Santiago: United Nations Economic Commission on Latin America and the Caribbean (ECLAC), 1999.

135. Ocampo, José Antonio, "Latin America's Growth and

Equity Frustrations during Structural Reforms", *Journal of Economic Perspectives*, Vol. 18, No. 2, 2004.

136. Ocampo, José Antonio, and Juan Martin (eds.), *A Decade of Light and Shadow: Latin America and the Caribbean in the* 1990*s*, Santiago, Chile: Economic Commission for Latin America and the Caribbean, 2003.

137. Panizza, Ugo, and Mónica Yañez, "Why are Latin Americans so Unhappy about Reforms?", Inter-American Development Bank Research Department Working Paper #567, 2002.

138. Patrice M. Franko, *The Puzzle of Latin American Economic Development*, Lanham, Maryland: Rowman & Littlefield Publishers, Inc., 1999.

139. Paunovie, Igor, "Growth and Reforms in Latin America and the Caribbean in the 1990s", *ECLAC Serie Reformas Económicas* 70, Santiago: United Nations Economic Commission on Latin America and the Caribbean (ECLAC), 2000.

140. Porzecanski, Rberto and Kevin P. Gallagher, "Economic Reform and Foreigh Direct Investment in Latin America: a Critical Assessment", *Progress in Development Studies*, Vol. 7, No. 3, 2007.

141. Ramirez, Miguel D., and Hari Sharma, "Remittances and Growth in Latin America: A Panel Unit Root and Panel Cointegration Analysis", Yale University Economics Department Working Paper, No. 51, 2008.

142. Reinhardt, Nola, and Wilson Peres, "Latin America's New Economic Model: Micro Responses and Economic Restructuring", *World Development*, Vol. 28, No. 9, 2000.

143. Rodrik, Dani, "Goodbye Washington Consensus, Hello

Washington Confusion? A Review of the World Bank's Economic Growth in the 1990s: Learning from a Decade of Reform", *Journal of Economic Literature*, Vol. 44, No. 4, Dec., 2006.

144. Singh, Anoop, Agnés Belaisch, Charles Collyns, et al., "Stabilization and Reform in Latin America: A Macroeconomic Perspective on the Experience since the Early 1990s", IMF, 2005.

145. Singh, Anoop, and Martin Cerisola, "Sustaining Latin America's Resurgence: Some Historical Perspectives", IMF Working Paper, 2006.

146. Taylor, Alan M., "On the Costs of Inward-Looking Development: Price Distortions, Growth, and Divergence in Latin America", *Journal of Economic History*, Vol. 58, No. 1, 1998.

147. The United Nations Development Programme, *Human Development Report* 2009—*Overcoming Barriers: Human Mmobility and Development*, New York, NY: Palgrave Macmillan, 2009.

148. The World Bank Worldwide Governance Research Indicators Dataset.

149. Tiffin, Scott, and Isabel Bortagaray, *Can Latin America Compete? Confronting the Challenges of Globalization*, New York, NY: Palgrave Macmillan, 2008.

150. United Nations Conference on Trade and Development (UNCTAD), *Development and Globalization: Facts and Figures*, New York and Geneva, 2008.

151. Von Mises, Ludwig, *Liberalism—In the Classical Tradition*. San Francisco, California: Cobden Press, 1985.

152. Weyland, Kurt, "The Politics of Neoliberal Reform in

Latin American Democracies: Argentina, Brazil, Peru and Venezuela", Paper for panel on Democracy and the New Market Model in Latin America, XXI International Conference, Latin American Studies Association Chicago, 1998.

153. Zezza, Alberto and Luis Llambí, "Understanding the Links between Policy Reforms and Rural Poverty in Latin America", the draft prepared for the Agriculture and Economic Development Analysis Division (ESA) of the Food and Agriculture Organization of the United Nations (FAO), 2001.

后　记

本书是在我博士学位论文的基础上修改而成。在本书出版之际，我要感谢我的博士生导师江时学研究员。江老师治学严谨，学识渊博，著述颇丰，是发展中国家经济发展研究方面的权威。导师的言传身教和严格要求，对提高我的科研能力、开阔我的视野助力不小。同时，我还要深深地感谢我的硕士生导师韩喜平教授。韩喜平教授现为吉林大学马克思主义学院院长、博士生导师、教育部“长江学者”。在我的硕士研究生学习期间，韩老师在学术上给予我悉心指导，引领我走入学术的殿堂。在韩老师的影响下，我开始对制度经济学产生浓厚兴趣，并阅读了大量的经典著作，这为我后来博士论文的写作奠定了坚实基础。韩老师渊博的学识、干练的作风、严谨治学的精神，深深地感染和激励着我，对我的学习和工作都产生了深远的影响，让我受益匪浅。

可以说，我取得的任何成绩都离不开儿时姥姥对我的言传身教，我永远怀念把我从小带大的姥姥张世英老人。姥姥勤劳善良、自立自强，她生前十分疼爱我，更是时常教育我不仅要做一个有学问的人，更要做一个善良的人。2015 年是姥姥去世十五周年，我的研究成果也将付梓，这或许是我对姥姥在天之灵的最好慰藉。

博士论文的顺利完成离不开家人的支持和理解。首先，我要感谢我的父母。在我求学期间，他们从临江老家赶到长春帮助妻子照顾我的女儿，为我解除了后顾之忧，才使我能够顺利完成学业。对妻子张春艳，我是无法用语言来表达我对她的感激之情的。在我求学期间，妻子在长春边工作边照顾女儿，其中的艰辛可想而知。所以，没有妻子的包容和支持我是无法顺利完成学业的。在女儿两岁时，我便离开她到北京求学，每次开学返京前最痛苦的时刻就是与女儿依依分别的时候。幸而女儿乖巧聪明，甚至在我写作中遇到困难和挫折时，女儿还会在电话里用稚嫩的语气鼓励我："爸爸最棒了！"可以说，女儿给了我莫大的动力和无限的欢乐。

博士学习生活使我的人生经历更加丰富和厚重，博士论文是学习成果的重要体现，因此我尽全力去把它做好，其中无疑凝结着我的心血和汗水。但由于水平有限，书稿中可能存在很多缺陷和不足。在成书之际，敬请各位专家和广大读者批评指正，我会在今后的研究中继续努力。

最后，我要感谢本书的责任编辑尚德良老师和时事出版社的方苹编辑。作为拉美问题研究专家，尚德良老师从专业的角度对书稿进行了认真的审稿，而方苹编辑对图书出版做了大量其他相关工作，保证了图书的顺利出版。

李　罡

2015 年 3 月 6 日于北京人定湖西里